REGIME JURÍDICO DOS TÍTULOS DE CRÉDITO

COMPILAÇÃO ANOTADA

Obras publicadas:

Paula Quintas
- "Prática (Da) Laboral à Luz do Novo Código do Trabalho", Almedina, 2007, 4.ª ed., em co-autoria.
- "Regime (O) Jurídico dos Despedimentos", Almedina, 2007, reimp., em co-autoria.
- "Regulamentação do Código do Trabalho", Almedina, 2006, 3.ª ed., em co-autoria.
- "Código do Trabalho Anotado e Comentado", Almedina, 2007, 5.ª ed., em co-autoria.
- "Direito do Turismo", Almedina, 2003.
- "Legislação Turística Anotada", 3.ª ed., Almedina, 2007.
- "Direito de segurança, higiene e saúde no trabalho, Almedina, 2006.
- "Problemática (Da) do Efeito Directo nas Directivas Comunitárias", *Dixit*, 2000.
- "Regime Jurídico dos Títulos de Crédito – Compilação anotada com Jurisprudência", Almedina, 2000, em co-autoria.
- "Legislação Turística Comentada e Anotada", Almedina, 2000.
- "Direito do Consumidor e Tutela de Outros Agentes Económicos", Almeida & Leitão, Lda., 1998.

Helder Quintas
- "Prática (Da) Laboral à Luz do Novo Código do Trabalho", Almedina, 2007, 4.ª ed., em co-autoria.
- "Regime (O) Jurídico dos Despedimentos", Almedina, 2007, reimp., em co-autoria.
- "Regulamentação do Código do Trabalho", Almedina, 2006, 3.ª ed., em co-autoria.
- "Código do Trabalho Anotado e Comentado", Almedina, 2007, 5.ª ed., em co-autoria.
- "Direito dos Transportes – Legislação Nacional, Internacional e Comunitária: Jurisprudência Nacional e Comunitária", Almedina, 2002, em co-autoria.
- "Regime Jurídico dos Títulos de Crédito – Compilação Anotada com Jurisprudência", Almedina, 2000, em co-autoria.

Artigos Publicados:

Paula Quintas
- "A *dificultosa* transposição da Directiva 98/59/CE, do Conselho, de 20 de Julho de 1998 (despedimentos colectivos)", *Scientia Iuridica*, n.º 302.
- "A precariedade dentro da precariedade ou a demanda dos trabalhadores à procura de primeiro emprego", Questões Laborais, n.º 24.
- "A directiva n.º 80/987 (quanto à aproximação das legislações dos Estados-membros respeitantes à protecção dos trabalhadores assalariados em caso de insolvência do empregador) – o antes e o depois de *Francovich*", Questões Laborais, n.º 16.
- "A *preversidade* da tutela indemnizatória do art. 443.º do CT – a desigualdade entre iguais (breve reflexão)", do Prontuário do Direito do Trabalho, n.º 71, CEJ
- "A utilidade turística – a urgência de uma actualização", RPDC, n.º 46.

PAULA QUINTAS
Professora Universitária
Mestre em Direito Comunitário
Pós-Graduada em Estudos Europeus
Advogada

HELDER QUINTAS
Advogado

REGIME JURÍDICO DOS TÍTULOS DE CRÉDITO

COMPILAÇÃO ANOTADA

2.ª Edição

REGIME JURÍDICO DOS TÍTULOS DE CRÉDITO
COMPILAÇÃO ANOTADA

AUTORES
PAULA QUINTAS
HELDER QUINTAS

EDITOR
EDIÇÕES ALMEDINA. SA
Avenida Fernão de Magalhães, n.º 584, 5.º Andar
3000-174 Coimbra
Tel.: 239 851 904
Fax: 239 851 901
www.almedina.net
editora@almedina.net

PRÉ-IMPRESSÃO • IMPRESSÃO • ACABAMENTO
G.C. – GRÁFICA DE COIMBRA, LDA.
Palheira – Assafarge
3001-453 Coimbra
producao@graficadecoimbra.pt

Janeiro, 2008

DEPÓSITO LEGAL
269425/08

Os dados e opiniões inseridos na presente publicação
são da exclusiva responsabilidade do(s) seu(s) autores.

Toda a reprodução desta obra, por fotocópia ou outro qualquer processo,
sem prévia autorização escrita do Editor,
é ilícita e passível de procedimento judicial contra o infractor.

PREFÁCIO DA 2.ª EDIÇÃO

Com a edição que agora vem a lume procuramos romper com a estrutura sistémica que presidiu à anterior edição.

Com efeito, na 1.ª edição o nosso ensejo foi produzir uma compilação dos títulos de crédito (letras, livranças e cheques) anotada com jurisprudência.

Com a presente edição introduzimos anotações doutrinais ao Regime Jurídico-Penal do Cheque, bem como incluímos a mais recente jurisprudência produzida sobre letras, livranças e cheques.

Continuamos a entender que se justifica a inclusão da Lei Uniforme sobre Letras e Livranças, da Lei Uniforme sobre Cheque e do Regime Jurídico-Penal do Cheque numa única obra, uma vez que estes 3 diplomas constituem o quadro normativo dos títulos de crédito.

A sua génese mantém-se, portanto, sendo ela a de dotar os práticos forenses e os gestores em geral de um instrumento de trabalho actualizado e com informação jurídica oportuna.

Grijó, 12 de Outubro de 2007

PREFÁCIO

A presente publicação emerge de um ensejo compilador que pretende agregar num só volume os regimes jurídicos do cheque e das letras e livranças, que, como é sabido, constituem o principal universo normativo dos chamados títulos de crédito.

Ora, neste ramo do Direito Comercial têm os nossos tribunais vindo a desempenhar um importante papel não só na interpretação e consolidação de alguns conceitos jurídicos pantanosos, como também na dissipação de algumas dúvidas inerentes à concretude de qualquer diploma legal. Esta tarefa é bem manifesta na abundante jurisprudência entretanto dada a conhecer, a qual selectivamente, mas não exaustivamente, se insere, atendendo ao carácter de *manual* que a obra pretende assumir. A recolha e a inserção realizadas à luz da mais recente jurisprudência sobre a matéria produzida, encarnam os trilhos decisórios seguidos pelo poder judicial. A escolha talvez não tenha sido a melhor, mas confessam os AA., foi a escolha possível!

Por outro lado, a lei como fonte *primus,* e elemento integrador de toda e qualquer Ordem Jurídica, apenas se personifica e ganha ressonância com a sua aplicação prática.

Os acórdãos seguem em anotação ao artigo a que dizem respeito, tarefa que no art. 11.º do Regime Jurídico-Penal do Cheque (pedra angular de todo o regime do crime de emissão de cheque sem provisão), foi especialmente dificultada, pelo que foram os AA. forçados a esquartejar a anotação àquele dispositivo em diversos capítulos e algumas secções, autónomos entre si, embora inter-relacionados, incluindo-se em cada um deles a respectiva jurisprudência.

Procuramos, assim, proporcionar um estudo metodológico-comparativo de toda a problemática que subjaz ao crime de emissão de cheque sem provisão.

Ainda no que concerne à jurisprudência produzida em torno deste tipo legal de crime foram inseridas algumas decisões judiciais tomadas ainda em vigência do primitivo regime jurídico-penal do cheque, aprovado pelo Decreto-Lei n.º 454/91, de 28.12, o qual também se insere em nota ao regime actual, não por rasgo de sentimentalismo saudosista, outrossim por força de toda a problemática relacionada com a sucessão de leis penais.

Inseriu-se ainda e com carácter pontual outros regimes jurídicos que necessariamente se articulam com os ora publicados, apresentando-se aqueles em nota de texto, nomeadamente, alguns preceitos do Código Penal Português, dos Códigos de Processo Penal e Civil, e a recente Lei da Amnistia.

Na perspectiva de permitir uma compreensão globalizante das diferentes matérias, a compilação contém uma *levíssima brisa* de notas pontuais, na sua maioria de natureza remissiva.

ABREVIATURAS

Ac.	—	Acórdão
BMJ	—	Boletim do Ministério da Justiça
CC	—	Código Civil
CP	—	Código Penal
CPC	—	Código de Processo Civil
CPP	—	Código de Processo Penal
CJ	—	Colectânea de Jurisprudência
CECSP	—	Crime de Emissão de Cheque sem Provisão
DR	—	Diário da República
LUC	—	Lei Uniforme do Cheque
LULL	—	Lei Uniforme das Letras e Livranças
RC	—	Relação de Coimbra
RE	—	Relação de Évora
RJCP	—	Regime Jurídico do Cheque sem Provisão
RL	—	Relação de Lisboa
RP	—	Relação do Porto
STJ	—	Supremo Tribunal de Justiça
TC	—	Tribunal de Círculo
TCA	—	Tribunal Central Administrativo

REGIME JURÍDICO-PENAL DO CHEQUE

Regime jurídico-penal do cheque sem provisão[1]

Decreto-Lei n.º 454/91, de 19.11

Na sequência de um conjunto de acções destinadas a fomentar a utilização do cheque, foi publicado o Decreto-Lei n.º 530/75, de 25 de Setembro, que introduziu no nosso ordenamento jurídico uma medida administrativa com o objectivo de impedir o acesso àquele meio de pagamento a utilizadores que pusessem em causa o espírito de confiança inerente à sua normal circulação. (...)

Tendo em vista alcançar tais objectivos, determina-se no presente diploma a obrigatoriedade de as instituições de crédito rescindirem as convenções de cheque com entidades que revelem utilizá-lo indevidamente. O Banco de Portugal, além do dever de verificar o cumprimento das obrigações agora impostas às instituições de crédito, fica incumbido de centralizar e difundir pelo sistema bancário a relação dos utilizadores do cheque que oferecem risco. (...)

Estabelece-se assim a obrigatoriedade de pagamento pelas instituições de crédito dos cheques que apresentem falta ou insuficiência de provisão, sendo que este facto não afasta as consequências administrativas previstas para a utilização indevida do cheque, pondo em causa o espírito de confiança que deve presidir à sua circulação. (...)

A aplicação das penas do crime de burla ao sacador de cheque sem provisão, bem como ao que, após a emissão, procede ao levantamento de fundos que impossibilitem o pagamento ou proíba ao sacador este pagamento, é uma consequência da proximidade material desses comportamentos com os que integram aquela figura do direito penal clássico. (...)

---

[1] Aprovado pelo DL n.º 454/91, de 19.11, com as alterações introduzidas pelo DL n.º 316/97, de 19.11, pela Dec. Rectificação n.º 1-C/98, de 31.01, pelo DL n.º 323/2001, de 17.12, pelo DL n.º 83/2003, de 24.04 e pela L n.º 48/2005, de 29.08.

Neste aspecto parecem particularmente adequadas a interdição temporária do uso de cheques e a publicidade da sentença, constituindo crime de desobediência qualificada a emissão de cheques enquanto durar a interdição. (...)

A sentença condenatória deve ser comunicada ao Banco de Portugal, que, por seu turno, deve informar as restantes instituições bancárias, que ficarão proibidas de entregar módulos de cheques ao condenado enquanto durar a interdição, sob pena de incorrer em contra-ordenação. Esta solução visa reforçar o efeito preventivo da sanção acessória.

Tendo desaparecido as razões conjunturais que presidiram à publicação dos diplomas que impunham a obrigatoriedade de aceitação de cheques até certos montantes, é altura oportuna para proceder à sua revogação.

Enfim, as infracções às normas relativas às restrições ao uso de cheques, na medida em que, pela sua natureza, não justificam tratamento nos quadros do ilícito criminal, são tratadas como contra-ordenações.

REGIME JURÍDICO DO CHEQUE SEM PROVISÃO

CAPÍTULO I – Das restrições ao uso de cheque

Art. 1.º (Rescisão da convenção de cheque)

1. As instituições de crédito devem rescindir qualquer convenção que atribua o direito de emissão de cheques, quer em nome próprio quer em representação de outrem, por quem, pela respectiva utilização indevida, revele pôr em causa o espírito de confiança que deve presidir à sua circulação.
2. Para efeitos do disposto no número anterior, presume-se que põe em causa o espírito de confiança que deve presidir à circulação do cheque quem, agindo em nome próprio ou em representação de outrem, verificada a falta de pagamento do cheque apresentado para esse efeito, não proceder à regularização da situação, nos termos previstos no artigo 1.º-A.
3. No caso de contas com mais de um titular, a rescisão da convenção do cheque é extensiva a todos os co-titulares, devendo, porém, ser anulada relativamente aos que demonstrem ser alheios aos actos que motivaram a rescisão.
4. A decisão de rescisão da convenção de cheque ordenará a devolução, no prazo de 10 dias úteis, dos módulos de cheque fornecidos e não utilizados e será notificada, nos termos do artigo 5.º, pela instituição de crédito a todas as entidades abrangidas com tal decisão.
5. As entidades referidas no número anterior deixam de poder emitir ou subscrever cheques sobre a instituição autora da decisão a partir da data em que a notificação se considere efectuada.
6. A instituição de crédito que haja rescindido a convenção de cheque não pode celebrar nova convenção dessa natureza com a mesma entidade antes de decorridos dois anos a contar da data da decisão de rescisão da convenção, salvo autorização do Banco de Portugal.
7. O Banco de Portugal pode autorizar a celebração de uma nova convenção de cheque antes de decorrido o prazo estabelecido no

número anterior, quando circunstâncias especialmente ponderosas o justifiquem e mediante prova da regularização das situações que determinaram a rescisão da convenção.

NOTAS:

1. O artigo em anotação tem a redacção introduzida pelo DL n.º 316//97, de 19.11.

Nos termos do art. 2.º, da L n.º 117/97, de 16.09, que concedeu ao Governo autorização legislativa para introduzir alterações ao DL n.º 454//91, de 28.12, a legislação a aprovar teria o seguinte sentido e extensão:

1) Estabelecer a presunção de que põe em causa o espírito de confiança que deve presidir à circulação do cheque quem, agindo em nome próprio ou em representação de outrem, não proceder à regularização da situação depois de notificado para o efeito, nos termos referidos no artigo 3.º, n.º 1);

2) Garantir que, no caso de contas com mais de um titular, a rescisão da convenção do cheque seja extensiva aos demais co-titulares que, notificados para demonstrarem em prazo razoável serem alheios aos actos que motivam a rescisão, não o façam;

3) Prever que a decisão de rescisão da convenção de cheque contenha a ordem de devolução, no prazo de 10 dias úteis, dos módulos de cheque fornecidos e não utilizados;

4) Proibir as instituições de crédito que hajam rescindido a convenção de cheque de celebrar nova convenção dessa natureza com a mesma entidade antes de decorridos dois anos a contar da data da decisão de rescisão da convenção, salvo autorização do Banco de Portugal;

5) Permitir que o Banco de Portugal possa autorizar a celebração de uma nova convenção de cheque antes de decorrido o prazo de dois anos, quando circunstâncias especialmente ponderosas o justifiquem e mediante prova da regularização das situações que determinaram a rescisão da convenção;

2. O cheque é um título de crédito através do qual uma pessoa (sacador) emite uma ordem a uma instituição bancária (sacado) para efectuar um determinado pagamento a um terceiro (beneficiário).

O cheque pressupõe:

a) *O contrato de depósito bancário*

O depósito bancário, em sentido amplo, pode ser definido como o contrato "pelo qual uma pessoa (depositante) entrega a um banco (depositário) uma soma de dinheiro ou bens móveis de valor, para que este os guarde e restitua quando o depositante o solicitar", PAULA PONCES CAMANHO in "Do contrato de depósito Bancário", Almedina, 1998, p. 69.

b) *A relação de provisão*

Que consiste na existência de fundos, numa instituição bancária, ao dispor do sacador.

c) *A convenção de cheque*

Que se traduz no acordo através do qual é conferido ao sacador o direito de dispor dos fundos disponíveis através da emissão de cheques (Art. 3.º, da LUC).

A convenção de cheque pode ser expressa e tácita (art. 3.º, da LUC).

d) *O contrato de cobrança*

De acordo com TOLDA PINTO in "Cheques sem Provisão – Regime Jurídico Anotado", Coimbra Editora, 1998, p. 19, o contrato de cobrança é o "acordo pelo qual se estabelece que a cobrança do cheque, pelo portador, é feita através da instituição bancária".

3. O artigo em anotação refere-se à convenção de cheque, impondo à instituição de crédito o dever de rescindir tal convenção no caso de o sacador, por utilização indevida de cheques, por em causa o espírito de confiança que deve presidir à sua circulação.

O objectivo desta medida é, não só assegurar a credibilidade do cheque como modo de pagamento, garantindo *o espírito de confiança* que deve presidir na sua circulação, como também evitar "o perigo de lesão de interesses de terceiros, isto é, trata-se de uma sanção de natureza claramente civil (privada), com função de prevenção especial", DINIS BAIRRADAS in "O Cheque sem Provisão", Almedina, 2003, p. 108.

Convém ter presente que a função da convenção de cheque é, efectivamente, "servir o *desenvolvimento do mercado* e a *fluidificação dos circuitos de pagamentos*", SOFIA DE SEQUEIRA GALVÃO in "Contrato de Cheque", Lex, 1992, p. 39.

4. O legislador consagrou, aqui, uma cláusula geral, segundo a qual sempre que o sacador, através de qualquer conduta, utilize indevidamente cheques, pondo em causa o *espírito de confiança* que deve presidir à sua circulação, a instituição de crédito deve rescindir a convenção de cheque.

O sacador que emita cheque a favor de si próprio não põe em causa, o espírito de confiança que deve presidir à circulação do cheque, excepto se este tiver sido endossado (n.º 16, do Aviso n.º 1741-C/98, do Banco de Portugal, publicado no DR, 2.º Série, 2.º Suplemento, de 04 de Fevereiro).

5. O n.º 2, estabelece uma presunção, nos termos da qual considera-se que põe em causa o *espírito de confiança* referido quem, verificada a falta de pagamento de cheque apresentada para o efeito, não proceder, depois de notificado pela instituição de crédito, à regularização da situação no prazo de 30 dias, nos termos do art. 1.º-A.

6. Se a instituição de crédito não efectuar a rescisão da convenção de cheque:

– fica obrigada a pagar qualquer cheque emitido através de módulo por ela fornecido (al. a), do n.º 1, do art. 9.º) e

– incorre na prática de contra-ordenação punível com coima de € 1.496,39 a € 24.939,89 (al. a), n.º 2, do art.14.º).

Por outro lado, MENEZES CORDEIRO *in* "Manual de Direito Bancário", 2.ª EDIÇÃO, Almedina, 2001, p. 539 entende que a violação do dever de rescisão "pode constituir fonte de responsabilidade para como particulares, lesados pelo mau uso do cheque".

Importa referir que, a instituição de crédito que rescinde, negligentemente, a convenção de cheques incorre em responsabilidade perante o sacador/cliente, cfr. Ac. do Juiz de Círculo de Ponta Delgada, de 20.07.2001 *in* CJ, Ano XXVI, Tomo IV, p. 299.

7. A instituição de crédito tem a obrigação de comunicar ao Banco de Portugal todos os casos de Rescisão de convenção de cheque (al. a), do art. 2.º).

8. As entidades que tenham sido objecto de rescisão de convenção de cheque são incluídas numa listagem de utilizadores de cheque que oferecem risco a comunicar pelo Banco de Portugal a todas as instituições de crédito (art. 3.º, n.º 1).

9. A rescisão da convenção de cheques estende-se a todos os co-titulares (n.º 3).

A extensão dos efeitos da rescisão aos co-titulares assenta, certamente, nos deveres que impende sobre todos os titulares de uma conta de:

– mobilizar apenas os fundos existentes à sua disposição no banco;

– verificar regularmente o estado da sua conta;
– zelar pela boa guarda, ordem, conservação e escrituração da sua caderneta de cheques e
– no caso de perda ou extravio de qualquer cheque, avisar imediatamente o banco (cfr. Ac. do STJ, de 09.11.2000 in CJ, Ano VIII, Tomo III, p. 108).

No entanto, o co-titular pode sempre obter a anulação da rescisão se demonstrar que é alheio aos actos que a motivaram (n.º 3).

Nos termos conjugados dos n.ºˢ 21 e 22, do Aviso n.º 1741-c/98, do Banco de Portugal (publicado no DR, 2.º Série, 2.º Suplemento, de 04 de Fevereiro), consideram-se indiciadores de que os co-titulares são alheios aos actos que motivaram a rescisão, entre outras, as circunstâncias seguintes:

a) O titular emitente declarar assumir a responsabilidade exclusiva pela emissão do cheque não regularizado;

b) Os titulares estarem divorciados ou separados judicialmente, antes da emissão do cheque que deu causa à rescisão;

c) O titular não emitente ter cedido a sua quota ou renunciado à gerência em sociedade comercial, antes da emissão do cheque que deu causa à rescisão;

d) O titular não emitente ter renunciado à titularidade ou representação na conta de depósitos em causa, antes da emissão do cheque que deu causa à rescisão;

e) O cheque não regularizado ser de montante anormal relativamente aos demais movimentos a débito na conta;

f) Os titulares terem dissolvido sociedade civil, antes da emissão do cheque que deu causa à rescisão.

10. A decisão de rescisão da convenção de cheque é notificada pela instituição de crédito a todas as entidades abrangidas por tal decisão, por meio de carta registada expedida para o último domicílio declarado às instituições de crédito sacadas (cfr., conjugadamente, n.º 4 e art. 5).

Nos termos do n.º 6, da Instrução n.º 1/98, do Banco de Portugal, na notificação de rescisão da convenção de cheque, as instituições de crédito devem mencionar obrigatoriamente:

a) As razões que a fundamentam (a não regularização de cheque no prazo indicado, a inclusão do nome ou denominação da entidade notificada na listagem de utilizadores de cheque que oferecem risco ou outra);

b) A exigência da devolução, no prazo de dez dias úteis, dos módulos de cheque fornecidos e não utilizados em poder da entidade notificada;

c) O dever desta se abster de emitir cheques sobre a instituição notificante ou qualquer outra;

d) A possibilidade de movimentação da conta através dos instrumentos que a instituição de crédito entenda colocar ou manter à disposição da entidade notificada e, ainda, através de cheques avulsos, visados ou não, consoante se destinem a pagamentos ou simples levantamentos.

Por sua vez e conforme resulta do n.º 7, da citada instrução, a notificação de rescisão da convenção de cheque aos co-titulares deve, ainda, mencionar obrigatoriamente:

a) A possibilidade de demonstração de alheamento aos actos que motivaram a rescisão, através da apresentação dos meios de prova convenientes;

b) O dever que impende sobre a instituição sacada de anular a rescisão se os co-titulares tiverem demonstrado o seu alheamento aos actos que motivaram a rescisão e informar que, se tal demonstração suceder no prazo de dez dias úteis, a rescisão não será comunicada ao Banco de Portugal.

11. Nos termos dos n.ºs 4 e 5, com a decisão de rescisão as entidades abrangidas:

a) devem devolver, no prazo de 10 dias úteis, os módulos de cheque fornecidos e não utilizados.

A devolução dos módulos de cheque pelos co-titulares não poderá ser exigida se, no prazo de 10 dias úteis contados a partir da notificação de rescisão, estes tiverem demonstrado o seu alheamento (n.º 23, do Aviso n.º 1741-c/98);

b) deixam de poder emitir ou subscrever cheques sobre a instituição autora da decisão a partir da data em que a notificação se considere efectuada.

Ao não cumprimento destes deveres não corresponde qualquer sanção, a qual poderia "conferir maior eficácia a essas medidas e dissuadir a sua violação, uma vez que seriam levadas ao conhecimento dos interessados, através da notificação já referida", Dinis Bairradas *in* "O Cheque sem Provisão", p. 110.

A rescisão da convenção de cheque não impede a movimentação de contas de depósito através de cheques avulsos, visados ou não, consoante se destinem a pagamento ou a simples levantamentos, ainda que o sacador figure na listagem distribuída pelo Banco de Portugal, devendo ser facultados os impressos necessários para o efeito (art. 6.º, n.º 1).

De igual forma, a rescisão não pode fundamentar a recuse de pagamento de cheques, quando a conta disponha de provisão para o efeito (art. 6.º, n.º 2).

12. A instituição de crédito que haja rescindido a convenção de cheque não pode celebrar nova convenção com a mesma entidade antes de decorridos dois anos a contar da data da decisão de rescisão, sob pena de ser obrigada a pagar qualquer cheque emitido através de módulo por ela fornecido (cfr., conjugadamente, n.º 6 e al. b), n.º 1, do art. 9.º).

13. Ao abrigo do n.º 7, a celebração de uma nova convenção de cheque, antes do referido prazo, é, no entanto, possível mediante autorização do Banco de Portugal, quando:
  a) Circunstâncias especialmente ponderosas o justifiquem e
  b) Mediante prova da regularização das situações que determinaram a rescisão.

Estes dois requisitos são cumulativos.

JURISPRUDÊNCIA

1 – (...)
2 – É ilícita a rescisão da convenção de cheque e a sua comunicação ao Banco de Portugal, baseada na emissão de cheque, para depósito numa conta do emitente, aberta noutra instituição de crédito, que, apresentado a pagamento, é devolvido, por falta de provisão

Ac. da RL, de 03.02.2005 *in* www.dgsi.pt (proc. n.º 278/2005-6)

  I – Incorre em responsabilidade extracontratual e não em contratual o banco que, por deficiência no carregamento do sistema informático, rescinde a convenção de emissão de cheques com a empresa cliente e fez a comunicação ao Banco de Portugal, por força da qual este a inclui na "listagem de utilizadores de cheques que oferecem risco, conduta esta que afectou a imagem da empresa e levou à frustração de negócios em curso".
  II – É ilícita a conduta do branco traduzida na comunicação ao Banco de Portugal da rescisão da convenção de cheque com a empresa cliente, sem ter motivo para tal e sem a notificar dessa circunstância, e, depois, omite qualquer diligência com vista a removê-la da listagem de utilizadores de risco.
  III – A culpa deve aferir-se pela comparação da conduta do banco com aquela que teria um outro, quer relativamente ao tratamento de informações dos clientes, quer relativamente às diligência que ence-

taria para, em curto espaço de tempo, corrigir eventuais erros de processamento e minimizar os prejuízos que a sua conduta possa ter causado.

IV – Importa indemnizar os danos de afectação do bom nome e imagem da empresa cliente perante terceiros que tiveram conhecimento da sua inclusão na listagem e ainda a frustração de benefícios que esperava obter, fundadamente, e que só não o foram por causa da lesão.

Ac. do Juiz de Círculo de Ponta Delgada, de 20.07.2001 *in* CJ, Ano XXVI, Tomo IV, p. 299

Na base da emissão de um cheque estão uma relação de provisão – através da qual o cliente do banco dispõe de fundos na posse deste – e um contrato de cheque – pelo qual o banco se obriga perante aquele, a pagar aos eventuais interessados os cheques por ele emitidos até ao limite da provisão.

II – Ao debitar na conta do emitente um cheque do qual veio a saber-se ser falso, o banco entra em incumprimento do contrato de cheque, e não do contrato de depósito, presumindo-se a sua culpa.

III – Entre os deveres que para o banco resultam do contrato de cheque, figura o de verificar cuidadosamente os cheques que lhe são apresentados.

IV – O banco não tem a obrigação de, antes de pagar um cheque, contactar o seu cliente, por elevado que seja o seu valor.

Ac. da RL, de 28.04.2005 *in* CJ, Ano XXX, Tomo II, p. 114

Art. 1.º-A (Falta de pagamento de cheque)

1. Verificada a falta de pagamento do cheque apresentado para esse efeito, nos termos e prazos a que se refere a Lei Uniforme Relativa ao Cheque, a instituição de crédito notificará o sacador para, no prazo de 30 dias consecutivos, proceder à regularização da situação.

2. A notificação a que se refere o número anterior deve, obrigatoriamente, conter:

a) A indicação do termo do prazo e do local para a regularização da situação;
b) A advertência de que a falta de regularização da situação implica a rescisão da convenção de cheque e, consequente-

mente, a proibição de emitir novos cheques sobre a instituição sacada, a proibição de celebrar ou manter convenção de cheque com outras instituições de crédito, nos termos do disposto no artigo 3.º, e a inclusão na listagem de utilizadores de cheque que oferecem risco.

3. A regularização prevista no n.º 1 faz-se mediante depósito na instituição de crédito sacada, à ordem do portador do cheque, ou pagamento directamente a este, do valor do cheque e dos juros moratórios calculados à taxa legal, fixada nos termos do Código Civil, acrescida de 10 pontos percentuais.

NOTAS:

1. O artigo em anotação foi aditado pelo DL n.º 316/97, de 19.11 e, entretanto, rectificado pela Declaração 1-C/98, de 31.01.

Nos termos do art. 3.º, da L n.º 117/97, de 16.09, foi concedido ao Governo autorização legislativa para introduzir novos artigos ao DL n.º 454/91, de 28.12, com o seguinte sentido e extensão:

1) Prever que a falta de pagamento do cheque apresentado para esse efeito, nos termos e prazos a que se refere a Lei Uniforme Relativa ao Cheque, obriga a instituição de crédito a notificar o sacador para, no prazo de 30 dias consecutivos, proceder à regularização da situação;

2) Estabelecer que a notificação a que se refere o número anterior contém obrigatoriamente a indicação do termo do prazo e do local para a regularização da situação e a advertência de que a falta de regularização implica a rescisão da convenção de cheque e, consequentemente, a proibição de emitir novos cheques sobre a instituição sacada, a proibição de celebrar ou manter convenção de cheque com outras instituições de crédito e a inclusão na listagem de utilizadores de cheque que oferecem risco;

3) Prever a regularização de não pagamento de cheque mediante depósito na instituição de crédito sacada, à ordem do portador, do valor do cheque e dos juros moratórios calculados à taxa legal acrescida de 10 pontos percentuais ou mediante o pagamento directo ao portador do cheque.

2. A aplicação do presente artigo depende do preenchimento cumulativo de dois requisitos:

a) A verificação de falta de pagamento de cheque;
b) Que tenha sido apresentado a pagamento nos termos e prazos da Lei Uniforme Relativa ao Cheque (o cheque deve ser apresentado a pagamento no prazo de 8 dias, art. 29.º, da LUC).

Verificados estes requisitos, a instituição de crédito notifica o sacador, para em 30 dias consecutivos, proceder à regularização da situação.

Se o sacador não regularizar a situação, a instituição de crédito deve rescindir a convenção de cheque, nos termos dos n.ºs 1 e 2, do art. 1.º.

A notificação é efectuada por meio de carta registada expedida para o último domicílio declarado às instituições de crédito sacadas (cfr. art. 5.º).

3. De acordo com o n.º 2, a notificação deve, obrigatoriamente, conter:

a) A indicação do termo do prazo (30 dias consecutivos) e do local para a regularização da situação;
b) A advertência de que a falta de regularização da situação implica a rescisão da convenção de cheque (art. 1.º, n.ºs 1 e 2) e, consequentemente:
   – a proibição de emitir novos cheques sobre a instituição sacada (art. 1.º, n.º 5);
   – a proibição de celebrar ou manter convenção de cheque com outras instituições de créditos, nos termos do disposto no art. 3.º e
   – a inclusão na listagem de utilizadores de cheque que oferecem risco (art. 3.º, n.º 1).

A al. a), do n.º 5, da instrução n.º 1/98, do Banco de Portugal, prevê, ainda, que, na notificação, as instituições de crédito devem fazer constar obrigatoriamente a identificação do balcão, o número de conta sacada, o número do cheque e o valor respectivo.

4. Caso a instituição de crédito não proceda à notificação, no prazo de 30 dias úteis após a ocorrência dos factos que a determinam, incorre na prática de contra-ordenação punível com coima de € 1.496,39 a € 24.939,89 (al. b), n.º 2, do art.14.º).

5. Nos termos do n.º 3, a regularização da situação faz-se mediante:

a) Depósito na instituição de crédito sacada, à ordem do portador do cheque ou
b) pagamento directamente a este,

do valor do cheque e dos juros moratórios calculados à taxa legal, fixada nos termos do Código Civil, acrescida de 10%.

A obrigação de pagamento do valor do cheque e dos juros moratórios aplica-se, obviamente, quer a regularização seja feita por depósito, quer seja feita por pagamento directo ao portador do cheque.

Ao abrigo do n.º 1, do art. 559.º, do CC, os juros legais e os estipulados sem determinação de taxa ou quantitativo são os fixados em portaria conjunta dos Ministros da Justiça e das Finanças e do Plano.

A taxa supletiva de juros legais é, actualmente, de 4% nos termos da Portaria n.º 291/2003, de 12.04 (a taxa anterior era de 7% nos termos da Portaria n.º 263//99, de 12.04).

Os juros são contabilizados a partir da apresentação do cheque a pagamento e até à data em que for efectuado o pagamento (n.º 11, do Aviso n.º 1741-C/98, do Banco de Portugal, publicado no DR, 2.ª Série, 2.º Suplemento, de 04 de Fevereiro).

O acréscimo de 10% sobre a taxa legal, para além de funcionar como sanção civil, procura evitar que o sacador "use, sem consequências, o processo de regularização para conseguir uma dilação no pagamento do valor do cheque", DINIS BAIRRADAS *in* "O Cheque sem Provisão", p. 114.

Na opinião de DINIS BAIRRADAS *in* "O Cheque sem Provisão", p. 113 a taxa de juros de mora de dívidas comerciais, prevista no art. 102.º, § 3.º, do CCom, não pode ser aqui aplicada.

Em sentido contrário, cfr. GERMANO MARQUES DA SILVA *in* "Regime Jurídico--Penal dos Cheques sem Provisão", Principia, 1997, p. 88.

O portador do cheque não pago poderá, querendo, desonerar o sacador do pagamentos dos juros moratórios, do capital ou de ambos (n.º 14.º, do Aviso n.º 1741-C/98).

6. Importa referir que de acordo como o n.º 10.º, do Aviso n.º 1741-C/98, um cheque devolvido deve considerar-se regularizado se, na instituição de crédito sacada e no prazo de 30 dias consecutivos:

a) O portador o reapresentar e receber o montante nele indicado;
b) O sacador proceder a depósito, à ordem do portador, de fundos suficientes e imediatamente disponíveis ou cobertos por garantia. Neste caso são devidos juros moratórios (n.º 11, do Aviso n.º 1741-C/98);
c) O sacador exibir prova do seu pagamento ao portador. Neste caso são devidos juros moratórios (n.º 11, do Aviso n.º 1741-C/98).

A regularização pode ser feita pelo sacador ou por qualquer co-titular da conta, cfr. DINIS BAIRRADAS *in* "O Cheque sem Provisão", p. 114.

JURISPRUDÊNCIA:

I – O Autor, não pode ser considerado responsável e muito menos sancionado com a inibição do uso do cheque em qualquer instituição bancária, pela falta de pagamento dum cheque emitido sobre a sua conta no Banco de Espírito Santo, no montante de 31.590$00, a favor da Imprensa Nacional Casa da Moeda em 9/10/1995, que esta só apresentou a pagamento em 26/02/2002, cerca de 7 anos depois, para pagamento desse valor na respectiva conta que já tinha encerrada.

II – A lei estabelece que, verificada a falta de pagamento do cheque, apresentado para o efeito, no prazo de 8 dias, como se refere o art.º 29.º da LUC, neste caso a instituição notifica o sacador para no prazo de 30 dias consecutivos proceder à regularização da situação. Isto se o cheque for apresentado a pagamento dentro do prazo legal referido.

III – O BES, não teve em conta as datas da emissão do cheque e o da sua apresentação a pagamento pela Imprensa Nacional e em 24/09/2002, registou junto do Banco de Portugal a informação de que o Autor deveria ser inibido do uso do cheque e em consequência dessa informação a Caixa G. de Dep., o BPI e o Montepio Geral, instituições com quem o A. tinha contratos, rescindiram as respectivas convenções do uso do cheque, com ele celebradas, ficando desde então impossibilitado de emitir cheques.

IV – Essa impossibilidade causou ao Autor danos, por na sua qualidade de gestor, não poder efectuar as transacções através do cheque, para além de o ter colocado numa situação grave de natureza profissional, causando-lhe também danos morais perante as pessoas com quem trabalha, pelo que ponderadas as circunstâncias foi o Banco Réu condenado numa indemnização a pagar ao A. de € 10.000,00.

Ac. da RL, de 03.10.2005 in www.dgsi.pt (proc. n.º 8142/2005-6)

A omissão da notificação a que se reporta o art. 1.º-A do DL 454//91, de 28.12 não afasta a legitimidade para o exercício do direito de queixa, como condição objectiva de procedibilidade, consagrado nos termos do art. 11.º-A do mesmo diploma legal, desde que se tenha apresentado o cheque a pagamento, no prazo de 8 dias, como se verificou.

Ac. da RL, de 07.04.2005 in CJ, Ano XXX, Tomo II, p. 138

A resolução da convenção de cheque deve ser precedida de notificação para regularização da situação no prazo de trinta dias; só a não regularização nesse prazo torna legítima a comunicação ao Banco de Portugal e a posterior inclusão do visado na listagem efectuada por este banco.

A comunicação ao Banco de Portugal, sem o ritualismo prévio da comunicação para regularização, sendo ilícita e culposa, pode gerar o direito a uma indemnização a título de responsabilidade civil, se se verificarem os restantes pressupostos – existência de danos provenientes da indevida comunicação e também da demora na remoção da lista.

Ac. da RL, de 03.06.2004 *in* www.dgsi.pt (proc. n.º 2497/2004-6)

I – *O Banco sacado, apresentado a pagamento um cheque que não tenha cobertura, deve notificar o sacador para, em 30 dias, regularizar a situação, incorrendo em responsabilidade contra-ordenacional se o não fizer.*

II – *A falta de notificação do sacador por parte da entidade sacada, em violação do disposto no art. 1.º-A do DL n.º 454/91, de 28/DEZ. (aditado pelo art. 2.º do DL n.º 316/97, de 28/DEZ.) não constitui, porém, condição objectiva de procedibilidade do crime de emissão de cheque sem provisão.*

Ac. da RG, de 24.02.2003 *in* CJ, Ano XXVII, Tomo I, p. 298

Art. 2.º (Comunicações)

As instituições de crédito são obrigadas a comunicar ao Banco de Portugal, no prazo e pela forma que este lhes determinar, todos os casos de:

a) **Rescisão da convenção de cheque;**
b) **Apresentação a pagamento, nos termos e prazos da Lei Uniforme Relativa ao Cheque, de cheque que não seja integralmente pago por falta de provisão ou por qualquer dos factos previstos no artigo 11.º, n.º 1, sem que tenha sido rescindida a convenção de cheque;**
c) **Emissão de cheque sobre elas sacado, em data posterior à notificação a que se refere o artigo 1.º, n.º 4, pelas entidades com quem hajam rescindido a convenção de cheque;**

d) **Não pagamento de cheque de valor não superior a € 150, emitido através de módulo por elas fornecido;**
e) **Recusa de pagamento de cheques com inobservância do disposto no artigo 9.º, n.º 1.**

NOTAS:

1. O artigo em anotação sofreu as alterações introduzidas pelo DL n.º 316/97, de 19.11, pelo DL n.º 323/2001, de 17.12 e pela L n.º 48/2005, de 29.08.
Nos termos do art. 2.º, da L n.º 117/97, de 16.09, que concedeu ao Governo autorização legislativa para introduzir alterações ao DL n.º 454/91, de 28.12, a legislação a aprovar teria o seguinte sentido e extensão:

6) Obrigar as instituições de crédito a comunicar ao Banco de Portugal os casos de:

a) Rescisão da convenção de cheque;
b) Apresentação a pagamento de cheque que não seja integralmente pago por se terem verificado as condições previstas no n.º 11) sem que tenha sido rescindida a convenção de cheque;
c) Emissão de cheque sobre elas sacado, em data posterior à notificação da rescisão da convenção de cheque, pelas entidades com quem hajam rescindido a convenção;
d) Não pagamento de cheque de valor não superior a 12500$, emitido através de módulo por elas fornecido;
e) Recusa de pagamento de cheques com inobservância das condições descritas no artigo 9.º do Decreto-Lei n.º 454/91, de 28 de Dezembro;

2. A comunicação ao Banco de Portugal deve ser feita nos casos de:

a) Rescisão da convenção de cheque (cfr. art. 1.º);
b) Apresentação a pagamento, nos termos e prazos da Lei Uniforme Relativa ao Cheque (o cheque deve ser apresentado a pagamento no prazo de 8 dias, art. 29.º, da LUC) de cheque que não seja integralmente pago por:
 – falta de provisão (art. 11.º, n.º 1, al. a));
 – irregularidade do saque (art. 11.º, n.º 1, al. a));
 – levantamento de fundos (art. 11.º, n.º 1, al. b));;
 – proibição de pagamento (art. 11.º, n.º 1, al. b));
 – encerramento de conta (art. 11.º, n.º 1, al. b));
 – alteração das condições de movimentação (art. 11.º, n.º 1, al. b)).

c) Emissão de cheque depois da instituição de crédito proceder à notificação da decisão de rescisão da convenção de cheque (art. 1.º, n.º 4).
d) Não pagamento de cheque de valor não superior a € 150,00.

3. Nos termos do art. 8.º, n.º 1, a instituição de crédito sacada é obrigada a pagar, não obstante a falta ou insuficiência de provisão, qualquer cheque emitido através de módulo por ela fornecido, de montante não superior a € 150,00 (art. 8.º, n.º 1).

A instituição sacada tem, todavia, o direito de recusar justificadamente o pagamento do cheque por motivo diferente da falta ou insuficiência de provisão, designadamente, em virtude da existência de sérios indícios de falsificação, furto, abuso de confiança ou apropriação ilegítima do cheque (art. 8.º, n.º 2 e 3).

4. As instituições de crédito são obrigadas a pagar qualquer cheque emitido através de módulo por elas fornecido nos casos previstos no art. 9.º, n.º 1.

No entanto, tal pagamento pode ser recusado, se a instituição sacada provar que observou as normas relativas ao fornecimento de módulos de cheque e à obrigação de rescisão da convenção de cheque (art. 9.º, n.º 2).

5. A comunicação deve ser efectuada até ao final do 3.º dia útil seguinte à sua verificação, cfr. ponto 8.º, da instrução do Banco de Portugal n.º 1/98.

6. A omissão do dever de comunicação previsto no artigo em anotação constitui contra contra-ordenação punível com coima de € 748,20 a € 12.469,95 (al. a), n.º 1, do art.14.º).

Art. 3.º (Listagem)

1. As entidades que tenham sido objecto de rescisão de convenção de cheque ou que hajam violado o disposto no n.º 5 do artigo 1.º são incluídas numa listagem de utilizadores de cheque que oferecem risco a comunicar pelo Banco de Portugal a todas as instituições de crédito.
2. A inclusão na listagem a que se refere o número anterior determina para qualquer outra instituição de crédito a imediata rescisão de convenção de idêntica natureza, bem como a proibição de celebrar nova convenção de cheque, durante os dois anos seguintes, contados a partir da data da decisão de rescisão da convenção.
3. É correspondentemente aplicável o disposto no artigo 1.º, n.º 6.

4. É expressamente autorizado o acesso de todas as instituições de crédito indicadas como tal no artigo 3.º do Regime Geral das Instituições de Crédito e Sociedades Financeiras, aprovado pelo Decreto-Lei n.º 298/92, de 31 de Dezembro, a todas as informações disponibilizadas pelo Banco de Portugal relativas aos utilizadores de cheque que oferecem risco, tendo em vista a avaliação do risco de crédito de pessoas singulares e colectivas.

5. Compete ao Banco de Portugal regulamentar a forma e termos de acesso às informações quando estas se destinem à finalidade do número anterior, com base em parecer previamente emitido pela Comissão Nacional de Protecção de Dados.

6. Todas as informações fornecidas pelo Banco de Portugal devem ser eliminadas, bem como quaisquer referências ou indicadores de efeito equivalente, logo que cesse o período de permanência de dois anos, haja decisão de remoção da listagem ou se verifique o termo de decisão judicial, excepto se o titular nisso expressamente consentir.

NOTAS:

1. O artigo em anotação sofreu as alterações introduzidas pelo DL n.º 316/97, de 19.11 e pelo DL n.º 83/2003, de 24.04.

Nos termos do art. 2.º, da L n.º 117/97, de 16.09, que concedeu ao Governo autorização legislativa para introduzir alterações ao DL n.º 454/91, de 28.12, a legislação a aprovar teria o seguinte sentido e extensão:

> *8) Autorizar o Banco de Portugal a incluir numa listagem de utilizadores de cheques que oferecem risco todas as entidades que tenham sido objecto de uma rescisão de convenção de cheque;*
>
> *9) Consagrar que a inclusão na listagem referida no número anterior determina a imediata rescisão da convenção de idêntica natureza com qualquer outra instituição de crédito.*

2. A listagem de utilizadores de cheque que oferecem risco (LUR) é constituída pelo conjunto de entidades, pessoas singulares e colectivas (empresas), com as quais os bancos tenham rescindido a convenção de cheque por utilização indevida e, com essa utilização, tenham posto em causa o espírito de confiança que preside à sua circulação. O Banco de Portugal difunde esta listagem pelas instituições de crédito (cfr. Cadernos do Banco de Portugal, 4, Cheques – Restrição ao seu uso).

3. De acordo com o n.º 1, são incluídas numa listagem de utilizadores de cheque que oferecem risco a comunicar pelo Banco de Portugal a todas as instituições:

a) as entidades que tenham sido objecto de rescisão de convenção de cheque ou
b) as entidades que tenham emitido ou subscrito cheques a partir da data em que se considere efectuada a notificação da decisão de rescisão de convenção de cheque (cfr. art. 1.º, n.º 5 e art. 5.º).

4. As instituições de crédito depois de procederem à rescisão da convenção de cheque comunicam tal facto ao Banco de Portugal (art. 2.º, n.º 1).
Ao Banco de Portugal compete proceder:

– à centralização das comunicações de rescisão da convenção de cheque e
– à difusão do nome (e outros elementos identificativos) das entidades objecto dessa rescisão ou que tenham utilizado cheques após a rescisão.

A inclusão do nome das entidades, a informação desse facto às próprias entidades e a identificação do cheque ou cheques que fundamentaram a rescisão são da responsabilidade dos bancos (cfr. Cadernos do Banco de Portugal, 4, Cheques – Restrição ao seu uso).

O objectivo da divulgação da lista é o de levar ao conhecimento de todo o sistema bancário a impossibilidade de serem celebradas convenções de cheque com os clientes que a integrem, procurando-se, assim, não só garantir a protecção dos interesses de terceiros, como também assegurar a credibilidade do cheque como meio de pagamento.

5. Conforme resulta do n.º 2, a inclusão na listagem determina para qualquer instituição de crédito:

a) a imediata rescisão de convenção de cheque e
b) a proibição de celebrar nova convenção de cheque, durante o período de 2 anos. Esta proibição impõe-se, igualmente, à instituição de crédito que haja rescindido a convenção de cheque (art. 1.º, n.º 6).

O Banco de Portugal pode autorizar a celebração de nova convenção de cheque, antes do referido prazo quando:

a) Circunstâncias especialmente ponderosas o justifiquem e
b) Mediante prova da regularização das situações que determinaram a rescisão (cfr., conjugadamente, o n.º 3 e os arts. 1.º, n.ºˢ 6 e 7).

6. A *ratio* das normas constantes dos n.ᵒˢ 4, 5 e 6 (aditados pelo DL n.º 83//2003) reside na necessidade de garantir que as entidades responsáveis pela concessão de crédito disponham de informação relativa a utilizadores de cheque que oferecem risco enquanto elemento essencial na avaliação do risco de crédito, como resposta a preocupações referentes à prevenção de sobreendividamento num contexto de aumento significativo do recurso ao crédito por pessoas singulares, cfr. preâmbulo deste diploma.

Por outro lado, apenas as instituições de crédito que exerciam actividades de captação de depósitos e de movimentação dos mesmos através de cheques tinham acesso à informação do Banco de Portugal sobre utilizadores de cheque que oferecem risco.

Daí resultava, "para as demais instituições de crédito, a ausência de um elemento essencial para a análise, controlo e prevenção do risco de crédito", cfr. preâmbulo do DL n.º 83/2003.

7. O DL n.º 298/92, de 31.12, que aprovou o regime geral das instituições de crédito e sociedades financeiras, foi entretanto alterado pelo DL n.º 246/95, de 14.09, pelo DL n.º 232/96, de 05.12, pelo DL n.º 222/99, de 22.07, pelo DL n.º 250/2000, de 13.10, pelo DL n.º 285/2001, de 03.11, pelo DL n.º 201/2002, de 26.09, pelo DL n.º 319/2002, de 28.12, pelo DL n.º 252/2003, de 17.10, pelo DL n.º 145/2006, de 31.07 e pelo DL n.º 104/2007, de 03.04.

Nos termos do art. 3.º, do DL n.º 298/92 (com a redacção introduzida pelo DL n.º 201/2001) são instituições de crédito:

a) Os bancos;
b) As caixas económicas;
c) A Caixa Central de Crédito Agrícola Mútuo e as caixas de crédito agrícola mútuo;
d) As instituições financeiras de crédito;
e) As sociedades de investimento;
f) As sociedades de locação financeira;
g) As sociedades de *factoring*;
h) As sociedades financeiras para aquisições a crédito;
i) As sociedades de garantia mútua;
j) As instituições de moeda electrónica;
l) Outras empresas que, correspondendo à definição do artigo anterior, como tal sejam qualificadas pela lei.

8. O responsável pelo tratamento deve notificar a Comissão Nacional de Protecção de Dados (CNPD) antes da realização de um tratamento ou conjunto

de tratamentos, total ou parcialmente autorizados, destinados à prossecução de uma ou mais finalidade interligadas, cfr. art. 27.º, n.º 1, da L n.º 67/98, de 26.10 (Lei da Protecção de Dados Pessoais que transpôs a Directiva n.º 95/46/CE, do Parlamento Europeu e do Conselho, de 24 de Outubro de 1995).

De acordo com o art. 28.º, n.º 1, al. b), da L n.º 67/98, carecem de autorização da CNPD o tratamento dos dados pessoais relativos ao crédito e à solvabilidade dos seus titulares.

JURISPRUDÊNCIA

I – Incorre em responsabilidade extracontratual e não em contratual o banco que, por deficiência no carregamento do sistema informático, rescinde a convenção de emissão de cheques com a empresa cliente e fez a comunicação ao Banco de Portugal, por força da qual este a inclui na "listagem de utilizadores de cheques que oferecem risco, conduta esta que afectou a imagem da empresa e levou à frustração de negócios em curso".

II – É ilícita a conduta do branco traduzida na comunicação ao Banco de Portugal da rescisão da convenção de cheque com a empresa cliente, sem ter motivo para tal e sem a notificar dessa circunstância, e, depois, omite qualquer diligência com vista a removê-la da listagem de utilizadores de risco.

III – A culpa deve aferir-se pela comparação da conduta do banco com aquela que teria um outro, quer relativamente ao tratamento de informações dos clientes, quer relativamente às diligência que encetaria para, em curto espaço de tempo, corrigir eventuais erros de processamento e minimizar os prejuízos que a sua conduta possa ter causado.

IV – Importa indemnizar os danos de afectação do bom nome e imagem da empresa cliente perante terceiros que tiveram conhecimento da sua inclusão na listagem e ainda a frustração de benefícios que esperava obter, fundadamente, e que só não o foram por causa da lesão.

Ac. do Juiz de Círculo de Ponta Delgada, de 20.07.2001 *in* CJ, Ano XXVI, Tomo IV, p. 299

I – A inclusão do nome da Autora na lista dos utilizadores de cheques que oferecem riscos, emitida pelo Banco de Portugal e circulada às instituições bancários do país, era susceptível de causar, como efectivamente causou, grave lesão ao direito ao bom nome e reputação daquela Autora.

II – Tal aconteceu porque a entidade bancária, por esquecimento, revelador de negligência grave, não comunicou, atempadamente, que determinados cheques referentes a conta comum da Autora e do seu ex-marido, que não fora cancelada tenham sido por este emitidos, sem conhecimento e sem autorização daquela, estando aquela conta sem provisão.

IV – Deste modo a indemnização de 800.000$00 arbitrada à Autora e a ser paga pela Ré, é justa e razoável.

Ac. da RL, de 15.03.2000 *in* CJ, Ano XXV, Tomo II, p. 90

I – Relativamente aos cheques que haja entregue com violação do dever de "rescisão", ou que tenha fornecido após a recepção da comunicação do Banco de Portugal, a quem integre a listagem a que se refere o art. 3.º do D-L 454/91, de 28-12, impõe-se ao banco sacado, em primeira linha e sem limite de valor, a obrigação de pagamento, de harmonia com o estatuído no n.º 1, do art. 9.º do citado D-L 454/91, se que para tal o portador tenha de demonstrar que sofreu qualquer outro prejuízo para além do resultante da frustração do recebimento do crédito incorporado naqueles títulos.

II – O n.º 1, do art. 9.º do referido D-L 454/91, interpretado no sentido de impor aos bancos sacados o dever do pagamento dos cheques sem provisão, sem qualquer limite de valor, não é incompatível com os preceitos da Lei Uniforme Relativa ao Cheque, nem padece de inconstitucionalidade.

Ac. RL, de 25.02.99 *in* CJ, Ano XXIV, Tomo I, p. 126

Art. 4.º (Remoção da listagem)

As entidades que integrem a listagem referida no artigo anterior não poderão, nos dois anos imediatamente posteriores à rescisão da convenção de cheques, celebrar nova convenção, excepto se, sob proposta de qualquer instituição de crédito ou a seu requerimento, o Banco de Portugal, face à existência de circunstâncias ponderosas, venha a decidir a remoção de nomes da aludida listagem.

NOTAS:

1. O artigo em anotação tem a redacção introduzida pelo DL n.º 316/97, de 19.11.

Nos termos do art. 2.º, da L n.º 117/97, de 16.09, que concedeu ao Governo autorização legislativa para introduzir alterações ao DL n.º 454/91, de 28.12, a legislação a aprovar teria o seguinte sentido e extensão:

4) *Proibir as instituições de crédito que hajam rescindido a convenção de cheque de celebrar nova convenção dessa natureza com a mesma entidade antes de decorridos dois anos a contar da data da decisão de rescisão da convenção, salvo autorização do Banco de Portugal;*

5) *Permitir que o Banco de Portugal possa autorizar a celebração de uma nova convenção de cheque antes de decorrido o prazo de dois anos, quando circunstâncias especialmente ponderosas o justifiquem e mediante prova da regularização das situações que determinaram a rescisão da convenção;*

2. Uma das consequências que decorre da inclusão na listagem de utilizadores de cheques que oferecem risco, é a proibição de celebrar, no prazo de 2 anos, nova convenção de cheque.

No entanto, o Banco de Portugal, mediante requerimento do interessado ou proposta da instituição de crédito, pode decidir a remoção de qualquer entidade da referida lista, antes de decorridos 2 anos, se existirem circunstâncias ponderosas.

A proibição de celebração de convenção de cheque prevista no art. 1.º, n.º 6, é imposta apenas à instituição de crédito que haja efectuado a rescisão.

Por sua vez, a proibição prevista no artigo em anotação aplica-se a qualquer instituição de crédito.

3. Nos termos dos n.ºˢ 28 e 29, do Aviso n.º 1741-C/98 (2.ª Série), publicado no DR, 2.º Série, 2.º suplemento, de 4 de Fevereiro, a remoção da lista e a celebração de nova convenção só são atendidas se:

a) a entidade tiver demonstrado juntos das instituições de crédito sacadas que estão regularizados todos os cheques emitidos;

b) a entidade tiver devolvido os módulos em seu poder e

c) existirem razões que justifiquem a necessidade de movimentação de contas de depósitos através de cheque.

4. As instituições de crédito que proponham a remoção devem possuir prova de regularização dos cheques emitidos e devem confirmar a devolução dos módulos de cheques não emitidos (cfr. n.º 16, da Instrução do BP n.º 1/98).

Os pedidos de remoção só serão atendidos se cumprirem estes requisitos e se se acharem autenticados pelas assinaturas que, para o efeito, vinculem a instituição de crédito requerente (cfr. n.º 17, da Instrução do BP n.º 1/98).

A decisão de remoção ou de autorização de celebração de convenção do Banco de Portugal será difundida por todas as instituições de crédito (n.º 30, do Aviso n.º 1741-C/98).

Art. 5.º (Notificações)

1. As notificações a que se referem os artigos 1.º, 1.º-A e 2.º efectuam-se por meio de carta registada expedida para o último domicílio declarado às instituições de crédito sacadas e presumem-se feitas, salvo prova em contrário, no terceiro dia posterior ao do registo ou no primeiro dia útil seguinte, se aquele o não for.

2. A notificação tem-se por efectuada mesmo que o notificando recuse receber a carta ou não se encontre no domicílio indicado.

NOTAS:

1. O artigo em anotação sofreu as alterações introduzidas pelo DL n.º 316/97, de 19.11.

Nos termos do art. 5.º, da L n.º 117/97, de 16.09, foi concedida ao Governo autorização legislativa para:

1) Aplicar o regime previsto no artigo 5.º do Decreto-Lei n.º 454/91, de 28 de Dezembro, às notificações a que se refere o artigo 3.º, n.ºs 1 e 2, do presente diploma;

2) Introduzir alterações de redacção nos artigos 5.º, 6.º, 8.º, 9.º, 10.º, 12.º, n.ºs 1, alínea b), e 3, do Decreto-Lei n.º 454/91, de 28 de Dezembro.

2. As notificações a que se refere o artigo em anotação são, fundamentalmente, as seguintes:

a) Notificação da decisão de rescisão de convenção de cheque e ordem de devolução, no prazo de 10 dia úteis, dos módulos de cheque fornecidos e não utilizados pela instituição de crédito a todas as entidades abrangidas com tal decisão (art. 1.º, n.º 4);

b) Notificação do sacador para, no prazo de 30 dias consecutivos, proceder à regularização da situação de falta de pagamento de cheque apresentado para o efeito (art. 1.º-A, n.º 1).

3. As referidas notificações devem ser efectuadas por meio de carta registada expedida para o último domicílio declarado às instituições de crédito sacadas.

A lei estipula uma presunção *iuris tantum*, segundo a qual as notificações referidas presumem-se feitas no 3.º dia posterior ao do registo ou no 1.º dia útil seguinte, se aquele o não for. Assim, se o dia do registo for, por exemplo, uma quinta-feira, a notificação considera-se feita na segunda-feira seguinte.

Tratando-se de uma presunção legal, a mesma pode ser ilidida mediante prova em contrário (art. 350.º, n.º 2, do CC).

4. A notificação tem-se por efectuada mesmo que o notificando recuse receber a carta ou não se encontre no domicílio declarado à instituição de crédito sacada (neste caso, se não tiver declarado à instituição referida o novo domicílio).

Art. 6.º (Movimentação de contas de depósito)

1. A rescisão da convenção de cheque não impede a movimentação de contas de depósito através de cheques avulsos, visados ou não, consoante se destinem a pagamentos ou a simples levantamentos, ainda que o sacador figure na listagem distribuída pelo Banco de Portugal, devendo ser facultados os impressos necessários para o efeito.

2. Sem prejuízo do disposto neste capítulo, não poderá ser recusado o pagamento de cheques com fundamento na rescisão da convenção de cheque ou no facto de o sacador figurar na listagem difundida pelo Banco de Portugal, quando a conta sacada disponha de provisão para o efeito.

NOTAS:

1. O artigo em anotação sofreu as alterações introduzidas pelo DL n.º 316/ /97, de 19.11.

Nos termos do art. 5.º, da L n.º 117/97, de 16.09, foi concedida ao Governo autorização legislativa para:

2) *Introduzir alterações de redacção nos artigos 5.º, 6.º, 8.º, 9.º, 10.º, 12.º, n.ºs 1, alínea b), e 3, do Decreto-Lei n.º 454/91, de 28 de Dezembro.*

2. Um das consequências que é atribuída à rescisão da convenção de cheque é a impossibilidade de as entidades abrangidas emitirem ou subscreverem cheques sobre a instituição autora da decisão (art. 1.º, n.º 5).

Não obstante e nos termos do artigo em anotação, a rescisão da convenção de cheque, bem como a inclusão do sacador na listagem de utilizadores de cheques que oferecem risco:

a) Não impede a movimentação de contas de depósito através de cheques avulsos, visados ou não, consoante se destinem a pagamentos ou a simples levantamentos. Na opinião de MANUEL FERREIRA ANTUNES *in* "Regime Jurídico do Cheque sem Provisão", Livraria Petrony, Lisboa, 2005, ps. 53, "os cheques avulsos devem ser:
   – visados se se destinarem a pagamentos;
   – não visados ou normais, se se destinarem a simples levantamentos".

As instituições de crédito devem facultar os impressos necessários para o efeito, sem prejuízo da utilização de outros instrumentos de movimentação da conta que estas instituições entendam colocar à sua disposição (n.º 3, do Aviso n.º 1741-C/98, publicado no DR, 2.ª Série, 2.º suplemento, de 4 de Fevereiro);

b) não pode fundamentar o não pagamento de cheques quando a conta sacada disponha de provisão para o efeito.

Art. 7.º (Competência do Banco de Portugal)

Compete ao Banco de Portugal fixar os requisitos a observar pelas instituições de crédito na abertura de contas de depósito e no fornecimento de módulos de cheques, designadamente quanto à identificação dos respectivos titulares e representantes e, ainda, transmitir às instituições de crédito instruções tendentes à aplicação uniforme do disposto neste diploma.

NOTAS:

1. O artigo em anotação sofreu as alterações introduzidas pelo DL n.º 316//97, de 19.11.

Nos termos do art. 2.º, da L n.º 117/97, de 16.09, que concedeu ao Governo autorização legislativa para introduzir alterações ao DL n.º 454/91, de 28.12, a legislação a aprovar teria o seguinte sentido e extensão:

10) Alargar a competência do Banco de Portugal para fixar os requisitos a observar pelas instituições de crédito na abertura de contas de depósito e no fornecimento de módulos de cheques, designadamente quanto à identificação dos respectivos titulares e representantes e ainda para

transmitir às instituições de crédito instruções tendentes à aplicação uniforme do disposto no Decreto-Lei n.o 454/91, de 28 de Dezembro;
21) Alterar o regime de contra-ordenações, aplicando às instituições de crédito:

   a) Pela omissão dos deveres previstos nos n.ºs 6) e 10), uma coima que varia entre 150 000$ e 2 500 000$; e
   b) Pela não rescisão da convenção de cheque, pela celebração de nova convenção ou fornecimento de módulos de cheques com infracção do disposto no mesmo diploma, pela omissão de notificação para regularização de um cheque sem provisão no prazo de 30 dias úteis após a ocorrência dos factos que a determinam, pela recusa injustificada de pagamento de cheques de valor inferior ou igual a 12 500$ e pela violação da obrigação de pagar qualquer cheque emitido através de módulo por elas fornecido nos casos de violação do dever de rescisão da convenção de cheque, após a rescisão da convenção de cheque com violação do dever a que se refere o n.º 4) a entidades que integrem a listagem referida no n.º 8), e em violação da interdição de uso de cheque fixada em decisão judicial, uma coima que varia entre 300 000$ e 5 000 000$;

22) Estabelecer a punição por negligência das contra-ordenações referidas no número anterior;
23) Aumentar os montantes mínimos das coimas correspondentes às contra-ordenações referidas no n.º 21), quando praticadas pelos órgãos de pessoa colectiva ou equiparada, no exercício das suas funções, respectivamente para 400 000$ e 800 000$, em caso de dolo, e para 200 000$ e 400 000$, em caso de negligência;

2. Podemos considerar que a competência atribuída ao Banco de Portugal na fixação dos requisitos a observar na abertura de contas de depósito e no fornecimento de módulos de cheque justifica-se por dois motivos que constam do preâmbulo da Instrução n.º 11/2005, daquela instituição.

Em primeiro lugar o facto de a abertura de conta de depósito bancário constituir "uma operação bancária central pela qual se inicia, com frequência, uma relação de negócio duradoura entre o cliente e a instituição de crédito, a qual requer um conhecimento, tanto quanto possível, completo, seguro e permanentemente actualizado dos elementos identificadores do cliente, dos seus eventuais representantes e de quem movimenta a conta".

Em segundo lugar porque é "necessário assegurar, em termos de transparência e com vista ao estabelecimento de relações justas e de confiança, que ao cliente seja fornecida informação atempada e detalhada sobre as condições de celebração e o conteúdo do contrato de depósito bancário, incluindo as relativas à movimentação da conta, informação que deverá manter-se actualizada".

3. O Banco de Portugal, ao abrigo da competência regulamentar conferida pelo artigo em anotação, fixou os requisitos a observar na abertura de contas de depósito e no fornecimento de módulos de cheque e transmitiu instruções tendentes à aplicação uniforme daquele diploma aprovando e publicando as Instruções n.ᵒˢ 1/98 e 11/2005 e o Aviso n.º 1741-C/98, publicado no DR, 2.º Série, 2.º suplemento, de 4 de Fevereiro.

4. De acordo com o art. 2.º, da instrução n.º 11/2005, sob as instituições de crédito impende um dever especial de cuidado na abertura de contas de depósito, ao abrigo do qual devem ser adoptados os procedimentos necessários:

a) À completa e comprovada identificação de cada um dos titulares das contas, dos seus representantes e das demais pessoas com poderes de movimentação;
b) À verificação da idoneidade e suficiência dos instrumentos que outorgam os poderes de representação e de movimentação das contas.

5. As instituições de crédito, antes da abertura de qualquer conta de depósito, devem disponibilizar aos seus clientes um exemplar das condições gerais que regerão o contrato a celebrar, em papel ou, com a concordância daqueles, noutro suporte duradouro que permita um fácil acesso à informação nele armazenada e a sua reprodução integral e inalterada, cumprindo-lhes fazer prova da efectiva disponibilização (art. 3.º, da instrução 11/2005).

No que concerne ao dever de comunicação das cláusulas contratuais gerais nos contratos de adesão *vide* art. 5.º, do DL n.º 446/85, de 25.10.

6. Os elementos de identificação e respectivos comprovativos exigidos na abertura presencial e não presencial de contas de depósito estão previstos nos arts. 9.º, 10.º, 11.º e 12.º, da instrução n.º 11/2005.

As instituições de crédito só podem abrir contas de depósito às entidades que lhes prestem informação sobre todos os elementos de identificação previstos no artigo 9.º, aplicáveis ao caso, e lhes facultem os documentos comprovativos dos elementos referidos nas alíneas a) a c), do n.º 1) e a) a d), do n.º 2, do referido art. 9.º (art. 8.º, n.º 1, da instrução n.º 11/2005).

As instituições de crédito não podem permitir a realização de quaisquer movimentos a débito ou a crédito na conta subsequentes ao depósito inicial, disponibilizar quaisquer instrumentos de pagamento sobre a conta ou efectuar quaisquer alterações na sua titularidade, enquanto se não mostrarem comprovados os restantes elementos de identificação, em conformidade com o disposto nos artigos 10.º e 12.º (art. 8.º, n.º 2, da instrução n.º 11/2005).

7. As instituições de crédito não podem confiar módulos de cheque às entidades:

a) Que tenham sido objecto de rescisão da convenção do seu uso há menos de dois anos;
b) Que integrem a lista de utilizadores de cheque que oferecem risco divulgada pelo Banco de Portugal;
c) Que estejam judicialmente interditas do uso de cheque, logo que de tal facto sejam informadas;
d) Em cuja ficha de abertura de conta não conste a indicação de conferência dos elementos com base no bilhete de identidade civil, ou outro que legalmente o substitua para todos os efeitos, no caso de residentes, e documento equivalente ou passaporte, no caso de não residentes (n.º 2, do Aviso n.º 1741-C/98).

O fornecimento de módulos de cheque, em violação do dever de se abster de o fazer, obriga a instituição de crédito a pagar qualquer cheque emitido através daqueles, independentemente do montante nele inscrito (n.º 34, do Aviso 1741--C/98).

8. Os primeiros módulos de cheque devem ser entregues ao titular ou representante com poderes para movimentar a conta a que respeitam, mediante a apresentação de carta registada expedida para o domicílio indicado na ficha de abertura de conta e a exibição do respectivo bilhete de identidade ou documento que legalmente o substitua (n.º 4, do Aviso n.º 1741-C/98).

9. Os titulares ou representantes com poderes para movimentar a conta são obrigados a comunicar imediatamente às instituições de crédito qualquer alteração nos elementos constantes na ficha de abertura de conta, designadamente a morada e o regime de movimentação, devendo as requisições de módulos de cheque ou os extractos de conta mencionar esta obrigação (n.º 5, do Aviso n.º 1741-C/98).

10. A inobservância dos requisitos a que se refere o artigo em anotação constitui contra contra-ordenação punível com coima de € 748,20 a € 12.469,95 (al. b), n.º 1, do art. 14.º).

CAPÍTULO II – Obrigatoriedade de pagamento

Art. 8.º (Obrigatoriedade de pagamento pelo sacado)

1. A instituição de crédito sacada é obrigada a pagar, não obstante a falta ou insuficiência de provisão, qualquer cheque emitido através de módulo por ela fornecido, de montante não superior a € 150.
2. O disposto neste artigo não se aplica quando a instituição sacada recusar justificadamente o pagamento do cheque por motivo diferente da falta ou insuficiência de provisão.
3. Para efeitos do previsto no número anterior, constitui, nomeadamente, justificação de recusa de pagamento a existência de sérios indícios de falsificação, furto, abuso de confiança ou apropriação ilegítima do cheque.

NOTAS:

1. O artigo em anotação sofreu as alterações introduzidas pelos DL n.os 316/ /97, de 19.11, 323/2001, de 17.12 e 48/2005, de 29.08.

Nos termos do art. 2.º, da L n.º 117/97, de 16.09, que concedeu ao Governo autorização legislativa para introduzir alterações ao DL n.º 454/91, de 28.12, a legislação a aprovar teria o seguinte sentido e extensão:

> *7) Estabelecer que a recusa de pagamento de cheque de valor não superior a 12 500$ tem de ser justificada e igualmente prever que constitui justificação de recusa de pagamento a existência, nomeadamente, de sérios indícios de falsificação, furto, abuso de confiança ou apropriação ilegítima do cheque;*

Nos termos do art. 5.º, da L n.º 117/97, foi concedida ao Governo autorização legislativa para:

> *2) Introduzir alterações de redacção nos artigos 5.º, 6.º, 8.º, 9.º, 10.º, 12.º, n.os 1, alínea b), e 3, do Decreto-Lei n.º 454/91, de 28 de Dezembro.*

2. O cheque pressupõe, designadamente, a abertura de uma conta de depósito bancário, que constitui uma operação bancária central pela qual se inicia, com frequência, uma relação de negócio duradoura entre o cliente e a instituição de crédito, motivo pelo qual o Banco de Portugal fixa os respectivos requisitos exigidos (cfr. anotações ao art. 7.º).

Por outro lado, pressupõe a celebração do contrato de cheque, através do qual a instituição de crédito acede a que o titular da provisão "mobilize os fundos, em relação aos quais detém um direito de crédito, por meio de emissão de cheques", SOFIA SEQUEIRA GALVÃO *in* "Contrato de Cheque", p. 29. Para o efeito fornece o respectivo módulo de cheques, observando os requisitos a que se reporta o art. 7.º.

3. A obrigatoriedade de pagamento prevista no artigo em anotação assenta, não só na responsabilização da instituição de crédito, mas também na restauração da confiança no trânsito dos cheques, cfr. SOFIA SEQUEIRA GALVÃO *in* "Contrato de Cheque", p. 47. GERMANO MARQUES DA SILVA *in* "O Crime de Emissão...", p. 47 entende que esta obrigatoriedade de pagamento "não visa tanto a protecção do portador do cheque, mas tem sobretudo natureza cautelar relativamente às instituições de crédito".

O não pagamento constitui contra contra-ordenação punível com coima de € 1.496,39 a € 24.939,89 (al. c), n.º 2, do art.14.º).

5. A instituição de crédito sacada pode recusar o pagamento de cheques em montante inferior a € 150, por motivo diferente da falta ou insuficiência de provisão, com base na existência de sérios indícios de falsificação, furto, furto ou apropriação ilegítima de cheque.

O agora designado crime de falsificação ou contrafacção de documento está previsto no art. 256.º, do CP (com a redacção introduzida pela L n.º 59/2007, de 04.09).

O Crime de furto e de furto qualificado estão previstos nos arts. 203.º e 204.º, do CP (este último com a redacção introduzida pela L n.º 59/2007, de 04.09).

O Crime de abuso de confiança está previsto no art. 205.º, do CP.

O Crime de apropriação ilegítima em caso de acessão ou de coisa achada está previsto no art. 209.º, do CP.

Nos termos do n.º 32, do Aviso n.º 1741-C/98, publicado no DR, 2.ª Série, 2.º suplemento, de 4 de Fevereiro, constituem, ainda, causa justificativa de não pagamento o roubo (art. 210.º, do CP), o extravio, o endosso irregular, a rasura no extenso para caber no montante atingido pela obrigatoriedade de pagamento.

Na opinião de MANUEL FERREIRA ANTUNES *in* "Regime Jurídico do Cheque sem Provisão", p. 59, "O n.º 3 aponta critérios de recusa justificada; trata-se de preceito *exemplificativo* e não taxativo. Assim, admitem-se outras situações *análogas* às referidas, como causa justificativa da recusa de pagamento.

Essas outras situações devem ser ponderadas tendo por padrão de referência os exemplos que o legislador forneceu, sob pena de correr o risco de interpretações subjectivas, arbitrárias ou discriminatórias, que o legislador não quis".

A recusa injustificada de pagamento constitui contra contra-ordenação punível com coima de € 1.496,39 a € 24.939,89 (al. d), n.º 2, do art.14.º).

6. Um cheque pago pela instituição de crédito em cumprimento da obrigação prevista no artigo em anotação, considera-se regularizado se, no prazo de 30 dias contados a partir de notificação para o efeito, o sacador proceder ao depósito da quantia nele indicada na sua conta ou em conta designada pela instituição de crédito (n.º 17, do Aviso n.º 1741-C/98).

7. A instituição de crédito é obrigada a pagar qualquer cheque, independentemente do valor, nos casos previstos no art. 9.º.

8. A instituição de crédito que pagar um cheque nos termos do artigo em anotação fica sub-rogada nos direitos do portador até ao limite da quantia paga (art. 10.º).

Art. 9.º (Outros casos de obrigatoriedade de pagamento pelo sacado)

1. Sem prejuízo do disposto no artigo 8.º, as instituições de crédito são ainda obrigadas a pagar qualquer cheque emitido através de módulo por elas fornecido:

a) **Em violação do dever de rescisão a que se refere o artigo 1.º, n.ºˢ 1 a 4;**
b) **Após a rescisão da convenção de cheque, com violação do dever a que se refere o artigo 1.º, n.º 6;**
c) **A entidades que integrem a listagem referida no artigo 3.º;**
d) **Em violação do disposto no artigo 12.º, n.º 5.**

2. Em caso de recusa de pagamento, a instituição sacada deve provar que observou as normas relativas ao fornecimento de módulos de cheque e à obrigação de rescisão da convenção de cheque.

NOTAS:

1. O artigo em anotação sofreu as alterações introduzidas pelo DL n.º 316//97, de 19.11.

Nos termos do art. 5.º, da L n.º 117/97, de 16.09, foi concedida ao Governo autorização legislativa para:

2) Introduzir alterações de redacção nos artigos 5.º, 6.º, 8.º, 9.º, 10.º, 12.º, n.ᵒˢ 1, alínea b), e 3, do Decreto-Lei n.º 454/91, de 28 de Dezembro.

2. Para além dos cheques de montante não superior a € 150, as instituições de crédito estão ainda obrigadas a pagar qualquer cheque (independentemente do valor) emitido através de módulo por elas fornecido:

a) em violação do dever de rescisão, segundo o qual as instituições de crédito estão vinculadas a rescindir qualquer convenção de cheque celebrada com entidade que pela respectiva utilização indevida, ponha em causa o espírito de confiança que deve presidir à circulação dos cheques;

b) no seguimento de nova convenção de cheque que haja celebrado com a entidade abrangida antes de decorridos 2 anos a contar da data da decisão de rescisão (art. 1.º, n.º 6);

c) a entidades que integrem a listagem de utilizadores de cheque que oferecem risco (art. 3.º);

d) depois de terem sido informadas pelo Banco de Portugal, no seguimento da comunicação da sentença que condenar em interdição do uso de cheque, que devem abster-se de fornecer ao agente ou aos seus mandatários módulos de cheque (art. 12.º, n.º 5).

De forma bastante genérica, o n.º 34, do Aviso 1741-C/98, publicado no DR, 2.º Série, 2.º suplemento, de 4 de Fevereiro, prevê que a instituição de crédito é obrigada a pagar qualquer cheque, independentemente do valor, que tenha sido emitido através de módulos que estava impedida de fornecer.

3. Se a instituição de crédito recusar o pagamento terá que provar que observou as normas relativas ao fornecimento de módulos de cheque e à rescisão da convenção de cheque.

Quanto aos requisitos a observar no fornecimento de módulos de cheque cfr. art. 7.º.

4. A instituição de crédito que pagar um cheque nos termos do artigo em anotação fica sub-rogada nos direitos do portador até ao limite da quantia paga (art. 10.º).

5. A violação do disposto no n.º 1, do artigo em anotação constitui contra contra-ordenação punível com coima de € 1.496,39 a € 24.939,89 (al. c), n.º 2, do art. 14.º).

JURISPRUDÊNCIA:

I – As instituições de crédito são obrigadas a pagar, não obstante a falta ou insuficiência de provisão, qualquer cheque por elas fornecido a entidades que integrem a listagem a que se refere o art. 3.º do D-L 454/91, de 28-12, independentemente da verificação dos demais pressupostos da responsabilidade civil.

II – Trata-se de uma responsabilidade específica, que tem como pressupostos, a ilicitude (traduzida na entrega dos módulos de cheques a quem está inibido do seu uso), e o dano (falta do cheque quando apresentado a pagamento ao banco pelo seu legítimo portador).

III – O artigo 9.º do D-L 454/91, não tendo operado qualquer alteração na LUCH, não enferma de inconstitucionalidade.

Ac. STJ, de 07.07.99 *in* CJ, Ano VII, Tomo III, p. 21

I – A responsabilidade adveniente para as instituições de crédito pela violação do dever de rescisão a que se referem os arts. 1.º e 9.º, n.º 1, al. a) do Dec.-Lei 454/91 de 28-12, insere-se no princípio geral contido no art. 483.º do C. Civil – responsabilidade civil por actos ilícitos.

II – Assim, representando a violação do dever de rescisão, por parte do Banco, um acto ilícito, que lhe é imputável, ainda se torna necessária a verificação de dois pressupostos: a) que para o beneficiário da emissão do cheque resulte dano; b) que haja nexo de causalidade entre a dita emissão (do cheque ou cheques do módulo fornecido com violação daquele dever...) e o dano.

III – Por isso, a expressão «qualquer cheque emitido... » (art. 9.º, n.º 1, al. a) do cit. Dec.-Lei) deve ser interpretada dentro dos estritos pressupostos informadores daquele princípio geral.

Ac. RP, de 07.10.96 *in* CJ, Ano XXI, Tomo IV, p. 216

Art. 10.º (Sub-rogação)

A instituição de crédito sacada que pagar um cheque em observância do disposto neste capítulo fica sub-rogada nos direitos do portador até ao limite da quantia paga.

NOTAS:

1. O artigo em anotação sofreu as alterações introduzidas pelo DL n.º 316/97, de 19.11.

Nos termos do art. 5.º, da L n.º 117/97, de 16.09, foi concedida ao Governo autorização legislativa para:

> *2) Introduzir alterações de redacção nos artigos 5.º, 6.º, 8.º, 9.º, 10.º, 12.º, n.ᵒˢ 1, alínea b), e 3, do Decreto-Lei n.º 454/91, de 28 de Dezembro.*

2. As instituições de crédito que paguem cheques de montante não superior a € 150 (art. 8.º) ou qualquer cheque, independentemente do valor, em virtude de módulo indevidamente fornecido (art. 9.º), ficam sub-rogadas nos direitos do portador até ao limite da quantia paga.

Conforme, aliás, resulta do n.º 1, do art. 593.º, do CC, segundo o qual o sub-rogado adquire, na medida da satisfação dado ao direito do credor, os poderes que a este competiam.

3. O regime do CC aplica-se a todas "as formas de sub-rogação, sejam elas voluntárias ou legais", PIRES DE LIMA/ANTUNES VARELA *in* "Código Civil – Anotado", 4.º edição. Coimbra Editora, 1987, p. 609.

A característica essencial da sub-rogação é "ser feita em consequência de um pagamento – pagamento transmissivo em vez de extintivo do crédito –, por isso não opera isoladamente, mas está necessariamente enxertada no pagamento do crédito", MARIA DE ASSUNÇÃO OLIVEIRA CRISTAS *in* "Transmissão Contratual de Direito de Crédito", Almedina, 2005, p. 264.

CAPÍTULO III – **Regime penal do cheque**

Art. 11.º (Crime de emissão de cheque sem provisão)

1. Quem, causando prejuízo patrimonial ao tomador do cheque ou a terceiro:

a) **Emitir e entregar a outrem cheque para pagamento de quantia superior a € 150 que não seja integralmente pago por falta de provisão ou por irregularidade do saque;**

b) **Antes ou após a entrega a outrem de cheque sacado pelo próprio ou por terceiro, nos termos e para os fins da alínea anterior, levantar os fundos necessários ao seu pagamento,** proibir à instituição sacada o pagamento desse cheque, encerrar a conta sacada ou, por qualquer modo, alterar as condições da sua movimentação, assim impedindo o pagamento do cheque; ou

c) Endossar cheque que recebeu, conhecendo as causas de não pagamento integral referidas nas alíneas anteriores;
se o cheque for apresentado a pagamento nos termos e prazos estabelecidos pela Lei Uniforme Relativa ao Cheque, é punido com pena de prisão até 3 anos ou com pena de multa ou, se o cheque for de valor elevado, com pena de prisão até 5 anos ou com pena de multa até 600 dias.

2. Para efeitos do disposto no número anterior, considera-se valor elevado o montante constante de cheque não pago que exceda o valor previsto no artigo 202.º, alínea a) do Código Penal.

3. O disposto no n.º 1 não é aplicável quando o cheque seja emitido com data posterior à da sua entrega ao tomador.

4. Os mandantes, ainda que pessoas colectivas, sociedades ou meras associações de facto, são civil e solidariamente responsáveis pelo pagamento de multas e de indemnizações em que forem condenados os seus representantes pela prática do crime previsto no n.º 1, contanto que estes tenham agido nessa qualidade e no interesse dos representados.

5. A responsabilidade criminal extingue-se pela regularização da situação, nos termos e prazo previstos no artigo 1.º-A.

6. Se o montante do cheque for pago, com reparação do dano causado, já depois de decorrido o prazo referido no n.º 5, mas até ao início da audiência de julgamento em 1.ª instância, a pena pode ser especialmente atenuada.

NOTAS:

1. O artigo em anotação sofreu as alterações introduzidas pelos DL n.ºs 316//97, de 19.11, 323/2001, de 17.12 e 48/2005, de 29.08.

Nos termos do art. 2.º, da L n.º 117/97, de 16.09, que concedeu ao Governo autorização legislativa para introduzir alterações ao DL n.º 454/91, de 28.12, a legislação a aprovar teria o seguinte sentido e extensão:

11) Considerar como autor de crime de emissão de cheque sem provisão quem, causando prejuízo patrimonial ao tomador do cheque ou a terceiro:

a) Emitir e entregar a outrem cheque para pagamento de quantia superior a 12 500$ que não seja integralmente pago por falta de provisão ou por irregularidade do saque;

b) Antes ou após a emissão e entrega a outrem de cheque sacado pelo próprio ou por terceiro, nos termos e para os fins da alínea anterior, levantar os fundos necessários ao seu pagamento, proibir à instituição sacada o pagamento desse cheque, encerrar a conta sacada ou, por qualquer modo, alterar as condições da sua movimentação, assim impedindo o pagamento do cheque; ou

c) Endossar cheque que recebeu, conhecendo as causas de não pagamento integral referidas nas alíneas anteriores, se o cheque for apresentado a pagamento nos termos e prazos estabelecidos pela Lei Uniforme Relativa ao Cheque;

12) Estabelecer a punição de quem pratique os factos descritos no número anterior com pena de prisão até 3 anos ou com pena de multa ou, se o cheque for de valor elevado, com pena de prisão até 5 anos ou com pena de multa até 600 dias;

13) Estabelecer que, para efeitos do disposto no número anterior, se considera valor elevado o montante constante de cheque que exceda o valor previsto no artigo 202.º, alínea a), do Código Penal;

14) Não aplicar o disposto no n.º 11) aos cheques emitidos com data posterior à da sua entrega ao tomador;

15) Prever a extinção da responsabilidade criminal pela regularização da situação nos termos e prazo a que se refere o artigo 3.º, n.º 1);

16) Permitir a especial atenuação da pena quando o montante do cheque for pago, com reparação do dano causado, até ao início da audiência de julgamento em 1.a instância;

2. O bem jurídico protegido pelo tipo legal de crime aqui previsto é não só o património do portador, mas também a tutela da função jurídico-económica do cheque, enquanto título de crédito utilizado como meio de pagamento, assegurando a confiança no seu poder circulatório e liberatório. Cfr., TOLDA PINTO *in* "Crime de Emissão de Cheque sem Provisão", ps. 107 a 109 e, ainda, os Acs. da RP, de 17.05.95 *in* BMJ, 447, p. 565 e da RC, de 24.05.95 *in* CJ, Ano XX, Tomo III, p. 66.

Por sua vez, GRUMECINDO DINIS BAIRRADAS *in* "O Crime de Emissão ...", p. 154 entende que "estamos hoje claramente perante um crime patrimonial, em que o único bem jurídico "directamente" protegido é o património do portador do cheque, surgindo a protecção da credibilidade do cheque como meramente acessória e indirecta".

3. Com o DL n.º 316/97, o crime de emissão de cheque sem provisão, em qualquer das modalidades de comportamento típico, tem sempre natureza semipública, GERMANO MARQUES DA SILVA in "O Crime de Emissão de Cheque sem Provisão", p. 35.

Com efeito, conforme resulta claramente do n.º 1, do art. 11.º-A (aditado pelo DL n.º 316/97), o procedimento criminal pelo crime de emissão de cheque sem provisão depende de queixa. *Vide* anotações a este preceito.

4. Apesar da epígrafe do artigo em anotação conservar a redacção original (crime de emissão de cheque sem provisão), "o âmbito da incriminação é muito mais amplo do que a *falta de provisão*, abrangendo também a *irregularidade do saque, a proibição de pagamento, o encerramento da conta e a alteração as condições de movimentação da conta que impeçam o pagamento*", GERMANO MARQUES DA SILVA in "O Crime de Emissão de Cheque sem Provisão", p. 42.

5. Elementos objectivos do tipo legal de crime

Os elementos do tipo legal de crime de emissão de cheque sem provisão são:

a) *Emissão e entrega do cheque*

A emissão de um cheque traduz-se "no seu preenchimento e ulterior entrega ao tomador", PAULO OLAVO CUNHA in "O Cheque enquanto Título de Crédito: Evolução e perspectivas", Estudos de Direito Bancário, Coimbra Editora, 1999, p. 248.

Importa referir que o preenchimento do cheque não é um elemento do tipo. Por conseguinte, o cheque não tem que ser preenchido integralmente por quem *passa* o cheque (sacador, art. 1.º, n.º 6).

Emitente do cheque "é aquele que o assina, que o passa. Por isso, o cheque passado (assinado pelo sacador), ainda que incompleto, é ainda cheque emitido desde que o portador o preencha de acordo com as instruções do sacador (art. 13.º da LURC)", GERMANO MARQUES DA SILVA in "O Crime de Emissão...", p. 44.

Para efeitos de preenchimento do tipo legal de crime é necessária que o cheque seja posto em circulação, por outras palavras, que seja entregue para pagamento a terceiro.

Para GRUMECINDO DINIS BAIRRADAS in "O Crime de Emissão ...", p. 174, "não há qualquer dúvida que **a emissão do cheque** resulta da conjugação do preenchimento do título com um elemento material de desapossamento ou entrega voluntária ao beneficiário, momento em que o cheque entra em circulação e se considera emitido".

Podemos concluir que a emissão se (con) funde com a entrega, até porque, conforme muito bem salienta GRUMECINDO DINIS BAIRRADAS in "O Crime de

Emissão ...", p. 175, "em rigor "a entrega" não corresponde a um conceito autónomo".

Assim, não existe emissão do cheque se este:
– foi entrega para depósito ou guarda;
– se mantém na posse do subscritor;
– se foi entregue ao beneficiário contra a vontade do subscritor.

Cfr. GRUMECINDO DINIS BAIRRADAS *in* "O Crime de Emissão ...", p. 175 e GERMANO MARQUES DA SILVA *in* "O Crime de Emissão...", p. 44.

b) *O cheque tem de ser entregue a outrem para pagamento de quantia superior a € 150*

Por força do elemento objectivo, aqui em análise, a emissão e entrega de cheque com valor inferior ou igual a € 150 não é punível.

Para este efeito é determinante, não o valor do prejuízo efectivamente causado, mas sim, o valor nominal do cheque, cfr. GERMANO MARQUES DA SILVA *in* "O Crime de Emissão...", p. 46.

A expressão "*para pagamento*" consubstancia a finalidade da emissão do cheque.

De acordo com o preâmbulo do DL n.º 316/97, é "pressuposto da tutela que o cheque não pago há-de ter sido emitido e entregue para cumprimento de uma obrigação".

Conforme destaca GRUMECINDO DINIS BAIRRADAS *in* "O Crime de Emissão...", p. 179 "a entrega apenas tem lugar "para pagamento", quando se destinou ao cumprimento de uma obrigação, ao pagamento de uma dívida certa e exigível, o que significa excluir a entrega de cheques com outros fins, quer sejam creditícios, de fiança, empréstimo, depósito, com "animo donandi", etc".

Conclui este mesmo autor que é, assim "indispensável provar a finalidade da entrega do cheque, o que só será conseguido através da prova da relação jurídica subjacente e da causa próxima da emissão".

c) *Falta de pagamento do cheque por falta de provisão ou por irregularidade do saque*

No entendimento de GRUMECINDO DINIS BAIRRADAS *in* "O Crime de Emissão ...", p. 180 provisão significa que "o sacador deve dispor de um crédito líquido e exigível sobre o banco sacado, equivalente ao valor do cheque. Este crédito pode ter várias origens; como, por exemplo, uma quantia em dinheiro depositada, a concessão de um crédito bancário, ou o depósito de títulos para cobrança, desde que susceptíveis de originar a obrigação de o banco ter disponível a favor do cliente a importância correspondente ao valor do cheque".

Para que exista o preenchimento deste elemento, a falta de provisão deve verificar-se na data da apresentação a pagamento e não na data da emissão e entrega do cheque. Por conseguinte, se a conta tinha provisão na data da apresentação a pagamento, ainda que não estivesse provisionada na data da emissão e entrega do cheque, não há preenchimento deste elemento, cfr. Germano Marques da Silva *in* "O Crime de Emissão...", p. 63. Em sentido contrário *vide* Grumecindo Dinis Bairradas *in* "O Crime de Emissão ...", p. 181.

Germano Marques da Silva *in* "O Crime de Emissão...", p. 63 destaca, ainda, que "não se preenche o tipo legal se o cheque for pago na data da apresentação a pagamento, ainda que a conta não esteja provisionada. Pode suceder que a instituição de crédito conceda crédito ao sacador e pague o cheque independentemente de existir provisão na conta. Neste caso não há prejuízo patrimonial do portador do cheque".

No caso de falta de pagamento por irregularidade do saque, o cheque não é pago porque o saque não foi emitido de forma a obrigar a instituição de crédito.

Existe irregularidade do saque, por exemplo, se:

– a assinatura não confere com a que consta da ficha bancária;
– existe insuficiência da assinatura ou assinaturas que vinculem a instituição de crédito.

Importa ter em consideração que é essencial que a conduta típica seja praticada por quem pode movimentar a conta. "Assim, emitir um cheque sobre uma conta de outrem não integra esta incriminação", Grumecindo Dinis Bairradas *in* "O Crime de Emissão ...", p. 181.

d) *Prejuízo patrimonial*

O prejuízo ou o dano pode ser definido como a perda ou supressão de uma vantagem ou interesse que o lesado sofreu em consequência do facto ilícito.

O dano em sentido patrimonial (por oposição ao dano em sentido real) "corresponde à avaliação concreta dos efeitos da lesão no âmbito do património do lesado, consistindo assim a indemnização na compensação da diminuição verificada nesse património, em virtude da lesão", Menezes Leitão *in* " Direito das Obrigações", vol. I, Almedina, 2000, p. 295.

Por sua vez, o património deve, aqui, ser entendido como o "conjunto de "utilidades" económicas detidas pelo sujeito, cuja fruição a ordem jurídica não desaprova", Figueiredo Dias *in* "Parecer sobre o Crime de Emissão de Cheque sem Provisão", CJ, Ano XVII, Tomo III (1992), p. 68.

Em jeito de conclusão Grumecindo Dinis Bairradas *in* "O Crime de Emissão ...", p. 161 entende que "o conceito de "prejuízo patrimonial" deve ser entendido como o efeito negativo verificado no património do tomador do cheque, nas suas diversas formas – como diminuição do activo ou aumento do passivo, bem como no não aumento do activo ou na não diminuição do passivo – causado directamente pela emissão e *a falta de pagamento* do cheque".

Numa outra óptica, GERMANO MARQUES DA SILVA in "O Crime de Emissão...", p. 55 considera que "o prejuízo patrimonial consiste na *frustração do direito do portador do cheque de receber na data da sua apresentação a pagamento a quantia a que tem direito em razão da obrigação subjacente e para cujo pagamento o cheque serviu*".

Importa, ainda, ter em consideração que "para efeitos penais não se tutela o direito do portador do cheque emergente do próprio cheque, mas se exige ainda que o direito incorporado no cheque coincida com o direito proveniente do negócio subjacente", GERMANO MARQUES DA SILVA in "O Crime de Emissão...", p. 58.

O STJ, através do Ac. 1/2007 pub. no DR, 1.ª Série, de 14.02, fixou jurisprudência nos seguintes termos:

"Integra o conceito de 'prejuízo patrimonial' a que se reporta o n.º 1 do artigo 11.º do Decreto-Lei n.º 454/91, de 28 de Dezembro, o não recebimento, para si ou para terceiro, pelo portador do cheque, aquando da sua apresentação a pagamento, do montante devido, correspondente à obrigação subjacente relativamente à qual o cheque constituía meio de pagamento".

e) *Apresentação do cheque a pagamento nos termos e prazos estabelecidos pela LUC*

Nos termos do art. 29.º, § 1 e 4, da LUC o cheque deve ser apresentado a pagamento, no país onde foi passado, no prazo de 8 dias a contar do dia indicado no cheque como data da emissão.

O cheque passado num país diferente daquele em que é pagável deve ser apresentado no prazo de 20 dias a contar do dia indicado no cheque como data da emissão, se o lugar da emissão e o lugar de pagamento se encontrem situados na mesma parte do mundo (art. 29.º, § 2 e 4, da LUC).

O cheque passado num país diferente daquele em que é pagável deve ser apresentado no prazo de 70 dias a contar do dia indicado no cheque como data da emissão, se o lugar da emissão e o lugar de pagamento se encontrem situados em diferentes partes do mundo (art. 29.º, § 2 e 4, da LUC).

São considerados passados e pagáveis na mesma parte do mundo os cheques passados num país europeu e pagáveis num país à beira do Mediterrâneo (art. 29.º, § 3, da LUC).

Os cheques que não sejam apresentados dentro destes prazos não gozam de protecção penal, nem sequer cambiária.

Conforme destaca GERMANO MARQUES DA SILVA in "O Crime de Emissão...", p. 55 "A data da apresentação do cheque a pagamento não é a data do seu depósito numa qualquer conta bancária, mas a sua apresentação à instituição de crédito sacada ou a uma câmara de compensação".

f) *Elementos do tipo específicos da modalidade prevista na al. b)*

Ao contrário do comportamento típico previsto na al. a) que só pode ser praticado pelo sacador, os comportamentos previstos na al. b) podem ser praticados pelo próprio sacador ou por terceiro. Por conseguinte, o agente do crime "não é *agora somente aquele que emitir e entregar a outrem cheque, mas quem levantar os fundos, proibir o pagamento, encerrar a conta ou alterar as condições da sua movimentação*", GERMANO MARQUES DA SILVA in "O Crime de Emissão...", p. 65.

Para que se verifique o comportamento típico previsto na al. b) é necessário, para além da emissão e entrega do cheque para pagamento de quantia superior a € 150 e do prejuízo patrimonial, que exista um acto que origine o não pagamento do cheque e sem o qual a conta estaria provisionada e, consequentemente, o cheque emitido seria pago (se a conta não estivesse provisionada a conduta seria punível nos termos da al. a)).

f.1. *Levantamento dos fundos necessários ao pagamento do cheque*

Para este efeito o levantamento traduz-se, basicamente, no acto voluntário através do qual o sacador ou terceiro retira os fundos que provisionavam a conta, dando causa adequada ao não pagamento do cheque.

O levantamento pode ser realizado directamente, no balcão, por transferência bancária ou através da emissão de novo cheque.

Nos casos em que o levantamento é efectuado por terceiro, o sacador não é criminalmente responsável se "se assegurou, no momento da entrada em circulação do cheque, que a conta estava provisionada – ou a provisionou posteriormente para garantir o seu pagamento – e tomou as providências ao seu alcance para assegurar o pagamento", salvo na hipótese de comparticipação, cfr. GERMANO MARQUES DA SILVA in "O Crime de Emissão...", ps. 67 e 68.

f.2. *Proibir à instituição sacada o pagamento do cheque*

A proibição de pagamento de um cheque, traduzida na ordem de não pagamento dirigida ao banco sacado, constitui uma revogação do cheque.

Nos termos do art. 32.º, da LUC a revogação do cheque só produz efeito depois de findo o prazo de apresentação.

Antes de mais convém analisar qual o poder da revogação do cheque.

A nossa doutrina e jurisprudência têm-se debatido sobre a questão de saber se o banco pode, livremente, acatar a ordem de revogação do cheque e se pode recusar, sem justificação, o pagamento de cheques.

Na opinião de GRUMECINDO DINIS BAIRRADAS in "O Crime de Emissão ...", p. 194 a al. b), "ao criminalizar a proibição de pagamento do cheque reforçou, de uma forma decisiva, a posição no sentido de que o banco não pode aceitar a revogação do cheque, dentro do prazo de apresentação, excepto se for invocada uma causa que constitua fundamento bastante para esse efeito".

Por sua vez, GERMANO MARQUES DA SILVA in "O Crime de Emissão...", p. 72, entende que "não competindo ao sacado avaliar das razões da revogação, não deve também exigir justificação para essa revogação, uma vez que a justificação apresentada não tem qualquer efeito jurídico".

No que concerne à justa causa para revogação do cheque, GRUMECINDO DINIS BAIRRADAS in "O Crime de Emissão ...", ps. 199 e 200 considere que nos casos em que o sacador tem fundamento "para proibir o pagamento e o portador do cheque não tem direito a receber o seu valor, também não há dúvidas de que não se verifica o prejuízo patrimonial, o que afasta a responsabilidade criminal".

f.3 *Encerramento da conta sacada e alteração, por qualquer modo, das condições da movimentação da conta, assim impedindo o pagamento do cheque*

No regime anterior ao DL n.º 316/97, de 19.11 discutia-se a questão de saber se a liquidação, o encerramento e o cancelamento de conta constituíam elementos do tipo legal de crime.

Com as alterações introduzidas pelo citado diploma tal questão ficou resolvida.

Na sequência de jurisprudência contraditória sobre a questão, o STJ, através do Assento n.º 13/97, pub. no DR, I Série, de 18.06.1997, já havia decidido que:

A declaração 'devolvido por conta cancelada', aposta no verso do cheque pela entidade bancária sacada, equivale, para efeitos penais, à verificação da recusa de pagamento por falta de provisão, pelo que deve haver-se por preenchida esta condição objectiva de punibilidade do crime de emissão de cheque sem provisão, previsto e punível pelo artigo 11.º, n.º 1, alínea a), do Decreto-Lei n.º 454/91, de 28 de Dezembro.

A liquidação e o cancelamento da conta, embora não expressamente previsto na al. b), devem ser incluídos na cláusula geral prevista na parte final desta alínea ("*alteração, por qualquer modo, das condições da sua movimentação, assim impedindo o pagamento do cheque*").

Importa referir que a alteração das condições de movimentação tem de ser imputável ou conhecida do sacador.

Pode, na verdade, suceder que a conta seja encerrada por iniciativa da instituição de crédito ou "congelada" em virtude de arrolamento, arresto ou penhora, sem conhecimento do sacador no momento em que emite e entrega o cheque.

Neste caso, se o agente ignorava que a conta fora cancelada ou congelada "não age com dolo, pois o erro sobre os elementos essenciais do facto exclui o dolo, nos termos do disposto no art. 16.º, do Código Penal", GERMANO MARQUES DA SILVA in "O Crime de Emissão...", p. 74.

g) *O endosso de cheque com conhecimento das causas do seu não pagamento*

O cheque, em regra, é transmissível por via do endosso (art. 14.º § 1, da LUC).

O endosso pode se feito mesmo a favor do sacador ou de qualquer outro co-obrigado, que, por sua vez, podem endossar novamente o cheque (art. 14.º § 3, da LUC).

O endosso tem como efeito principal a transmissão de todos os direitos resultantes do cheque (art. 17.º § 1, da LUC).

Salvo estipulação em contrário, o endossante garante o pagamento (art. 18.º § 1, da LUC).

De acordo com GERMANO MARQUES DA SILVA in "O Crime de Emissão...", ps. 75 e 76, a al. c) apenas abrange o endossante e não o transmitente não endossante.

Para que haja preenchimento do tipo legal é suficiente que o endossante tenha conhecimento de que o cheque não será pago quando for apresentado a pagamento, em virtude de alguma das causas prevista nas als. a) e b) e mesmo assim o endosse causando, dessa forma, prejuízo patrimonial ao endossado ou a terceiro.

Desta forma e conforme considera GERMANO MARQUES DA SILVA in "O Crime de Emissão...", ps. 75, a "responsabilidade do endossante pelo crime de emissão de cheque sem provisão pode cumular-se com a responsabilidade do sacador ou de outras pessoas que pratiquem os factos previstos na al. b) do n.º 1 do art.º 11, mas são títulos de incriminação autónomos".

Por outro lado, para que haja responsabilidade do endossante, o endossado tem de provar a relação jurídica subjacente ao endosso do cheque (uma vez que é essencial que tenha direito a receber a quantia titulada pelo cheque, caso contrário não haverá prejuízo patrimonial).

Ao invés, no domínio da relação cambiária, vigora o princípio da abstracção previsto no art. 22.º, da LUC, segundo o qual as pessoas accionadas em virtude de um cheque não podem opor ao portador as excepções fundadas sobre as relações pessoais delas com o sacador, ou com os portadores anteriores, salvo se o portador ao adquirir o cheque tiver procedido conscientemente em detrimento do devedor.

Daí que, "no âmbito penal, a tutela conferida ao cheque prescinde da abstracção que é característica no cheque enquanto título cambiário", GERMANO MARQUES DA SILVA *in* "O Crime de Emissão...", p. 77.

6. Elemento subjectivo – o dolo

O crime de emissão de cheque sem provisão é um crime doloso, porquanto a punição a título de negligência não está prevista na lei (art. 13.º, do CP).

O dolo está consagrado no art. 14.º, do CP.

Para que haja preenchimento deste elemento é necessário que o agente, no momento da prática do facto, tenha consciência da ilicitude da sua conduta e de que a mesma causará ou será susceptível de causar um prejuízo patrimonial a terceiro e mesmo assim actuar com intenção de realizar o facto típico ou simplesmente aceitar o resultado "como consequência necessária do seu comportamento ou conformar-se com a eventualidade desse resultado", GERMANO MARQUES DA SILVA *in* "O Crime de Emissão...", p. 77.

GRUMECINDO DINIS BAIRRADAS *in* "O Crime de Emissão ...", p. 182 considera que nem "*toda a emissão voluntária de cheque, com conhecimento da falta de provisão significa aceitação dolosa do risco do evento.* Com efeito, o sacador pode emitir um cheque sem dispor de provisão, mas confiar na sua obtenção dentro de poucas horas, ou muito em breve, antes da presumível data de apresentação do cheque a pagamento, considerando, nomeadamente, a prática anterior do tomador.

Por outro lado, o sacador pode confiar, com razoável grau de segurança, que o cheque será pago pelo banco, atendendo à prática anterior da instituição, ao tempo em que é cliente, etc".

7. Os cheques pós-datados

Uma das principais novidades decorrentes do DL n.º 316/97 foi a expressa eliminação do domínio da tutela penal dos cheques emitidos com data posterior à da sua entrega ao tomador (os chamados cheques pós-datados ou pré-datados), cfr. n.º 3.

No regime anterior ao DL n.º 316/97, a questão da protecção penal dos cheques pós-datados foi objecto de acesa discussão na doutrina e na jurisprudência, cfr., para maiores desenvolvimentos, GRUMECINDO DINIS BAIRRADAS *in* "O Crime de Emissão ...", ps. 163 a 169.

No entendimento deste autor, loc., cit., p. 169 "o fundamento jurídico-penal para afastar a protecção penal aos cheques pós-datados, resulta de estes constituírem um **uso irregular do cheque**, totalmente contrário às características deste título de crédito, tal como elas constam na Lei Uniforme vigente, e que se traduz numa clara **descaracterização** do cheque.(...)

Além disso, e agora em termos mais gerais, a protecção penal dessas situações ofende princípios elementares da civilização actual e do nosso sistema jurídico, uma vez que estamos perante um negócio jurídico realizado com função de garantia, em que **o devedor é coagido ao cumprimento de uma prestação pecuniária através da ameaça de sanções penais**".

Importa, contudo, referir que o cheque pós-datado "não perde a sua tutela cambiária, nos termos do art. 28.º da Lei Uniforme, e, por isso, continuará a ser usado como instrumento de titulação de créditos", GERMANO MARQUES DA SILVA *in* "O Crime de Emissão...", ps. 48 e 49.

Pelo exposto, só existe crime, se o cheque tiver sido emitido com data correspondente ou anterior à da sua entrega.

Com a expressa descriminalização dos cheques pós-datados, procurou-se tutelar o cheque como meio imediato de pagamento e não como instrumento de crédito.

Assim, segundo GERMANO MARQUES DA SILVA *in* "O Crime de Emissão...", ps. 50 e 51 estão excluídos da tutela penal os cheques entregues com data em branco para serem preenchidos, bem como, os cheques entregues a terceiro, em depósito, com a obrigação de preenchimento e entregue ao tomador em data posterior.

8. O crime de emissão de cheque sem provisão é punido com pena de prisão até 3 anos ou com pena de multa (parte final do n.º 1).

No entanto, se o cheque for de valor elevado, verifica-se um alargamento do limite máximo da pena de prisão até aos 5 anos e da pena de multa até aos 600 dias (parte final do n.º 1).

Para este efeito, considera-se valor elevado o montante de cheque não pago que exceda 50 unidades de conta (UC) avaliadas no momento da prática do facto (cfr., conjugadamente, arts. 202.º, do CP e n.º 2, do artigo em anotação).

A UC corresponde à quantia em dinheiro equivalente a um quarto de remuneração mínima mensal mais elevada, garantida, no momento da condenação, aos trabalhadores por contra de outrem, arredondada, quando necessário, para a unidade de euros mais próxima ou, se a proximidade for igual, para a unidade de euros imediatamente inferior, cfr. art. 5.º, n.º 2, do DL n.º 212/89, de 30 de Junho com a redacção introduzida pelo DL n.º 323/2001, de 17 de Dezembro.

Para este efeito, a UC, trienalmente, considera-se automaticamente actualizada a partir de 1 de Janeiro de 1992, devendo, para o efeito, atender-se sempre à remuneração anterior (art. 6.º, n.º 1, do referido DL n.º 212/89)

Assim, a partir de 1 de Janeiro de 2007, a UC passou a ser de € 96,00, correspondendo este valor a ¼ do salário mínimo nacional de € 385,90, fixado para o ano de 2006 (DL n.º 238/2005, de 30.12).

O tribunal pode, ainda, condenar nas sanções acessórias de interdição do uso de cheque e publicidade da decisão condenatória (art. 12.º).

9. A responsabilidade criminal extingue-se quando, verificando-se a falta de pagamento de cheque apresentado, para esse efeito, nos termos e prazos da Lei Uniforme Relativa ao Cheque, o sacador, depois de notificado pela instituição de crédito, proceder à regularização da situação no prazo de 30 dias consecutivos (cfr. conjugadamente, o n.º 5 e o art. 1.º-A.). *Vide* as anotações ao art. 1.º-A.

10. De acordo como o n.º 1, do art. 72.º, do CP, o tribunal atenua especialmente a pena, para além dos casos expressamente previstos na lei, quando existirem circunstâncias anteriores ou posteriores ao crime, ou contemporâneas dele, que diminuam por forma acentuada a ilicitude do facto, a culpa do agente ou a necessidade da pena.

Um dos casos expressamente previstos na lei é o do n.º 6, segundo o qual se o montante do cheque for pago já depois de decorrido o prazo de 30 dias para regularização da situação previsto no n.º 5 (com efeito, conforme vimos se o pagamento tiver sido efectuado dentro deste prazo a responsabilidade extingue-se), mas até ao início da audiência de julgamento em 1.ª instância, a pena pode ser especialmente atenuada.

Conforme prevê o n.º 1, do art. 73.º, do CP, sempre que houver lugar à atenuação especial da pena, observa-se o seguinte relativamente aos limites da pena aplicável:

a) O limite máximo da pena de prisão é reduzido de um terço;
b) O limite mínimo da pena de prisão é reduzido a um quinto se for igual ou superior a três anos e ao mínimo legal se for inferior;
c) O limite máximo da pena de multa é reduzido de um terço e o limite mínimo reduzido ao mínimo legal;
d) Se o limite máximo da pena de prisão não for superior a três anos pode a mesma ser substituída por multa, dentro dos limites gerais.

Tenhamos, ainda, presente que a pena especialmente atenuada que tiver sido em concreto fixada é passível de substituição, incluída a suspensão, nos termos gerais (art. 73.º, n.º 2).

Para efeitos de atenuação especial da pena, o pagamento deve compreender não só o valor do cheque, mas também os juros moratórios devidos nos termos do art. 1.º-A, cfr. GERMANO MARQUES DA SILVA in "O Crime de Emissão...", p. 89. Aparentemente, em sentido contrário, vide GRUMECINDO DINIS BAIRRADAS in "O Crime de Emissão ...", p. 213.

GERMANO MARQUES DA SILVA in "O Crime de Emissão...", p. 89 considera, ainda, que a atenuação especial aqui em análise não é automática (de facto, "a lei diz que a pena pode ser especialmente atenuada e não que é especialmente atenuada"), dependendo da verificação dos pressupostos gerais estabelecidos no art. 72.º, do CP.

11. As multas e indemnizações a que se reporta o n.º 4, não são só as multas e indemnizações penais em que sejam condenados os responsáveis criminais, "mas também as indemnizações de perdas e danos emergentes do crime de emissão de cheque sem provisão", GERMANO MARQUES DA SILVA in "O Crime de Emissão...", p. 90.

JURISPRUDÊNCIA:

I – Só há crime de cheque sem provisão se este, não tendo sido pago por falta de fundos, foi emitido como meio de pagamento imediato de um obrigação, e não também quando se destinou a pagar dívida que devia ter sido liquidada em data anterior.

II – O não pagamento de um cheque, que se ficou a dever ao facto de o sacador ter comunicado ao banco sacado que o mesmo se tinha extraviado, o que sabia ser falso, não é criminalmente punível, uma vez que o motivo invocado – falso extravio – não constitui levantamento de fundos, nem proibição de pagamento, nem encerramento da conta, nem alteração das condições de movimentação da mesma.

Ac. da RP, de 07.02.2007 in CJ, Ano XXXII, Tomo I, p. 211

1. Constitui prejuízo a frustração do direito do portador do cheque de receber, na data da sua apresentação a pagamento, a quantia a que tem direito em razão de uma obrigação subjacente ao cheque, de que é credor e para cujo pagamento o cheque serviu.

2. Nesta medida existirá prejuízo quando não for pago o cheque que se destina ao pagamento de uma determinada obrigação previamente acordada ou como pagamento de uma dívida preexistente.

3. *Uma vez acordado o cumprimento de uma obrigação, mediante a entrega de um cheque emitido para substituição de anteriores e não sendo este pago quando apresentado tempestivamente nos termos do acordo, expressa ou tacitamente, ocorre um prejuízo patrimonial que corresponde à quantia que o portador do cheque tinha direito a receber nessa data e para cujo pagamento o cheque serviu.*

Ac. da RL, de 19.12.2006 in www.dgsi.pt (proc. n.º 7153/2006-5)

Integra o conceito de 'prejuízo patrimonial' a que se reporta o n.º 1 do artigo 11.º do Decreto-Lei n.º 454/91, de 28 de Dezembro, o não recebimento, para si ou para terceiro, pelo portador do cheque, aquando da sua apresentação a pagamento, do montante devido, correspondente à obrigação subjacente relativamente à qual o cheque constituía meio de pagamento.

Ac. do STJ, de 30.11.2006 in DR, 1.º Série, de 14.02.2007

I – *O DL 316/97, de 19-11, alterou o DL 454/91, de 28-12, esclarecendo, nomeadamente, por nova redacção do art. 1.º, n.º 3, deste último diploma, que a incriminação do cheque sem provisão não é aplicável quando o cheque seja emitido com data posterior à da sua entrega ao tomador.*

II – *Esta despenalização dos cheques com data posterior à da sua entrega ao tomador operou ope legis e com efeito retroactivo, pois, nos termos dos arts. 29.º, n.º 4, da CRP e 2.º, n.º 2, do CP, se tivesse havido condenação, ainda que transitada em julgado, cessaria a execução e os seus efeitos penais.*

III – *Assim, inexistem dúvidas de que há fundamento para habeas corpus, por prisão ilegal, se o requerente de tal providência cumprir pena de prisão por condenação por crime de emissão de cheque sem provisão quando na respectiva sentença haja ficado provado que emitiu o cheque com data posterior à da sua entrega ao tomador.*

IV – *Nesse caso, a prisão está a ser motivada por facto pelo qual a lei a não permite (art. 222.º, n.º 2, al. b), do CPP).*

V – *O mesmo sucederia se na sentença condenatória o tribunal tivesse manifestado dúvida sobre a data em que foi entregue o cheque ao tomador, pois funcionaria o princípio in dubio pro reo.*

VI – *Contudo, se a sentença não se pronuncia sobre aquela data, afirmando tão só que o cheque foi entregue ao tomador "com data de 02.06.1995", sem referir se a data da entrega foi efectivamente essa, tal expressão permite a interpretação de que o cheque foi datado com a data da sua entrega ao tomador, mas não exclui que esta entrega tenha sido anterior.*

VII – No âmbito da providência de habeas corpus não cabe, porém, uma averiguação sobre matéria de facto que não a que foi expressamente fixada na sentença condenatória. A eventual injustiça da condenação, a existir, nomeadamente por se tratar de cheque pós-datado, terá assim de ser colocada mediante a apresentação de um recurso extraordinário de revisão, nos termos dos arts. 449.º e ss. do CPP.

Ac. do STJ, de 13.07.2006 *in* www.dgsi.pt (proc. n.º 06P2690)

Se numa acção executiva, exequente e executado acordam em reduzir o montante da quantia exequenda e na forma faseada de pagamento desta, o cheque emitido pelo executado, para pagamento imediato duma dessas prestações, que seja devolvido por falta de provisão, não haverá prejuízo patrimonial por não ter havido, expressa pelas partes, a vontade de novação.

Ac. da RC, de 21.06.2006 *in* www.dgsi.pt (proc. n.º 1154/06)

1. *A Lei n.º 48/2005, de 29 de Agosto de 2005, em vigor desde 29 de Setembro do mesmo ano, veio modificar o regime jurídico do cheque sem provisão, actualizando o valor limite que a instituição de crédito sacada é obrigada a pagar, não obstante a falta ou insuficiência de provisão, elevando-se o valor de € 62,35, fixado em 1997, para € 150,00 e descriminalizando-se a conduta até ao mesmo valor.*
2. *Por isso, a emissão e entrega de cheques de valor não superior a € 150,00, considerados unitariamente, após a entrada em vigor da Lei n.º 48/2005, deixou de merecer a tutela penal, em vista do disposto no n.º 2 do art. 2.º do Código Penal combinado com os art. 8.º n.º 1 e 11 n.º 1 alínea a) do Decreto-lei 454/91, na redacção dada pelos diplomas acima referidos, cuja interpretação se deve fazer em conformidade com a referência feita, no preâmbulo desse diploma legal, "a uma despenalização de cheques sem provisão nessas condições", isto é, aos cheques cujo montante o banco sacado deve pagar, não obstante a inexistência ou insuficiência de provisão.*
3. *De facto, independentemente da unificação de condutas delituosas, quando for o caso, o legislador, manifesta inequivocamente o propósito deliberado de excluir da tutela penal a emissão e entrega de cheques (considerados singularmente) até determinado valor, mas aqui com*

a contrapartida – para os lesados – da obrigação de a instituição de crédito sacada pagar o cheque, chamando-se, assim, estas instituições a um procedimento mais rigoroso na entrega de módulos de cheques.

4. A referência ao facto do cheque se destinar ao pagamento de quantia superior a € 150,00, apenas quis deixar claro que a tutela penal reduziu-se aos cheques destinados ao pagamento de dívidas actuais, excluindo dela a emissão de cheques para satisfação de obrigação futura ou destinados a servir de mera garantia de cumprimento. Assim, no caso de emissão de vários cheques, o que releva para efeitos de criminalização ou descriminalização é o valor titulado por cada cheque, ou seja, a quantia para cujo pagamento o cheque serviu, e não o valor do prejuízo causado ao tomador que pode ser superior ou inferior ao quantitativo declarado no cheque.

Ac. da RE, de 06.06.2006 *in* www.dgsi.pt (proc. n.º 1009/06-1)

I – Havendo uma conta corrente entre um hotel, prestador de serviços, e a entidade que dos mesmos beneficiava e o acordo de, só atingido certo montante, ser emitida a respectiva factura para pagamento, não deixa de ser praticado o crime de emissão de cheque sem provisão se, como é a situação dos autos, foram devolvidos sem provisão os cheques emitidos quando da apresentação da factura.

II – Não colhe, pois, a tese de que a dívida era preexistente à emissão dos cheques, até porque, "...no rigor dos termos, todas as dívidas são preexistente aos respectivos pagamentos".

III – O que importa reter é que foi o facto de os cheques não terem provisão que causou o prejuízo cuja existência a lei protege.

Ac. da RL, de 18.05.2006 *in* www.dgsi.pt (proc. n.º 3136/2006-9)

O cheque deve circular unicamente com base na confiança que o respectivo beneficiário tenha no sacador (e, eventualmente, nos demais portadores do título). Se essa confiança não existe, ele não deve aceitar o endosso. Na circunstância, não há como contrariar que, exactamente como vem invocado, por consequência, em virtude do réu ter omitido o seu dever de devolução do cheque ao autor, em tempo útil, este perdeu a tutela penal e, pelo seu desapossamento, também ficou impedido de, igualmente, em tempo útil, lançar mão dos meios executórios, com vista a obter o seu pagamento do seu crédito. Incorreu, assim, o réu na prática de um acto ilícito: omissão do dever de devolver ou restituir o cheque ao autor depositante, daí que tenha de responder pelos danos que a sua conduta (culposa) tenha causado ao autor.

Ac. da RG, de 09.02.2005 *in* www.dgsi.pt (proc. n.º 2316/04-2)

I – A data da entrega do cheque face à nova lei é um elemento objectivo essencial do crime e por isso deve constar logo da acusação, sob pena de ser rejeitada, por manifestamente infundada, nos termos do art. 311.º, n.º 2, al. a) e n.º 3, al. d), do CPP.

II – Tendo sido deduzida acusação por crime de cheque sem provisão ao abrigo do art. 11.º, n.º 1, al. a), do DL 454/91, de 28/12, finda a contumácia do arguido, depois da entrada em vigor do DL 316/97, de 19/11, o juiz deve ordenar o arquivamento do procedimento criminal, por descriminalização da conduta do arguido se da acusação constar que o arguido entregou o cheque em data indeterminada por não haver nos autos elementos que nos permitam concluir qual a data.

Ac. da RC, de 17.11.2004 *in* www.dgsi.pt (proc. n.º 2015/04)

"A exigência legal da causação de prejuízo patrimonial como elemento do tipo do crime de emissão de cheque sem provisão, nascida com a entrada em vigor do Dec-Lei n.º 545/91, de 28/12, visou a eliminação da tutela penal dos cheques para satisfação de obrigação futura ou destinados a servir de mera garantia de cumprimento.

Não assim quando, à data da emissão do cheque (...) tal obrigação já existia ou, pelo menos, se constituíra em acto simultâneo ao da emissão do título.

O que importa é que o portador do cheque, na data em que este lhe foi entregue tenha direito a receber o montante nele inscrito, o que evidentemente sucede no caso dos créditos em causa."

Ac. da RL, de 14.07.2004 *in* www.dgsi.pt (proc. n.º 3975/2004-3)

I – Sendo determinado cheque devolvido porque a conta a que respeitava havia sido bloqueada por iniciativa do banco, devido a movimentação irregular, facto que era do conhecimento do arguido, tanto mais que a não provisionou na data da emissão e dentro dos oito dias subsequentes com quantia que permitisse o seu pagamento integral, tanto basta para que se considere verificado o elemento do tipo do crime previsto no o art.º 11º, n.º 1 b), do Dec. Lei n.º 454/91, de 28/12, na redacção introduzida pelo Dec. Lei n.º 316/97, de 19/11, relativo à

" ... *assim impedindo o pagamento do cheque...", podendo inclusivamente a situação considerar-se expressamente prevista na expressão. " ...por qualquer modo, alterar as condições da sua movimentação...".*

II – Na verdade, a causa do bloqueamento da conta foi a movimentação irregular que dela fez o arguido, pois que violando as cláusulas do contrato de depósito, o arguido deu aso a que a conta fosse bloqueada, o que levou a que o cheque fosse devolvido sem ter sido pago, não sendo, por isso, impeditivo da verificação de tal elemento, o facto de não ter sido o arguido a dar ordem ao banco para que se efectuasse o bloqueio da conta.

III – Por outro lado, conforme se refere no Ac. da Relação de Lisboa de 21 de Maio de 1997, CJ, Ano XXVII, tomo III, pg. 144, não se impõe que aquela qualidade (falta ou insuficiência de fundos) tenha de ser certificada apenas com a fórmula sacramental «falta de provisão», não parecendo que os princípios da legalidade e da tipicidade sejam afectados por este entendimento que à vezes vem sendo criticado no sentido de que só através da analogia (proibida na interpretação de normas incriminadoras) se pode fazer equivaler conta cancelada ou cheque cancelado a falta de provisão.

IV – A tipicidade, continua o citado aresto, não exige, como é óbvio, qualquer culto fetichista da fórmula e, ao usar-se a expressão equivalente, outra coisa não quis dizer-se senão que o cheque não tinha provisão; não existia dinheiro na conta para o seu pagamento, não se estando a recorrer à analogia mas tão-somente a sinonímia, até porque, sendo a falta de provisão, como elemento típico do crime, um conceito normativo, pode o mesmo ser integrado por diversas realidades significando isso mesmo –, falta de provisão, falta de fundos, falta de dinheiro.

V – Assim, não estando o juiz vinculado a qualquer fórmula utilizada pela Banca e, desde que do cheque (ainda que conjugado com outros elementos de prova) resulte à evidência que o seu não pagamento dentro do prazo legal se deveu à falta ou insuficiência de fundos, falta essa da responsabilidade do emitente do cheque, deve considerar-se verificada a questionada condição objectiva de punibilidade.

Ac. da RG, de 13.10.2003 *in* www.dgsi.pt (proc. n.º 1037/03-1)

I – O tipo objectivo descrito na alínea a) do n.º 1 do artigo 11.º do Decreto-Lei n.º 454/91, de 28 de Novembro, é integrado pela conduta *do arguido, que consiste na emissão e entrega de um cheque para pagamento de uma quantia que, na data dos factos, tinha de ser superior a 12.500$00, por um resultado, que se traduz na falta de pagamento integral desse cheque, falta de pagamento essa que consubstancia um prejuízo patrimonial para o tomador do cheque ou para terceiro, e por um nexo de imputação do resultado assim definido à conduta do agente.*

II – Em face da forma como está estruturado este tipo, que não pode ser confundido com o da burla, o elemento prejuízo patrimonial desempenha apenas uma função limitadora. Permite recusar tutela penal àqueles casos em que o prejuízo económico que o não pagamento de um cheque sempre envolve não merece o reconhecimento do ordenamento jurídico.

III – Um direito de crédito exigível, que tem uma fonte lícita, não pode deixar de integrar o património do credor. Consequentemente, a não realização desse direito do credor, consubstancia um prejuízo patrimonial cuja dimensão corresponde ao valor do direito não satisfeito.

Ac. da RL, de 07.05.2003 *in* www.dgsi.pt (proc. n.º 615/2003-3)

O cheque passado para pagamento de impostos ao Estado sem provisão, goza de tutela penal, continuando criminalizada a respectiva conduta mesmo após a entrada em vigor do DL n.º 316/97, de 19//11.

Ac. da RL, de 08.04.2003 *in* www.dgsi.pt (proc. n.º 0017575)

I – Estando em causa um elemento descriminalizador (no caso: post--datação de cheque sem provisão), o Tribunal fica obrigado a investigá-lo.

II – Configura prejuízo patrimonial positivo a devolução, com pagamento recusado por falta de provisão, de um cheque entregue para cumprimento de uma obrigação acordada (datio pro solvendo).

Ac. da RL, de 03.04.2003 *in* www.dgsi.pt (proc. n.º 0058359)

I – O elemento constitutivo essencial do crime de emissão de cheque sem provisão prejuízo patrimonial vem a ser a frustração do direito do portador do cheque de receber na data da sua apresentação a pagamento a quantia a quem tem direito em razão de uma obrigação subjacente ao cheque de que é credor e para cujo pagamento o cheque serviu.

II – Daí que tenha causado prejuízo patrimonial *o sacador de um cheque devolvido por falta de provisão e destinado substitui outro também devolvido por falta de provisão, apesar do segundo cheque haver sido emitido meses após o negócio que justificou a admissão do primeiro.*

Ac. da RC, de 09.10.2002 *in* CJ, Ano XXVII, Tomo IV, p. 49

Suscitando-se, na fase de julgamento, a questão da descriminalização da conduta imputada à arguida na acusação – crime de emissão de cheque sem provisão – esta só deve ser decidida como questão-prévia, em sede de sentença.

Ac. da RL, de 07.11.2001 *in* CJ, Ano XXVI, Tomo V, p. 129

I – O DL n.º 316/97 de 19/11 exclui da tutela penal os denominados cheques de garantia, os pós-datados e todos os que se não destinem a pagamento imediato.
II – Nos casos em que o tomador deu o seu acordo para apresentação posterior do cheque a pagamento, o cheque não beneficia de tutela penal.
III – Quando o emitente previne o tomador da falta de provisão, falta o elemento subjectivo (intuito doloso de defraudar) pelo que o crime não se verifica.

Ac. da RC, de 09.05.2001 *in* www.dgsi.pt (proc. n.º 684-2001)

É de autorizar a revisão da sentença condenatória por crime de emissão de cheque sem provisão pré-datado, cometido antes da entrada em vigor do D-L 316/97, de 19-11.

Ac. do STJ, de 10.05.2001 *in* CJ, Ano IX, Tomo II, p. 193

I – A obrigação decorrente da compra de fichas de jogo, num casino, não constitui uma obrigação natural, antes sendo uma obrigação judicialmente exigível.
II – Por isso, constitui crime de emissão de cheque sem provisão a emissão de cheque destinado a solver dívida resultante dessa compra de fichas e que não foi logo paga por falta de fundos.

Ac. da RC, de 13.12.2000 *in* CJ, Ano XXV, Tomo V, p. 58

Se, na vigência do Código Penal de 1982, mas antes do início da do Decreto-Lei n.º 454/91, depois de ter preenchido, assinado e entregue o cheque ao tomador, o sacador solicita, por escrito, ao banco sacado que não o pague porque se extraviou (o que sabe não corresponder à verdade) e se, por isso, quando o tomador/portador lhe apresenta o cheque, dentro do prazo legal de apresentação, o sacado recusa o pagamento e, no verso do título, lança a declaração de que o cheque não foi pago por aquele motivo, o sacador não comete o crime previsto e punido pelo artigo 228.º, n.º 1, alínea b), e 2, nem o previsto e punido pelo artigo 228.º, n.º 1, alínea b), do Código Penal de 1982.

Assento n.º 4/2000, de 17.02 in D.R., I-A, n.º 40, p. 570

I – *Tendo em atenção que a unidade de conta – UC – em 1993, era de 10.000$00, os 1.166.732$00 do cheque dos autos não atingem 200 UCs e não devem ser tidos, para efeitos de punição geral, como valor consideravelmente elevado.*
II – *Assim sendo, o crime de cheque sem provisão é punível com prisão até 3 anos.*
III – *E, decorridos que estão mais de 5 anos sobre a prática dos factos, sem que tenham ocorrido quaisquer causas de interrupção ou suspensão da prescrição, está extinto o respectivo procedimento criminal por prescrição do mesmo.*

Ac. RL, de 03.11.99 in CJ, Ano XXIV, Tomo V, p. 135

Tendo o arguido sido condenado, por sentença transitada em julgado, por crime de emissão de cheque sem provisão, por conduta entretanto descriminalizada por lei nova, os efeitos dessa condenação devem cessar nos termos do art. 2.º, n.º 2 do CP.

Ac. RC, de 14.07.99 in CJ, Ano XXIV, Tomo III, p. 61

I – *Para verificação do crime de emissão de cheque sem provisão necessário se torna que o agente/emitente tenha consciência, quando dele abre mão, de que não terá provisão para o seu pagamento quando, dentro do prazo de oito dias, ele vier a ser apresentado para desconto.*
II – *Não basta provar-se que tenha consciência da falta de provisão no momento em que dele abre mão.*

Ac. da RC, de 30.06.99 in www.dgsi.pt (proc. n.º 1501/99)

I – *A mera entrega de cheques sacados por terceiro pelo devedor ao credor não configura, só por si, um acto de pagamento, mas um meio de o conseguir, isto é, em termos de datio pro solvendo, pelo que o direito de crédito ao credor só se extingue quando e na medida em que for satisfeito.*

II – *O credor que não conseguiu a cobrança dos cheques por falta de provisão na conta de depósitos do sacador não fica obrigado a exercer o direito de crédito baseado na relação jurídica cambiária contra o sacador e o endossante.*

III – *O não accionamento prévio do sacador e do endossante dos cheques na relação cambiária não consubstancia excepção peremptória susceptível de ser relevantemente invocada pelo devedor na acção declarativa de condenação baseada na relação jurídica subjacente.*

Ac. RL, de 20.05.99 *in* BMJ, 487, p. 355

I – *A utilização pelo arguido de um cheque que não lhe pertencia, assinando-o de forma a fazer crer ao ofendido que se tratava da assinatura do titular da conta, em conjugação com outras circunstâncias, como a forma cuidada de apresentação pessoal, adequadas a gerarem confiança no pagamento do cheque, constitui meio idóneo para induzir o ofendido em erro, não podendo considerar-se como temerária a atitude do ofendido ao entregar ao arguido a coisa pretendida, constituindo assim tal conduta em crime de burla. (...).*

Ac. STJ, de 21.04.99 *in* BMJ, 486, p. 128

I – *A responsabilidade pelo pagamento de cheques falsificados é regulada pelos princípios da responsabilidade civil, assente na culpa.*

II – *No caso de pagamento de cheque falsificado, o banco depositário só se liberta totalmente da responsabilidade, face ao disposto no artigo 799.º, n.º 1 do C.C., se provar que não teve culpa e que o pagamento foi devido a comportamento culposo do depositante.*

Ac. STJ, de 02.03.99, *in* CJ, Ano VII, Tomo I, p. 133

I – *O pagamento de cheques falsificados só libera o banco sacado se este provar, face ao disposto no artigo 799.º, n.º 1, do Código Civil, que não agiu com culpa, v.g., certificando-se da correspondência das assinaturas e que o pagamento foi devido a comportamento culposo do depositante.*

II – Se o banco sacado, agindo com culpa, pagar indevidamente cheques com assinatura falsificada, debitando-os na conta do sacador, será civilmente responsável pelos danos resultantes do pagamento.

Ac. STJ, de 02.03.99 *in* BMJ, 485, p. 117

No domínio do Código Penal de 1982, o crime de emissão de cheque sem provisão, previsto e punido pelo artigo 11.º, n.º 1, do Decreto-Lei n.º 454/91, de 28 de Dezembro, tinha a natureza pública, sendo ineficaz a desistência de queixa pelo ofendido, sem prejuízo do disposto nos artigos 313.º, n.º 2, e 303.º do mesmo Código.

Assento STJ, n.º 4/99, de 04.02 *in* D.R., I-A, n.º 75, de 30.03.99 e BMJ, 484, p. 37

Julgado extinto o procedimento criminal contra o arguido, por ter sido descriminalizada a sua conduta, se já houver pedido de indemnização civil formulado, deve o rocesso prosseguir para apreciação do mesmo, desde que o lesado o requeira atempadamente e tenha sido já proferido o despacho a que alude o art. 311.º do CPP.

Ac. RP, de 13.01.99 *in* CJ, Ano XXIV, Tomo I, p. 230

A despenalização do crime de cheque sem provisão por efeito da entrada em vigor do Decreto-Lei n.º 316/97 não evita que se tenha de conhecer o pedido civil formulado.

Ac. RC, de 07.01.99 *in* BMJ, 483, p. 281

I – Se um cheque, objecto de condenação transitada em julgado, foi entregue ao tomador antes da data nele aposta, o arguido deve beneficiar da descriminalização operada pelo D-L 316/97, cessando os efeitos da pena em que foi condenado, como impõe expressamente o art. 2.º-2 do C.P..

II – A sentença que condenou o arguido pela emissão de cheque pré-datado, sendo embora justa à luz da lei vigente à data em que foi proferida, passou a conter um elemento injusto: a pena, já que, segundo o art. 2.º-2 do C.P., ela não deverá ser cumprida.

III – O facto pré-datamento, não sendo naturalisticamente um facto novo, é-o normativamente, já que sendo um facto irrelevante para a con-

figuração e punição do crime de emissão de cheque sem provisão à data da sentença revidenda, passou posteriormente a ter significação normativa, descriminalizando a conduta.

IV – *Os factos de o cheque ter sido emitido ou não antes da data nele inscrita e o apuramento desse circunstancialismo temporal, com cabal observância do contraditório e respeito pelos direitos das partes, só pode operar-se através de realização de julgamento. E não o prevendo para esta hipótese as normas processuais vigentes, que, aliás, também não lhe prevêem incidente adequado, existe caso omisso, com lacuna a integrar nos termos do art. 4.º do CPP.*

V – *Trata-se de situação a exigir indispensável regulação processual, não prevista directamente pela lei processual, mas com similitude com a contemplada na al. d) do n.º 1 do art. 449.º do CPP, pelo que se justifica aplicar-se-lhe o recurso extraordinário de revisão.*

VI – *Aceitando a utilização do recurso de revisão por analogia, a estas situações, nos termos preceituados no art. 4.º do CPP, deve ser feita com as necessárias adaptações, como seja a procedência da revisão implicar não a absolvição do arguido e sim, tão-só, a cessação da execução da condenação e dos seus efeitos penais.*

Ac. STJ, de 26.11.98 *in* CJ, Ano VI, Tomo III, p. 223

Sendo a arguida absolvida do crime de que vinha acusada em virtude de ter ocorrido descriminalização da sua conduta, a sua responsabilidade civil mantém-se se o facto era lícito à data em que foi praticado.

Ac. RP, de 18.11.98 *in* CJ, Ano XXIII, Tomo V, p. 225

A publicação de uma nova lei despenalizadora de determinado facto não constitui facto novo para efeitos de possibilitar a revisão da sentença.

Ac. STJ, de 05.11.98 *in* CJ, Ano VI, Tomo III, p. 215

I – *Após a entrada em vigor do D-L 316/97, de 19-XI, a data de entrega do cheque passou a ser elemento constitutivo do crime de emissão do cheque sem provisão.*

II – *Por isso, quando aquele facto não conste do despacho de pronúncia, este enfermará de deficiência não suprível através da prova que se venha a produzir em julgamento.*

Ac. RL, de 03.11.98 *in* CJ, Ano XXIII, Tomo V, p. 135

A apresentação de cheque como documento particular de prova da dívida, isto é, como mero quirógrafo, sem que se prove que o réu é devedor da importância inscrita no cheque, mas apenas que o emitiu a favor do autor e que veio a ser devolvido por falta de provisão, é insuficiente para se poder concluir que o réu é devedor daquela importância, pois o cheque tem apenas valor como documento particular escrito e assinado pelo réu, mas não como título cambiário.

Ac. RE, de 25.06.98 *in* BMJ, 478, p. 465

I – *Ocorrendo dúvidas sobre a data da entrega do cheque, elas têm que funcionar a favor do arguido por força do in dubio pro reo.*
II – *Por isso, o arguido deve ser absolvido se não se puder apurar com segurança que o cheque foi preenchido com data anterior à sua entrega ao tomador.*
III – *O pedido de indemnização formulado pelo lesado no processo crime, deve proceder, ainda que o arguido seja absolvido, desde que se provem os danos provenientes de violação de um interesse civilmente relevante.*
IV – *Porém, estando-se no âmbito das relações imediatas, o arguido não pode ser condenado no pedido civil, se não se provar que ele é sujeito da relação fundamental.*
V – *É o que sucede no caso de cheque entregue pelo arguido, para pagamento de dívida da sociedade de que era sócio gerente.*

Ac. RC, de 17.06.98 *in* CJ, Ano XXIII, Tomo III, p. 57

I – *Comete o crime de emissão de cheque sem cobertura aquele que, para pagamento de um empréstimo, passa e entrega ao credor um cheque que, por falta de provisão, não vem a ser pago. E isso, ainda que o contrato de mútuo subjacente à emissão do cheque seja nulo.*
II – *É que, no caso de nulidade do negócio, cada um dos contraentes fica obrigado a restituir ao outro o que dele tiver recebido; e, por isso, o tomador do cheque, com o não pagamento deste, sofre um prejuízo patrimonial.*

Ac. RP, de 27.05.98 *in* CJ, Ano XXIII, Tomo III, p. 233

Os juros devidos nas indemnizações por ilícito de cheque sem provisão, são os legais.

Ac. RE, de 16.05.98 *in* CJ, Ano XXIII, Tomo III, p. 282

O crime de emissão de cheque sem provisão reveste actualmente – artigo 11.º do Decreto-Lei n.º 454/91, na redacção que lhe foi dada pelo Decreto-Lei n.º 316/97, de 19 de Novembro – várias modalidades de comportamento típico, tendo, todas elas, no entanto, um elemento comum, ou seja, a emissão e entrega de cheque para pagamento de quantia superior a 12 500$00, que não seja integralmente pago quando apresentado a pagamento e o seu não pagamento cause prejuízo patrimonial ao tomador do cheque ou a terceiro.
Não é, assim, punível a emissão de cheque de montante inferior a 12 500$00, mesmo que estes se destinem a satisfazer o pagamento de uma única dívida.

Ac. RL, de 12.05.98 in BMJ, 477, p. 551

A declaração feita pelo arguido ao banco sacado de que determinado cheque havia sido extraviado, o que sabia ser falso, pretendendo, assim, evitar o pagamento do mesmo, causando prejuízo ao seu portador legítimo, integra o crime do artigo 11.º, n.º 1, alínea c), do Decreto-Lei n.º 454/91, de 28 de Dezembro.

Ac. RP, de 06.05.98 in BMJ, 477, p. 564

I – Não constando da sentença já transitada se os cheques foram ou não «pós-datados», não há que aplicar o disposto no art.º 2.º, n.º 2, do CP. II – A lei penal do cheque, na revisão feita pelo D-L 316/97, de 19-11, não é inconstitucional.

Ac. RP, de 15.04.98 in CJ, Ano XXIII, Tomo II, p. 248

I – O pedido de indemnização civil deduzido em processo penal tem sempre de ser fundamentado na prática de um crime.
II – Se o arguido for absolvido desse crime, haverá que considerar o pedido cível formulado se existir ilícito ou responsabilidade fundada no risco, ou seja, responsabilidade civil extra-contratual.
III – O que nunca se pode é julgar procedente o pedido com base em responsabilidade civil contratual.

Ac. STJ, de 02.04.98 in CJ, Ano VI, Tomo II, p. 179

I – A descriminalização do n.º 3 do artigo 11.º do Decreto-Lei n.º 454/ /91, de 28 de Dezembro, na redacção dada pelo Decreto-Lei n.º 316/ /97, de 19 de Novembro, só ocorre quando o cheque seja emitido com data posterior à da sua entrega ao tomador.

II – Não se verifica tal descriminalização quando, embora a data constante do cheque, como de emissão, tenha sido nele aposta anteriormente, o certo é que o cheque só foi entregue ao ofendido, através do seu mandatário, na data que no cheque consta como data de emissão.

Ac. STJ, de 02.04.98 *in* BMJ, 476, p. 59

Não impede o preenchimento do crime de emissão de cheque sem provisão o facto de não ter sido o agente a assinar o título, posto que se verifiquem todos os restantes requisitos e, bem assim, as necessárias condições objectivas de punibilidade – apresentação no prazo legal do cheque a pagamento e a verificação, no mesmo prazo, da falta de provisão.

Ac. RE, de 10.03.98 *in* BMJ, 475, p. 795

Causa prejuízo patrimonial o sacador de um cheque devolvido por falta de provisão e destinado a substituir outro cheque também devolvido por falta de provisão, sendo o segundo cheque emitido cinco meses após o negócio que justificou a emissão do primeiro cheque.

Ac. RC, de 05.03.98 *in* BMJ, 475, p. 782

No novo regime jurídico do cheque a data da emissão e entrega ao tomador passou a ser elemento indispensável a apurar. Não tendo este facto sido apurado em sede de julgamento, a resposta a dar a esta questão poder-se-á encontrar num estudo da Procuradoria-Geral Distrital de Lisboa, e publicado em 25 de Novembro de 1997, em que se defende que «se da decisão recorrida não constam os factos conducentes a ajuizar pela descriminalização [...] mas os elementos constantes do processo [...] são de modo a ver com muita probabilidade que estamos perante uma situação de descriminalização, deve julgar-se no sentido da insuficiência da matéria de facto provada [artigo 410.º, n.º 2, alínea a), do Código de Processo Penal] e determinar-se o reenvio (artigos 426.º e 431.º do Código de Processo Penal)».

Ac. RP, de 03.02.98 *in* BMJ, 474, p. 539

I – Subjacente ao art. 24.º n.º 1 do CPP como "acção unitária", está a resultante de uma unificação jurídica, porventura resultante da figura do crime continuado.

II – Por isso, verifica-se essa conexão em relação à emissão de vários cheques sem provisão emitidos entre Dezembro de 1994 a Abril de 1995 a favor do mesmo beneficiário.

Ac. STJ, de 20.01.98 *in* CJ, Ano VI, Tomo I, p. 168

I – Sendo a existência ou não de prejuízo patrimonial nos crimes de cheque sem provisão uma questão de direito, é irrelevante que se tenha dado como não provado que o tomador sofreu um tal prejuízo.

II – Este elemento do tipo do crime tem de resultar directa e necessariamente da falta de cumprimento da obrigação subjacente à sua emissão, o que não acontece quando se emitem cheques em substituição de outros referentes a uma obrigação já vencida e de que o queixoso ainda se não tenha cobrado.

Ac. RL, de 26.11.97 *in* BMJ, 471, p. 446

I – Conta cancelada ou conta bloqueada são conceitos que se equivalem, significando que a norma está totalmente desprovida de fundos, em poder do banco sacado, que não tem qualquer provisão.

II – Por isso, a devolução de um cheque com esse fundamento equivale, para efeitos penais, à verificação de uma recusa de pagamento por falta de provisão, preenchendo-se portanto, tal condição objectiva de punibilidade.

Ac. RL, de 25.11.97 *in* BMJ, 471, p. 447

A emissão de cheque sem provisão, após a entrada em vigor do Decreto-Lei n.º 454/91, de 28 de Dezembro, deixou de ser crime de perigo abstracto para passar a ser um de dano, pela inserção do elemento típico «prejuízo patrimonial», directamente conexionado com o título cambiário. Tanto a doutrina como a jurisprudência têm entendido que o chamado «cheque de garantia» se encontra descriminalizado.

Ac. RL, de 18.11.97 *in* BMJ, 471, p. 446

Se, ao emitir o cheque, o sacador admitiu a possibilidade de o mesmo vir a não ser pago por falta de provisão, agiu com dolo eventual.

Ac. RP, de 12.11.97 *in* CJ, Ano XXII, Tomo V, p. 226

A declaração «devolvido por conta encerrada» aposta no verso de um cheque pela entidade bancária tem o mesmo sentido literal que «conta cancelada» para os efeitos da jurisprudência obrigatória para os tribunais fixada através do acórdão do Supremo Tribunal de Justiça n.º 13/97, fixado em plenário criminal, no recurso n.º 837/96.

Ac. RL, de 29.10.97 *in* BMJ, 470, p. 668

Os arguidos que ajam em representação e no interesse das sociedades de que são gerentes são solidariamente responsáveis, com as referidas sociedades, pelos prejuízos causados pelo crime que cometeram.

Ac. RC, de 24.10.97 *in* BMJ, 470, p. 692

I – A coexistências de duas vias distintas de pagamento das mesmas mercadorias – Cheques e Letras – mesmo que a matéria de facto seja omissa quanto ao meio que as partes elegeram como de pagamento, leva a concluir que tal estava reservado às letras, servindo os cheques de garantia.
II – Não tendo sido pagas as letras e devolvidos os cheques por falta de provisão, emitidas novas letras e dois cheques em substituição das antigas, operou-se a novação da obrigação cambiária, que foi substituída por esta nova obrigação cambiária.
III – Reportando-se os cheques em causa à primeira obrigação cambiária, está duplamente afastado o prejuízo patrimonial pois este começou por resultar do não pagamento das primeiras letras para acabar no não pagamento da nova obrigação, com a qual estes cheques nada têm a ver, sendo aliás a queixosa portadora ilegítima dos mesmos, dado o acordo de substituição da dívida impor a devolução dos títulos substituídos.

Ac. da RP, de 01.10.97 *in* www.dgsi.pt (proc. n.º 9510952)

I – Não é relevante para efeitos penais, designadamente para tipificar o crime de emissão de cheque sem provisão, a existência de um qualquer «prejuízo patrimonial», não obstante o eventual direito do credor ao recebimento da quantia titulada.
II – Com efeito, também aqui é de ter presente a doutrina da causalidade adequada, emergente entre outros, do art. 10.º, n.º 1, do CP, equacionando-a depois com a emergência do crédito reclamado, mais precisamente com a génese da relação jurídica subjacente.

III – Assim, se é nulo o negócio subjacente à emissão do cheque, a causa (adequada) do crédito do portador do cheque não é a emissão do título, antes, a nulidade do negócio, com a legal repristinação das coisas ao estado inicial.

IV – Tudo, não obstante o facto de esta obrigação de restituir, emergente da nulidade, poder ser acompanhada, titulada ou documentada com a posse de um ou mais cheques, pois, em tal caso, não é na emissão deles e sim no regime jurídico geral da nulidade do negócio jurídico, que reside a legal adequação do «prejuízo patrimonial» exibido pelo queixoso.

V – Havendo dúvida insanável sobre as causas possíveis de emissão de um cheque, deve dar-se prevalência à que mais favoreça a situação do arguido, nos termos do art. 32.º, n.º 2, da Constituição da República – in dubio pro reo.

Ac. RP, de 17.09.97 *in* CJ, Ano XXII, Tomo IV, p. 236

Apesar de o acórdão do Supremo Tribunal de Justiça de 8 de Maio de 1997 (posição jurisprudencial) apenas fazer referência à declaração «devolvido por conta cancelada», o certo é que tal doutrina é da aplicar relativamente a todos os casos em que a declaração exarada no verso do cheque tenha idêntico sentido e alcance.

Ac. RL, de 24.06.97 *in* BMJ, 468, p. 461

A recusa de pagamento por motivo de «conta bloqueada» integra o «crime de emissão de cheque sem provisão» no mesmo regime de recusa de pagamento por motivo de «conta cancelada», aplicando--se a doutrina do acórdão do Supremo Tribunal de Justiça de 8 de Maio de 1997.

Ac. RC, de 24.06.97 *in* BMJ, 468, p. 461

Um cheque emitido sobre uma conta cancelada, isto é, uma conta extinta, não vale como cheque para efeitos penais, uma vez que com tal título nenhuma ordem válida de pagamento pode ser dada ao banco.

Ac. RP, de 11.06.97 *in* BMJ, 468, p. 475

O conceito de regime geral de punição do crime de burla a que o artigo 11.º do Decreto-Lei n.º 454/91 faz apelo engloba os respectivos *pressupostos processuais; um cheque no montante de 1 590 000$00 tem valor elevado e, por conseguinte, reveste natureza pública o crime que se materializa na sua emissão sem provisão.*

Ac. RP, de 04.06.97 *in* BMJ, 468, p. 486

Ainda que o cheque tenha sido subscrito e entregue para pagamento de uma quantia mutuada por contrato nulo, por não revestir a forma legal, deve considerar-se que o terceiro portador sofrerá prejuízo se tal cheque for devolvido por falta de provisão.

Ac. RC, de 03.06.97 *in* CJ, Ano XXII, Tomo III, p. 150

A falta de uma das assinaturas exigidas no convénio do cheque para a movimentação de fundos depositados na conta não exclui a responsabilidade daquele que no cheque apôs a sua assinatura no lugar destinado ao sacador, verificados que sejam os demais requisitos da punibilidade.

Ac. RP, de 28.05.97 *in* BMJ, 467, p. 628

I – *O «prejuízo patrimonial», para efeitos do crime de emissão de cheque sem provisão é "a frustração do direito do portador do cheque de receber na data da sua apresentação a pagamento a quantia a que tem direito e para cujo pagamento serviu o cheque".*
II – *Sendo nulo o negócio jurídico que determinou a emissão e entrega de um cheque (um contrato de mútuo não titulado por escritura pública que era legalmente exigida em que era mutuário o arguido), esta emissão e entrega daquele não representou em termos monetários assunção de uma obrigação própria ou alheia, pelo que não existe "prejuízo patrimonial", e consequentemente, a conduta do arguido que emitiu e entregou o cheque não consubstancia crime de emissão de cheque sem provisão.*

Ac. RC, de 22.05.97 *in* CJ, Ano XXII, Tomo III, p. 47

A "falta de provisão" é um conceito normativo e pode ser integrado por quaisquer expressões com o mesmo significado, designadamente "falta ou insuficiência de fundos", "falta de quantia disponível", "falta de depósito disponível", "falta de cobertura", "conta encerrada, saldada, liquidada ou cancelada".

Ac. RL, de 21.05.97 *in* CJ, Ano XXII, Tomo III, p. 144

I – *É requisito essencial do crime de emissão de cheque sem cobertura, que o cheque não seja pago por falta ou insuficiência de provisão, por falta de cobertura ou por proibição de pagamento do cheque emitido.*

II – *A indicação num cheque de «conta bloqueada» como motivo de recusa de pagamento não preenche a condição de punibilidade da devolução por falta de provisão.*

Ac. RE, de 20.05.97 *in* BMJ, 467, p. 649

Comete o crime de emissão de cheque sem provisão quem, com prejuízo do tomador, emite um cheque que, apresentado a pagamento, é devolvido pelo banco sacado com a indicação de conta cancelada ou bloqueada, pois estas expressões significam que o não pagamento se deveu a falta de provisão e o que interessa é que esta circunstância seja conhecida do agente.

Ac. RL, de 14.05.97 *in* BMJ, 467, p. 610

Constituem condições de punibilidade do crime previsto e punido no artigo 11.º, n.º 1, alínea c), do Decreto-Lei n.º 454/91, de 28 de Dezembro, a apresentação do cheque a pagamento no prazo legal previsto na Lei Uniforme do Cheque e a verificação do não pagamento no mesmo prazo.

Ac. RP, de 14.05.97 *in* BMJ, 467, p. 627

A exigência de o cheque ser apresentado a pagamento nos termos e prazos da LURC, tanto respeita ao comportamento previsto na alínea a) do n.º 1 do art. 11.º, do Dec.-Lei n.º 454/91, como aos previstos nas alíneas b) e c) do mesmo artigo, pelo que a responsabilidade pela manutenção da provisão ou pelo não bloqueamento do pagamento só há-de verificar-se, também para efeitos penais, durante o prazo estabelecido na Lei Uniforme.

Ac. RP, de 14.05.97 *in* CJ, Ano XXII, Tomo III, p. 228

A declaração «devolvido por conta cancelada» aposta no verso do cheque pela entidade bancária sacada equivale, para efeitos penais, à verificação da recusa de pagamento por falta de provisão, pelo que deve haver-se por preenchida esta condição objectiva de punibilidade do crime de emissão de cheque sem provisão, previsto e punível pelo artigo 11.º, n.º 1, alínea a), do Decreto-Lei n.º 454/91, de 28 de Dezembro.

Ac. STJ, de 08.05.97 *in* BMJ, 467, p. 73 e D.R., 1.ª Série, n.º 138--A de 18.06.97, p. 2939

A falsa comunicação, ao banco sacado, do extravio do cheque, feita com o propósito de obstar ao pagamento, integra o crime de emissão de cheque sem provisão da alínea c) do n.º 1 do artigo 11.º do Decreto-Lei n.º 454/91, de 28 de Dezembro, e não o crime de falsificação.

Ac. RP, de 30.04.97 *in* BMJ, 466, p. 586

I – *Tendo a arguida emitido 47 cheques sem provisão sobre sua conta, cada um de montante inferior a 5000$00, e sendo que apresentados os mesmos a pagamento mereceram pagamento da entidade bancária:*
I.a) – *Não colhe o entendimento da assistente de que se estaria face a um crime de burla (na forma continuada).*
II – *Com efeito, a assistente, ao pagá-los, foi-o no âmbito do ónus que a lei faz recair sobre as instituições de crédito sacadas, que têm de assumir o risco de falta de provisão de cheques de montante não superior a 5000$00, não se podendo por isso aquele considerar como vítima de qualquer erro ou engano provocado pela arguida que, numa relação de causa-efeito, a tenha levado à prática de actos causadores do prejuízo patrimonial.*
Falta, pois, à partida, este basilar elemento constitutivo de crime de burla (artigo 217.º do Código Penal).
III – *Da decisão instrutória de não pronúncia cabe recurso com efeito meramente devolutivo [por argumento a contrario do artigo 408.º, n.º 1, alínea b), do Código de Processo Penal].*

Ac. RL, de 08.04.97 *in* BMJ, 466, p. 572

A falta de assinatura pelo funcionário respectivo da declaração aposta no verso de um cheque devolvido por falta de provisão constitui irregularidade sanável, designadamente na fase de julgamento, não podendo ser causa de rejeição da acusação por manifestamente infundada.

Ac. RP, de 02.04.97 *in* BMJ, 466, p. 586

I – Os cheques de garantia não constituem forma legal de um contrato de mútuo, quando a validade deste, face ao valor do empréstimo, exigir a celebração por escritura pública.

II – A sentença proferida em processo de natureza penal que condena o arguido em indemnização civil pelo facto de ter emitido cheques sem provisão, para garantir um empréstimo que só podia ser celebrado através de escritura pública, deve limitar a condenação à restituição ao queixoso da quantia mutuada, visto o contrato de mútuo ser nulo por vício de forma, não devendo atender-se a despesas bancárias nem ao pedido de juros formulados no pedido de indemnização civil.

Ac. RE, de 18.03.97 in BMJ, 465, p. 661

Sendo o montante do cheque de valor elevado face ao Código Penal revisto, não é admissível a desistência de queixa, dado que, com o novo regime, apenas passou a semipúblico o crime referente a cheque de valor inferior a 50 unidades de conta.

Ac. RP, de 12.03.97 in BMJ, 465, p. 642

O crime de emissão de cheque sem provisão, crime de resultado, só se consuma com a recusa de pagamento por falta de provisão verificada dentro dos oito dias subsequentes à data de emissão, a ela se devendo atender para efeito de aplicação da amnistia.

Ac. RP, de 19.02.97 in BMJ, 464, p. 615

I – O prejuízo material verifica-se na data em que o cheque é apresentado a pagamento e é devolvido por falta de provisão, ou seja, quando por recusa do pagamento pelo banco, o tomador deixa de receber a quantia titulada pelo cheque.

II – O pagamento ulterior do montante titulado pelo cheque apenas significa que o lesado foi entretanto ressarcido do prejuízo sofrido.

Ac. RP, de 19.02.97 in BMJ, 464, p. 615

Sendo anulável, por erro sobre a dimensão da superfície, o negócio de compra e venda de uma loja, não constitui crime a devolução sem pagamento, por cancelamento, de um cheque emitido para sinal e início de pagamento da dita loja.

Ac. RC, de 06.02.97 in BMJ, 464, p. 625

Comete o crime de burla previsto e punido pelo artigo 313.º, n.º 1, do Código Penal de 1982 (a que corresponde o artigo 271.º, n.º 1, do Código Penal vigente) o agente que utiliza o cheque como artifício fraudulento, fazendo enganosamente crer ao tomador que o cheque representa dinheiro imediatamente realizável, levando-o assim a abrir mão da mercadoria, quando, na realidade, a conta bancária sacada está saldada e cancelada há vários anos.

Ac. RL, de 05.02.97 in BMJ, 464, p. 606

O cheque devolvido com a menção de «cheque cancelado» em virtude da respectiva conta se encontrar «encerrada» não consubstancia o crime de emissão de cheque sem provisão previsto e punido pelo artigo 11.º, n.º 1, do Decreto-Lei n.º 454/91, em qualquer das suas alíneas.
A conduta consubstanciará um crime de burla se da acusação constarem os respectivos elementos típicos.

Ac. RL, de 21.01.97 in BMJ, 463, p. 625

O prejuízo económico derivado do não pagamento do cheque tem de ser aferido na perspectiva da relação fundamental que lhe está imediatamente subjacente.

Ac. RC, de 08.01.97 in BMJ, 463, p. 648

Ainda que o banco sacado posteriormente informe que à data da emissão do cheque e nos oito dias seguintes, a conta apresentava um saldo de zero, a devolução do referido cheque com a indicação «Conta Bloqueada por Mandato do Banco Sacado», não preenche a condição objectiva de punibilidade do crime de emissão de cheque sem provisão.

Ac. RL, de 07.01.97 in BMJ, 463, p. 625

I – *A expressão «vários crimes» utilizada no artigo 24.º, n.º 1, alínea a), do Código de Processo Penal pretende abranger os casos de concurso real de crimes cometidos no mesmo contexto espácio-temporal.*
II – *Verifica-se esse contexto justificativo da instauração de um único processo, no caso do arguido que, dirigindo-se a uma agência bancária, conta uma história verosímil para justificar a não exibição do bilhete de identidade e seguidamente falsifica a assinatura do irmão num pedido de reembolso, convencendo o funcionário de que é o*

titular da conta e conseguindo que este proceda à entrega da quantia pedida e que, no dia seguinte, actua de modo idêntico, e consegue que outro funcionário da mesma agência lhe entregue outra quantia sacada sobre a mesma conta.

III – A identidade de actuação do arguido deve ser assimilada a «mesma acção» e a actuação em dois dias seguidos e na mesma agência bancária cabe no conceito de «na mesma ocasião e lugar».

Ac. RP, de 18.12.96 *in* BMJ, 462, p. 486

I – Para efeitos de crime de emissão de cheque sem provisão, o prejuízo patrimonial relevante é o originado directamente pela emissão de cheque e não qualquer outro.

II – Se o cheque devolvido por falta de provisão titula um mútuo nulo por vício de forma, não é devida pelo arguido qualquer prestação, pelo que não há prejuízo patrimonial penalmente relevante.

Ac. RP, de 18.12.96 *in* BMJ, 462, p. 488

O elemento valor superior a 5000$00 e os prazos da apresentação e da recusa do pagamento do cheque, descritos na alínea a) do n.º 1 do artigo 11.º do Decreto-Lei n.º 454/91, de 28 de Dezembro, também se referem às restantes modalidades do crime de emissão de cheque sem provisão previstas nas alíneas b) e c) do mesmo preceito.

Ac. RP, de 27.11.96 *in* BMJ, 461, p. 519

Apesar de constar da ficha bancária que, para obrigar a sociedade, são necessárias as assinaturas de dois gerentes, não é manifestamente infundada a acusação por crime de emissão de cheque sem provisão deduzida contra o gerente que emitiu um cheque sobre a conta da sociedade, cujo pagamento foi recusado, no prazo legal, por falta de provisão.

Ac. RP, de 27.11.96 *in* BMJ, 461, p. 518

Não leva à acusação, nem à pronúncia, a emissão de cheques que funcionaram tão-só «como cheques de garantia» por neles não ocorrer, com a respectiva emissão, o necessário prejuízo material.

Ac. RE, de 26.11.96 *in* BMJ, 461, p. 542

A falsa declaração de extravio ou perdimento do cheque para efeito de obstaculizar o seu pagamento, comunicada através de documento particular, constitui o crime de emissão de cheque sem provisão, a que alude a alínea c) do artigo 11.º do Decreto-Lei n.º 454/91, em concurso real com o crime de falsificação, a que alude o artigo 256.º, n.º 1, do Código Penal.

Ac. RC, de 20.11.96 *in* BMJ, 461, p. 531

Cumpre a condição suspensiva fixada no artigo 2.º da Lei n.º 15/94 o arguido que, no prazo de 90 dias após a notificação que para o efeito lhe foi feita, procedeu ao depósito do montante do cheque, acrescido dos juros moratórios e compensatórios calculados à taxa máxima de juro praticada, ainda que o montante do depósito enferme de erro quantitativo, prontamente reparado logo que dele foi dado conhecimento ao arguido.

Ac. RC, de 20.11.96 *in* BMJ, 461, p. 531

Sendo a «conta cancelada», enquanto tal, uma conta extinta, a recusa de pagamento de um cheque por tal motivo não integra o crime de emissão de cheque sem provisão, o qual pressupõe a existência da conta, sem a qual não poderá ser dada qualquer ordem legítima ao banqueiro para pagar o cheque.

Ac. RP, de 13.11.96 *in* BMJ, 461, p. 519

Para efeitos de aplicação da Lei n.º 15/94 – Lei da Amnistia –, deverá atender-se à data em que os cheques foram apresentados a pagamento e devolvidos por falta de provisão, pois só então se verifica a consumação do crime.

Ac. RP, de 13.11.96 *in* BMJ, 461, p. 519

I – A acção cível que adere ao processo penal, ficando nele enxertada, é apenas a que tem por objecto a indemnização de perdas e danos emergentes de crime.

II – Por isso, se o pedido não é o da indemnização por danos ocasionados pelo crime, se não se funda na responsabilidade civil do agente pelos danos que, com a prática do crime causou, é o pedido inadmissível no processo penal.

III – É o que sucede quando, em processo por crime de emissão de cheque sem provisão, esse pedido tem por fundamento a obrigação formal *que um cheque titula, por ele quando apresentado a pagamento no prazo legal não ter sido pago por falta de provisão, sem que se prove qualquer prejuízo ao ofendido.*

Ac. STJ, de 06.11.96 *in* CJ, Ano IV, Tomo III, p. 185

I – *Conta bloqueada é uma conta tornada indisponível, por qualquer razão, não lhe correspondendo, necessariamente, uma falta de fundos, no Banco sacado, para pagar um cheque emitido.*

II – *Assim, o cheque devolvido com a menção de «conta bloqueada» não perspectiva a prática de crime de emissão de cheque sem provisão, mas outro qualquer ilícito.*

III – *Conta cancelada é uma conta extinta, inactiva, liquidada, como se o saldo fosse zero e, portanto, o saque de um cheque, sobre ela, é susceptível de integrar o aludido crime.*

Ac. RL, de 06.11.96 *in* CJ, Ano XXI, Tomo V, p. 143

I – *O crime de emissão de cheque sem provisão na vigência do Decreto n.º 13 004, de 12 de Janeiro de 1927, revestia a natureza semi-pública.*

II – *Com a entrada em vigor do Decreto-Lei n.º 454/91, de 28 de Dezembro, e na vigência do Código Penal de 1982, versão originária, passou a revestir natureza pública.*

III – *Com a revisão do Código Penal de 1982 pelo Decreto-Lei n.º 48/95, de 15 de Março, passou a revestir a natureza semi-pública, quando o autor do crime for punido segundo o crime de burla simples prevista no artigo 217.º, n.ᵒˢ 1 e 3, do Código Penal revisto, e natureza pública quando o autor for punido segundo as regras da burla qualificada prevista no artigo 218.º, n.ᵒˢ 1 e 2, do citado Código Penal revisto.*

Ac. RE, de 05.11.96 *in* BMJ, 461, p. 542

Praticam, em co-autoria, o crime de emissão de cheque sem provisão, os dois titulares de uma conta bancária quando, actuando, livre e conscientemente, e em comunhão de esforços e intenções, um deles, com consentimento do outro preenche e assina um cheque entregue, por ambos, como forma de pagamento de bens que haviam comprado, bem sabendo que tal conta não possuía fundos suficientes para o efeito.

Ac. RL, de 29.10.96 *in* CJ, Ano XXI, Tomo IV, p. 168

O artigo 11.º, n.º 1, do Decreto-Lei n.º 454/91, ao mandar observar o regime geral de punição de burla não se quis referir a qualquer regime geral deste crime em confronto com um regime especial de punição do crime de burla agravada ou qualificada, mas apenas quis que se atenda às penas aplicáveis ao crime de burla e a todas as condições, quer de natureza substantiva quer de natureza processual, com influência na punição.

Ac. RC, de 03.10.96 in BMJ, 460, p. 816

I – *O cheque de garantia (não datado) não se confunde com o cheque pré-datado, já que é preenchido sem data e visa garantir uma obrigação futura e incerta e o prejuízo que o credor eventualmente venha a sofrer, não advém directamente da falta de provisão, mas da não satisfação daquela obrigação, até porque no momento em que o cheque foi emitido não existia qualquer dever de pagar.*

II – *Pelo contrário, o cheque pré-datado destina-se a satisfazer uma obrigação de conteúdo certo e actual ainda que só exigível numa data posterior, merecendo por isso tutela penal desde que verificados os elementos objectivos e subjectivos do «tipo».*

Ac. RL, de 02.10.96 in BMJ, 460, p. 791

I – *O prejuízo patrimonial, elemento essencial do crime de emissão de cheque sem provisão, é a frustração do direito do portador do cheque de receber na data da sua apresentação a pagamento a quantia a que tem direito e para cujo pagamento o cheque serviu.*

II – *Destinando-se a emissão do cheque a permitir a reforma de letras que titulavam o preço da mercadoria vendida pelo seu sacador, verifica-se o prejuízo patrimonial se o cheque tiver sido devolvido por falta de provisão*

III – *O prejuízo patrimonial tem de verificar-se no momento em que se consumou o crime, não podendo pretender-se que o pagamento posterior torne inexistente aquele prejuízo.*

IV – *A unidade dolosa nunca dá lugar à continuação criminosa, mas sim ao preenchimento de um só tipo de crime com um valor global (igual à soma dos cheques emitidos); no crime continuado tem de haver pluralidade de desígnios ou resoluções criminosas.*

V – *Impede a aplicação da amnistia do crime de emissão de cheque sem provisão concedida pela Lei n.º 15/94, de 11 de Maio, a falta de pagamento ao portador do cheque da quantia correspondente aos 10 pontos percentuais que acrescem aos juros moratórios e compensatórios (cf. artigos 1 alínea q) e 2 n.ºˢ 1 e 5 da Lei n.º 15/94).*

Ac. da RP, de 02.10.96 *in* www.dgsi.pt (proc. n.º 9640430)

Os conceitos de "habitualidade" do art. 314.º, a), do C.P. de 1982 e de "modo de vida" do art. 218.º, 2, b), do C.P. revisto não são coincidentes. O "modo de vida" pressupõe a habitualidade mas exige ainda que o agente viva da actividade delituosa, faça dela ponte de proventos para a sua sustentação.

Ac. RC, de 19.09.96 *in* CJ, Ano XXI, Tomo IV, p. 69

Não se verificando o crime do artigo 11.º, n.º 1, alínea c), do Decreto-Lei n.º 454/91, de 28 de Dezembro, por falta do elemento «prejuízo patrimonial», os factos integram, porém, o tipo legal de crime de falsificação de documento, previsto no artigo 228.º, n.ºˢ 1, alínea b), e 2, do Código Penal de 1982, a que corresponde o artigo 256.º, n.ºˢ 1 e 3, do Código Penal de 1995.

Ac. RP, de 10.07.96 *in* BMJ, 459, p. 605

I – A menção «conta cancelada» aposta no cheque traduz uma situação de conta liquidada, isto é, eliminada, que deixou de existir.
II – Não vale como cheque, para efeitos penais, o título emitido sobre uma conta cancelada, uma vez que, com tal título, nenhuma ordem de pagamento pode ser dada ao banco, por a convenção de cheque pressupor a existência duma conta.

Ac. RP, de 10.07.96 *in* BMJ, 459, p. 605

Não existe prejuízo material se o cheque se destinou ao pagamento de uma dívida que já existe, mas que havia sido contraída por terceiro, para cuja cobrança corria termos um processo de execução fiscal. Efectivamente, neste caso, está-se perante uma dação pro solvendo, em que o credor não tem qualquer direito de exigir a prestação, nem o devedor tem qualquer dever jurídico de cumprir.
Daí que se o pagamento era útil e constituía um aumento do património do credor, feito por quem quer que fosse, o não pagamento não diminui esse património, antes o deixa em estado igual ao que já tinha.

Ac. RE, de 09.07.96 *in* BMJ, 459, p. 625

I – Comete o crime de emissão de cheque sem cobertura aquele que, para pagamento da dívida que, em 14/10/92, tinha para com um seu fornecedor, saca um cheque, sem data, autorizando-o a datá-lo, o que ele fez em 10/2/93, se esse cheque, apresentado a pagamento, foi devolvido por falta de provisão.
II – A tal não obsta o facto de as transacções comerciais entre ambos terem cessado em Dezembro de 1992.

Ac. RP, de 03.07.96 *in* CJ, Ano XXI, Tomo IV, p. 237

I – O cheque não datado não goza de protecção penal, se for emitido sem data, mas esta vier a ser preenchida, de acordo como emitente e tomador, então o cheque volta a ganhar eficácia.
II – Tendo-se provado em julgamento que o arguido entregou 4 cheques, em branco, i. e. em data como garantia de pagamento de letras, e tendo a ofendida, sem conhecimento do arguido, datado os cheques, nunca o arguido poderia ser condenado pelo crime de emissão de cheque sem provisão.

Ac. da RC, de 02.07.96 *in* www.dgsi.pt (proc. n.º 0002665)

I – Para ajuizar da existência de habitualidade, uma vez que os respectivos pressupostos não se acham, legislativamente, estabelecidos o julgador deverá socorrer-se do seu prudente arbítrio.
Comummente, no entanto, aceitam-se como tal: a) o cometimento reiterado e b) a manifestação de que o agente possui uma tendência interna e estável para esse cometimento, derivada de uma predisposição de carácter, ou adquirida gradualmente.
II – Quando o arguido só posteriormente à notificação da acusação tenha sido colocado, na situação de preso à ordem do processo onde aquela foi proferida, o prazo para ser deduzido pedido indemnizatório cível, decorrerá nos termos do n.º 1 e não do n.º 2 do artigo 104.º do Código de Processo Penal.

Ac. RL, de 25.06.96 *in* CJ, Ano XXI, Tomo III, p. 154

«Cheque cancelado» e outras expressões frequentemente utilizadas pela prática bancária, como «conta cancelada», «conta bloqueada», «conta encerrada», não são sinónimos de falta de provisão do cheque.

Ac. RP, de 05.06.96 *in* BMJ, 458, p. 394

Constatada a situação de carência económica do arguido da prática de um crime de emissão de cheque sem provisão e que não terá possibilidades de cumprir a condição, não é curial fazer depender a suspensão da execução da pena de prisão que lhe foi imposta do pagamento do valor do cheque e respectivos juros.

Ac. RC, de 30.05.96 in BMJ, 457, p. 453

O cheque de garantia não se destina ao pagamento de uma obrigação, mas assume finalidade fiduciária de mera garantia de pagamento da mesma. Não tem, por isso, tutela penal.

Ac. RC, de 29.05.96 in BMJ, 457, p. 456

O cheque apresentado a pagamento antes da data nele aposta, embora deva ser pago segundo a Lei Uniforme sobre Cheques, não tem protecção penal, porque esta exige que o comportamento do agente cause prejuízo patrimonial e isso não acontece com o não recebimento do valor titulado antes da data acordada.

Ac. RC, de 29.05.96 in BMJ, 457, p. 453

I – Independentemente da eventual responsabilidade civil em que venha a incorrer, e se não for indagada no inquérito a causa de tal atitude, não comete qualquer crime de emissão de cheque sem provisão, mormente o tipificado na al. c) do art. 11.º do Dec.-Lei 454/91, de 28/12, o arguido que, depois de entregar um cheque por si apenas assinado e posteriormente preenchido quanto à data e montante pelo respectivo portador, proíbe o Banco sacado, antes da data constante do título como sendo a da sua emissão, de efectuar o respectivo pagamento.

II – A actual estrutura do crime de emissão de cheque sem provisão como crime de dano ou de resultado, pressupõe que este elemento típico seja verificável sempre a posteriori e em concreto, não podendo sê-lo antecipadamente e em abstracto.

Ac. RP, de 29.05.96 in CJ, Ano XXI, Tomo III, p. 234

I – A emissão, na mesma ocasião e lugar, fruto do mesmo desígnio, de vários cheques destinados ao pagamento escalonado de uma dívida constitui um único crime de emissão de cheque sem provisão, se os títulos não lograram pagamento.

II – (...).

Ac. RP, de 29.05.96 *in* BMJ, 457, p. 444

I – *Pratica um único crime de emissão de cheque sem provisão o arguido que, segundo uma mesma resolução, emitiu dois cheques destinados ao pagamento de uma dívida comercial, funcionando como desdobramento dessa dívida, os quais não foram pagos por falta de provisão.*
II – *Se por cada um dos referidos cheques correram processos criminais em comarcas diferentes e o arguido foi condenado em ambos, tendo transitado em julgado a sentença da primeira condenação, não pode subsistir a última condenação, cuja sentença, ainda não transitada, terá de ser revogada por obediência ao princípio ne bis idem.*

Ac. RP, de 22.05.96 *in* BMJ, 457, p. 445

Não prejudica a validade do título como cheque a inobservância das prescrições estabelecidas no contrato ou convenção entre os titulares da conta, não sendo, por isso, obstáculo à imputação do crime de emissão de cheque sem provisão a falta de alguma das assinaturas que, face à convenção, serão necessárias para a validade do saque.

Ac. RP, de 15.05.96 *in* BMJ, 457, p. 444

Constitui um só crime de emissão de cheque sem provisão a passagem e entrega de vários cheques, à mesma pessoa, na mesma ocasião, destinados a um único fim, embora com datas diferentes e representando cada um deles parte de um pagamento da mesma dívida.

Ac. RC, de 09.05.96 *in* BMJ, 457, p. 456

Dizendo-se na acusação que um determinado arguido solicitou e insistiu com o outro arguido para que este passasse e entregasse o cheque e, advertido por este de que não tinha provisão, lhe prometeu que depositaria na conta a quantia necessária do seu pagamento, estão preenchidos com suficiência os pressupostos fácticos para a constituição da autoria moral daquele primeiro arguido do crime de emissão de cheque sem provisão.

Ac. RE, de 30.04.96 *in* BMJ, 456, p. 517

Não se verificando alguma das circunstâncias que lhes dão a natureza de crime particular, o valor do prejuízo patrimonial é, nos crimes de emissão de cheque sem provisão, o elemento distintivo da natureza pública ou semipública. Sendo elevado o valor do prejuízo, o crime tem natureza pública e não o sendo tem natureza semipública.

Ac. RC, de 26.04.96 *in* BMJ, 456, p. 511

Se o arguido foi julgado e condenado, por decisão transitada em julgado, pelo emissão de um cheque sem provisão, essa condenação constitui caso julgado em relação a todos os outros títulos, que com aquele constituem um único crime, em virtude da unidade de resolução criminosa que motivou a sua emissão no mesmo acórdão e lugar.

Ac. RP, de 24.04.96 *in* BMJ, 456, p. 499

A lei penal que nos rege não admite, em sede do crime de emissão de cheque sem provisão, o sancionamento do cheque que é devolvido pelo facto de a conta se encontrar «bloqueada e cancelada».

Ac. RC, de 17.04.96 *in* BMJ, 456, p. 510

I – O regime geral de punição de um crime respeita também à sua natureza, já que esta condiciona o procedimento criminal e a legitimidade para ele, e a própria situação extinção da responsabilidade criminal.

II – Daí que, com a entrada em vigor do Decreto-Lei 48/95, de 15 de Março, o crime de emissão de cheque sem cobertura voltasse a ter natureza pública desde que o montante do prejuízo não seja elevado (artigos 217.º e 202.º do Código Penal).

Ac. RE, de 16.04.96 *in* BMJ, 456, p. 517

I – A lei processual penal é de aplicação imediata, sem prejuízo da validade dos actos realizados na vigência da lei anterior.

II – A lei vigente à data da instauração do inquérito e mesmo à data em que foi deduzida a acusação conferida ao Ministério Público legitimidade para, por si só, deduzir a respectiva acusação, por, na altura, o ilícito penal em causa (crime de emissão de cheque sem provisão) ter natureza pública.

III – Assim sendo, a actuação do Ministério Público foi válida e tal validade não lhe pode ser retirada pela lei posterior que converteu o crime de natureza pública em crime semipúblico.

Ac. RE, de 19.03.96 *in* BMJ, 455, p. 591

A devolução de um cheque por motivo de «conta bloqueada» não equivale a devolução por falta de provisão.

Ac. RP, de 13.03.96 *in* BMJ, 455, p. 568

A emissão de vários cheques na mesma ocasião passados ao mesmo tomador e para pagamento da mesma dívida constitui um único crime de emissão de cheque sem provisão. (...).

Ac. RC, de 06.03.96 *in* BMJ, 455, p. 579

I – (...) E se o agente foi julgado em comarca diferente por um desses cheques, o trânsito em julgado da decisão aí proferida a declarar extinto o procedimento criminal impede assim um novo julgamento relativamente aos factos relativos aos demais cheques.

Ac. RC, de 06.03.96 *in* BMJ, 455, p. 579

I – O artigo 1.º da Lei n.º 15/94, de 11 de Maio, elege como momento relevante da sua aplicação o da prática do crime que pode não coincidir com o da sua consumação.
II – Embora a consumação do crime de emissão de cheque sem provisão ocorra no momento em que se verifica o prejuízo patrimonial do portador, isto é, quando o pagamento do cheque é recusado por falta de provisão, o mesmo crime deve considerar-se praticado no momento em que o arguido actuou, ou seja, quando abriu mão do cheque.

Ac. RP, de 14.02.96 *in* BMJ, 454, p. 795

Não integra o crime de emissão de cheque sem provisão o título que foi devolvido com a declaração de conta encerrada ou bloqueada, por decisão do banco sacado.

Ac. RC, de 14.02.96 *in* BMJ, 454, p. 808

I – O cheque de garantia é liminarmente inepto a causar prejuízo patrimonial ao seu tomador, porque, sendo uma réplica da livrança, não opera, na vida corrente dos negócios, como meio de pagamento, essa característica intrínseca à função própria do cheque.
II – Assim, face ao Decreto-Lei n.º 454/91, de 28 de Dezembro, não se acha criminalizada tal realidade.

Ac. RL, de 06.02.96 *in* BMJ, 454, p. 780

Com a entrada em vigor do C.P. revisto, o crime de emissão de cheque sem provisão, passou a revestir natureza pública, semi-pública, em razão do valor do prejuízo patrimonial que for causado, ou particular, se se verificarem as circunstâncias previstas na alínea a) do art. 207.º, tal como sucede com os crimes de burla.

Ac. RC, de 31.01.96 *in* CJ, Ano XXI, Tomo I, p. 47

I – O pedido de indemnização civil deduzido em processo penal tem sempre de ser fundamentado na prática de um crime.

II – Se o arguido for absolvido desse crime, haverá que considerar o pedido cível formulado se existir ilícito ou responsabilidade fundada no risco, ou seja, responsabilidade civil extra-contratual.

III – Por isso, se o arguido for absolvido, não há possibilidade de condenação em indemnização cível por outras causas, nomeadamente por incumprimento de uma obrigação.

IV – A responsabilidade civil pelo facto ilícito tem de ser reportada ao momento da sua prática, a menos que haja, relativamente à omissão de conduta posterior, o dever jurídico de praticar o acto omitido.

V – Por isso, é correcto o julgamento de improcedência do pedido cível formulado em processo crime por emissão de cheque sem provisão, quando o arguido é absolvido do crime e apenas se apurou que, posteriormente à emissão dos cheques ele foi avisado que a sua conta estava cancelada.

Ac. STJ, de 25.01.96 *in* CJ, Ano IV, Tomo I, p. 189

A declaração de «conta cancelada» (designadamente quando tal cancelamento é anterior à emissão do cheque) equivale à declaração de falta de provisão.

Ac. RE, de 23.01.96 *in* BMJ, 453, p. 581

I – A valoração da factualidade para se concluir da existência de prejuízo patrimonial, tutelada pelo Cód. Penal como elemento essencial constitutivo do crime de emissão de cheque sem provisão, deve basear-se numa concepção jurídico-económica.

II – Se, face ao ordenamento jurídico, a relação jurídica subjacente à emissão de cheque for ilícita, não poderá ser geradora de obrigações próprias ou alheias e portanto, tal título não merece tutela penal, se não for pago por falta de provisão ou por o sacador ter proibido, à instituição sacada, o respectivo pagamento.

Ac. RL, de 16.01.96 *in* CJ, Ano XXI, Tomo I, p. 148

I – *Com a entrada em vigor do Código Penal (versão de 1995), o crime de emissão de cheque sem provisão, quando o respectivo valor não exceda 50 unidades de conta, passou a ter natureza semi-pública.*
II – *Como o n.º 1 do artigo 5.º do Código de Processo Penal ressalva a validade dos actos realizados na vigência da lei anterior, o Ministério Público mantém a legitimidade para exercer a acção penal.*

Ac. RP, de 10.01.96 *in* BMJ, 453, p. 560

Tendo o arguido preenchido e entregue ao queixoso, na qualidade de tomador, um cheque destinado ao pagamento de um seu débito a uma invocada sociedade de que aquele era sócio-gerente, se o mesmo o apresentar a pagamento em seu próprio nome e for devolvido por falta de provisão não pode considerar-se que, com isso, tenha sofrido prejuízo e que, consequentemente o arguido tenha praticado o crime previsto e punido pelo art. 11.º, n.º 1 do DL n.º 454/91 de 28 de Dezembro.

Ac. RL, de 19.12.95 *in* CJ, Ano XX, Tomo V, p. 172

Não merece protecção penal o cheque emitido, não como meio de pagamento, mas numa função de garantir para documentar ou acautelar a posição dos credores.

Ac. RP, de 13.12.95 *in* BMJ, 452, p. 488

I – *Para efeitos do disposto na alínea a) do n.º 2 do art. 218.º do C. Penal não é legítimo considerar a totalidade do valor de vários cheques de que o arguido, em concurso real, seja acusado de emitir sem provisão, devendo atender-se apenas ao de cada um deles.*
II – *O conceito de "modo de vida", embora a pressuponha, não se esgota com a existência de mera "habitualidade", é necessário, ainda que, a actividade criminosa seja a fonte dos proventos de sustentação do arguido.*

Ac. RE, de 12.12.95 *in* CJ, Ano XX, Tomo V, p. 303

I – *Relativamente ao crime de emissão de cheque sem provisão, é suficiente para caracterizar o dolo, sob a forma eventual, o facto de o arguido, ao abrir mão do cheque, ter representado como consequência possível da sua conduta não possuir na conta sacada fundos suficientes que lhe permitissem fazer face ao pagamento da quantia sacada, tendo aceitado tal resultado.*

II – É irrelevante o facto de o arguido ter apenas assinado o cheque, que entregou a uma sua irmã, consentindo que esta o preenchesse e entregasse à ofendida, para pagamento de mão-de-obra.

Ac. RP, de 06.12.95 in BMJ, 452, p. 488

I – Para a punição da emissão de cheque sem provisão é suficiente o dolo eventual, bastando que o arguido preveja como possível que na data aposta no cheque não possua na conta sacada fundos que permitam o pagamento do montante por ele titulado, causando um correspondente prejuízo patrimonial ao ofendido e, apesar dessa cognição, proceda à emissão e entrega do cheque, conformando-se com tal resultado.

II – Para haver prejuízo patrimonial não é necessário que o cheque seja determinante de uma entrega e de uma contrapartida que não seria efectuada sem a emissão e a entrega do título.

Ac. RP, de 29.11.95 in BMJ, 451, p. 508

I – Recusado o pagamento do cheque com a indicação de «conta bloqueada», não pode ser imputado ao sacador o crime de emissão de cheque sem provisão, previsto e punido pelo artigo 11.º, n.º 1, alínea a), do Decreto-Lei n.º 454/91, de 28 de Dezembro.

II – A verificação da recusa do pagamento do cheque por falta de provisão, condição objectiva de punibilidade, não pode ser suprida por outro meio de prova exterior ao cheque.

Ac. RP, de 29.11.95 in BMJ, 451, p. 507

O crime de emissão de cheque sem cobertura tem a natureza que tiver o correspondente crime de burla, para o qual a lei expressamente remete.

Ac. RE, de 28.11.95, in BMJ, 451, p. 531

I – O arguido que, numa unidade de desígnio e objectivo, assinou e entregou ao ofendido, no mesmo momento, três cheques para pagamento escalonado de uma mesma dívida, pratica um único crime de emissão de cheque sem provisão, desde que verificados os restantes elementos do tipo.

II – Se o arguido for julgado e condenado por decisão transitada relativamente a um desses cheques, não pode voltar a sê-lo em relação a outro dos títulos, face ao princípio ne bis idem e à excepção do caso julgado.

Ac. RP, de 15.11.95 *in* BMJ, 451, p. 508

Uma vez que o destinatário do cheque concorde com a sua pré--datação não se verifica, face ao Decreto-Lei n.º 454/91, de 28 de Dezembro, o elemento prejuízo patrimonial, se o mesmo for por ele apresentado a pagamento antes da data aposta.

Ac. RL, de 15.11.95 *in* BMJ, 451, p. 493

I – Sendo nulo o negócio causal da emissão do cheque destinada a titular o preço acordado (no caso por inobservância da forma legal), não é devida pelo arguido qualquer prestação que pressuponha a validade daquele evento jurídico, nomeadamente o pagamento do preço.
II – Assim, ao portador do cheque não assiste o direito ao respectivo recebimento, o mesmo é dizer que da respectiva emissão não resulta o típico prejuízo patrimonial penalmente relevante, pese embora a existência de eventuais «prejuízos» para aquele, emergentes da não validação do negócio.

Ac. RP, de 15.11.95 *in* CJ, Ano XX, Tomo V, p. 255

I – A passagem de um novo cheque de valor correspondente ao de um cheque não pago por falta de provisão, pelo qual tinha sido apresentada em tempo, participação criminal, extingue a dívida respectiva, por novação objectiva.
II – Se esta extinção da dívida se verificou antes de o arguido ter sido, como tal, constituído, a responsabilidade criminal deste extinguir-se--á, pela cessação do prejuízo patrimonial do portador do cheque.
III – Se, porém, o processo prosseguiu até julgamento, deve o arguido, ser absolvido, por se encontrar extinta a dívida a que o cheque dizia respeito.

Ac. RP, de 08.11.95 *in* CJ, Ano XX, Tomo V, p. 247

I – A rescisão da convenção, a que a prática bancária alia o denominado bloqueio da conta, só terá por efeito o não pagamento desde que o cheque não tenha provisão.

II – Integra a declaração de falta de provisão a que alude o artigo 11.º do Decreto-Lei n.º 454/91, de 28 de Dezembro, qualquer expressão que revele um comportamento donde resulte a inexistência da provisão.
III – A partir do momento em que do título consta a apresentação em tempo útil e o não pagamento por bloqueio, encontra-se cumprido o disposto no artigo 40.º, n.º 3, da Lei Uniforme, nada obstando a que se faça apelo a outro elemento de prova, estranho ao título, para demonstrar a rescisão.

Ac. RP, de 08.11.95 *in* BMJ, 451, p. 507

I – Só se verifica a consumação do crime de emissão de cheque sem provisão no momento da apresentação a pagamento, e não aquando da sua entrega pelo sacador ao tomador, pois até à data do pagamento o sacador está sempre a tempo de depositar fundos na conta sacada.
II – Tenda o arguido, em finais de 1993, assinado e entregue ao tomador um cheque em que após a data de 30 de Junho de 1994, tendo sido devolvido por insuficiência de provisão, conforme declaração exarada no seu verso em 4 de Julho de 1994, o crime deve considerar-se consumado nesta última data, não estando abrangido pela amnistia concedida pela Lei n.º 15/94, de 11 de Maio.

Ac. RP, de 25.10.95 *in* BMJ, 450, p. 558

I – Dentro da disciplina do Decreto-Lei n.º 454/91, de 28 de Dezembro, e do Código Penal de 1982 o crime de emissão de cheque sem cobertura tem natureza pública.
II – Assim sendo, não podia o juiz julgar válida a desistência da queixa, absolvendo o arguido da instância.

Ac. RE, de 26.09.95 *in* BMJ, 449, p. 462

I – O «cheque de garantia» é uma expressão que não tem consagração legal e, consequentemente, um significado jurídico próprio. Todavia, a jurisprudência e a doutrina têm aceite como núcleo comum do conceito de «cheque de garantia» a emissão de um cheque que se destina a garantir o cumprimento de uma obrigação futura.
II – Assim, nesses casos, enquanto a dívida garantida não for exigível, não se poderá dizer que há um prejuízo patrimonial do portador do cheque que se verifica não ter provisão.
III – Não reveste, contudo, a natureza e a função de «cheque de garantia» a emissão de um cheque que vise simultaneamente o pagamento de

uma letra vencida através da conta bancária do portador e extinguir a dívida do arguido para com esse mesmo portador proveniente de uma venda por este feita àquele.

Ac. RE, de 26.09.95 *in* BMJ, 449, p. 462

O não pagamento de um cheque entregue em execução de um acordo segundo o qual a assistente desistia de imediato das penhoras por si "levadas a cabo" em processo executivo instaurado contra a sociedade de que o arguido era um dos gerentes, o que traduz a substituição de uma garantia institucional de pagamento por outra não convencional constituída pela posse do cheque, causou prejuízo à assistente, equivalente ao montante do cheque e juros cujo pagamento frustrado a penhora se destinava a assegurar.

Ac. RP, de 20.09.95 *in* BMJ, 449, p. 436

I – *Considerável significa importante, notável, avultado ou numeroso; consideravelmente elevado é o valor que dá nas vistas, que chama a atenção, que sai fora da vulgaridade, da mediania, que é produto de grande ambição para quem o procura.*
II – *Não pode, assim, reputar-se como consideravelmente elevado o montante 880 000$00, referido a Março de 1993, aposto num cheque cujo pagamento foi recusado por falta de provisão.*

Ac. RP, de 20.09.95 *in* BMJ, 449, p. 437

Não constitui crime de emissão de cheque sem provisão, por essa conduta não se encontrar tipificada na lei, a emissão de um cheque em que se declara simplesmente que tal devolução aconteceu «por motivo de conta bloqueada».

Ac. RP, de 12.07.95 *in* CJ, Ano XX, Tomo IV, p. 227

I – *Nos termos do n.º 1 do artigo 126.º do Código Penal, a amnistia extingue o procedimento criminal e, no caso de já ter havido condenação, faz cessar a execução tanto da pena principal como das penas acessórias. No primeiro caso trata-se da chamada «amnistia própria», no segundo da «amnistia imprópria».*
II – *A Lei n.º 15/94, de 11 de Maio, como os anteriores diplomas que concederam amnistias, abarca indistintamente a amnistia própria a imprópria em relação às infracções contempladas nessas leis,*

consubstanciando, assim, um regime que corresponde ao conceito amplo de amnistia consagrada no artigo 126.º do Código Penal e (mas), no que respeita aos crimes contra o património, instituindo um regime especial condicionando a eficácia da amnistia à prévia reparação do lesado (artigo 2.º).

III – Assim, os arguidos condenados pela prática de crimes de emissão de cheque sem provisão cometidos até 16 de Março de 1994 devem ser notificados para satisfazer a condição da reparação ao lesado no prazo de 90 dias, nos termos do n.º 2 do artigo 2.º da Lei n.º 15/94 e, satisfazendo-a, beneficiam de amnistia concedida pelo artigo 1.º, alínea g), desse diploma.

Ac. RE, de 11.07.95 *in* BMJ, 449, p. 461

Condenado o réu, à sua revelia, como autor de um crime de emissão de cheque sem provisão previsto e punido pelos artigos 23.º e 24.º, n.º 1, do Decreto-Lei n.º 13 004, de 12 de Janeiro de 1927, deve anular-se o julgamento e ordenar-se a sua repetição, nos termos do artigo 577.º do Código de Processo Penal de 1929, se a sentença se mostrar omissa quanto ao prejuízo patrimonial, que passou a ser um elemento do tipo legal de crime.

Ac. RP, de 05.07.95 *in* BMJ, 449, p. 436

A expressão «conta bloqueada» é equivalente a conta «sem provisão» para efeito de preenchimento do ilícito previsto no artigo 11.º, n.º 1, alínea a) do Decreto-Lei n.º 454/91, de 28 de Dezembro, uma vez que tal actuação resultou da actividade do arguido ao colocar sem provisão a conta sacada, emitindo sobre ela um cheque que não tinha cobertura.

Ac. RP, de 05.07.95 *in* BMJ, 449, p. 436

Pratica um crime de burla aquele que, para pagamento parcial de umas obras que o ofendido estava a efectuar, intencionalmente, lhe entrega um cheque em que após uma assinatura desconforme com a sua constante dos ficheiros do banco sacado, o que inviabiliza o respectivo pagamento, tendo o ofendido continuado as obras em virtude do recebimento do cheque, no convencimento de que o valor deste lhe seria pago.

Ac. RC, de 28.06.95 *in* CJ, Ano XX, Tomo III, p. 73

I – Provada a existência de prejuízo patrimonial superior a 5.000$00, pode configurar-se a existência de crime de emissão de cheque sem provisão, mesmo que esse prejuízo não esteja precisamente quantificado.

II – A determinação exacta do valor do prejuízo patrimonial causado, que é imprescindível para apuramento da responsabilidade civil do emitente, não o é assim, em sede de incriminação.

Ac. RP, de 21.06.95 *in* CJ, Ano XX, Tomo III, p. 265

I – Para efeitos da incriminação prevista no artigo 11.º do Decreto-Lei n.º 454/91, de 28 de Dezembro, haverá, ou não, prejuízo patrimonial atendível, consoante a ordem jurídica, considerada na sua totalidade, confira ou não ao portador do título o direito ao recebimento da quantia nele incorporada.

II – Tendo o arguido assumido voluntária e legalmente a obrigação de garantir a eventual dívida resultante de incumprimento do dono da obra para com o empreiteiro, resulta prejuízo patrimonial criminalmente relevante da ordem dada ao banco pelo arguido para não pagar o cheque emitido, apesar de o cheque ser de garantia.

Ac. RP, de 21.06.95 *in* BMJ, 448, p. 433

Dentro da disciplina do Decreto-Lei n.º 454/91, de 28 de Dezembro (e do Código Penal então vigente), o crime de emissão de cheque sem provisão tem natureza pública.

Ac. RE, de 20.06.95 *in* BMJ, 448, p. 459

Comete o crime tentado de burla simples e não o de burla agravada, por não se verificar prejuízo, aquele que, utilizando cheques apenas assinados pelo sacador, os preenche não de harmonia com a vontade deste, mas de acordo com as suas próprias conveniências e com a intenção de enganá-lo e ao Banco, mas não chegou a lograr o pagamento do respectivo quantitativo, por ao sacador ter sido comunicado o seu extravio.

Ac. STJ, de 14.06.95 *in* CJ, Ano III, Tomo II, p. 235

Um cheque no montante de 297 000$00, emitido em 1992, não é de valor consideravelmente elevado, quer à luz do critério legal expresso no Código Penal, aprovado pelo Decreto-Lei n.º 48/95, de 15 de

Março, quer à luz dos critérios que têm sido seguidos pela jurisprudência: a alçada das Relações em matéria cível ou o salário mínimo nacional correspondente a um ano.

Ac. RP, de 14.06.95 in BMJ, 448, p. 434

Nos crimes de emissão de cheque sem provisão só deve optar-se por condicionar a suspensão da execução da pena ao pagamento da indemnização se o tribunal dispuser de elementos que convençam de que o arguido pode pagar essa indemnização (com ou sem sacrifício do seu património).

Ac. RC, de 08.06.95 in BMJ, 448, p. 447

Com a entrada em vigor do Decreto-Lei n.º 454/91, de 28 de Dezembro, o crime de emissão de cheque sem cobertura passou a ter natureza pública.

Ac. RE, de 06.06.95 in BMJ, 448, p. 459

O bem jurídico protegido pelo tipo legal de crime de emissão de cheque sem provisão é a confiança na circulação do cheque, mas tendo em conta a função económico-jurídica deste como meio de pagamento.

Ac. RC, de 24.05.95 in CJ, Ano XX, Tomo III, p. 66

I – (...).
II – *O cheque de garantia não tem, actualmente, a protecção da lei.*

Ac. RC, de 24.05.95 in CJ, Ano XX, Tomo III, p. 66

Comete o crime de emissão do cheque sem provisão aquele que entregue a outrem cheques sacados sobre uma conta bancária, cujo saldo contabilístico, embora de montante superior não permita o respectivo pagamento, em virtude de dele fazerem parte valores dependentes de boa cobrança dos respectivos titulares.

Ac. RE, de 18.05.95 in CJ, Ano XX, Tomo III, p. 302

O bem jurídico protegido não é somente o património, mas antes este na relação com a confiança no cheque, enquanto meio de pagamento,

pelo que a ofensa pela consumação do crime não pode nunca ser apagada pelo ulterior ressarcimento do prejuízo patrimonial.
Ac. RP, de 17.05.95 *in* BMJ, 447, p. 565

Não tem relevância penal a devolução de um cheque por motivo de "conta bloqueada".
Ac. RC, de 10.05.95 *in* CJ, Ano XX, Tomo III, p. 64

A ponderação sobre a questão de saber se o valor deve ter-se por consideravelmente elevado tem que reportar-se ao momento da prática do crime.
Ac. RC, de 04.05.95 *in* BMJ, 447, p. 583

Efectuado o depósito liberatório a que se refere o n.º 3 do artigo 11.º do Decreto-Lei n.º 454/91, de 28 de Dezembro, deverá o juiz apreciar imediatamente a aplicação da amnistia da Lei n.º 15/94, de 11 de Maio, sem necessidade de ordenar previamente a notificação do assistente para se pronunciar sobre a validade do depósito.
Ac. RP, de 03.05.95 *in* BMJ, 447, p. 565

O quantitativo exigido para a extinção da responsabilidade pela prática de um crime de emissão de cheque sem provisão nos termos do n.º 3 do artigo 11.º do Decreto-Lei n.º 454/91, de 28 de Dezembro, abrange, além do valor do cheque e dos juros moratórios e compensatórios, a taxa adicional de 10%, que é calculada sobre o somatório do valor do cheque e dos juros.
Ac. RP, de 03.05.95 *in* BMJ, 447, p. 565

I – *A declaração, pelo banco sacado, da falta de provisão do cheque é uma condição objectiva de punibilidade do crime de emissão de cheque sem provisão.*
II – *É manifestamente infundada a acusação por este crime da qual consta que o cheque foi devolvido com a menção de «cancelado».*
Ac. RL, de 26.04.95 *in* CJ, Ano XX, Tomo II, p. 159

Só há crime de emissão de cheque sem provisão se o pagamento for recusado por «falta de provisão» (mas não se a recusa foi devida a «conta cancelada»).
Ac. RC, de 20.04.95 *in* BMJ, 446, p. 364

I – Comete um só crime de emissão de cheques sem provisão o agente que, numa unidade, desígnio e objectivo, entrega ao mesmo tomador, no mesmo momento e para pagamento de uma única dívida, vários cheques sem provisão.

II – Ocorre excepção de caso julgado quando o arguido tiver sido julgado e condenado, por decisão transitada em julgado, como autor do crime de emissão de cheque sem provisão, relativamente a algum desses títulos.

Ac. RP, de 19.04.95 *in* BMJ, 446, p. 350

I – Se o elemento "prejuízo patrimonial" deve ser havido como conatural do crime de emissão de cheque sem provisão, a falta de indicação expressa do mesmo na acusação não implica um arquivamento automático ou uma absolvição automática, conforme os casos, em virtude de existir uma presunção de que a emissão de um cheque que não é oportunamente pago, causa prejuízo patrimonial ao seu beneficiário.

II – Daí que aquilo que se torna necessário apurar em audiência de julgamento não é a existência de tal prejuízo, mas que este, porventura, se não verificou.

Ac. STJ, de 05.04.95 *in* CJ, Ano III, Tomo I, p. 238

I – Verifica-se a condição objectiva de punibilidade do crime de emissão de cheque sem provisão, se o cheque foi devolvido sem pagamento com a declaração de «conta liquidada», aposta no verso.

II – O montante de 200.000$00 não é um valor consideravelmente elevado para efeitos de agravação (art. 314.º, c) do C. Penal).

Ac. RL, de 22.03.95 *in* CJ, Ano XX, Tomo II, p. 148

Não integra a prática do crime de emissão de cheque sem provisão, a emissão de um cheque que, apresentado tempestivamente a pagamento, não foi pago, mas devolvido com a declaração de «conta cancelada».

Ac. RC, de 22.03.95 *in* CJ, Ano XX, Tomo II, p. 40

I – Cancelada a conta bancária em data anterior à da emissão e apresentação do cheque a pagamento, a recusa do pagamento por motivo de cheque cancelado não configura a condição objectiva de punibilidade respeitante à verificação de inexistência ou insuficiência de provisão e recusa de pagamento por esse motivo.

II – A conta cancelada não é susceptível de ser movimentada e não pode servir para satisfazer qualquer pagamento de cheque emitido sobre a mesma.

III – A emissão e entrega de cheque, com conhecimento do cancelamento da conta, podem integrar a prática do crime de burla, sendo, por isso, necessário que a acusação integre os respectivos factos.

Ac. RP, de 15.03.95 in BMJ, 445, p. 615

Recusado o pagamento do cheque pelo motivo de «cheque cancelado», não pode ser imputado ao sacador o crime de emissão de cheque sem provisão, previsto e punido pelo artigo 11.º, n.º 1, alínea a), do Decreto-Lei n.º 454/91, de 28 de Dezembro.

Ac. RP, de 15.03.95 in BMJ, 445, p. 615

A declaração de recusa do pagamento por conta cancelada não é susceptível de preencher a exigência legal de o cheque ser devolvido por falta de provisão, uma vez que a declaração do sacado de recusa do pagamento por falta de provisão tem de ser escrita sobre o cheque e não pode ser suprida por recurso a elementos estranhos ao próprio título.

Ac. RP, de 15.03.95 n BMJ, 445, p. 615

Só há crime de emissão de cheque sem provisão se o pagamento for recusado por «falta de provisão» (mas não se a recusa foi devida a «conta cancelada» ou «conta bloqueada»).

Ac. RC, de 15.03.95 in BMJ, 445, p. 625

Cheque pode não ter provisão e pode não haver crime, pois o prejuízo criminalmente relevante só existe se o tomador tiver direito a receber a quantia em causa e o cheque não lhe for pago.

Ac. RP, de 01.03.95 in BMJ, 445, p. 616

I – Um cheque que foi emitido para servir de prova documental de um mútuo para o caso de ao mutuário sobrevir qualquer fatalidade, designadamente a morte, não goza de tutela penal.

II – *A declaração unilateral do ofendido de que o cheque iria ser apresentado a pagamento não tem a virtualidade de transmudar um meio de garantia e de prova, como era o cheque, num meio de pagamento imediato, não se podendo extrair do silêncio do seu sacador um sinal de assentimento e configurando, por isso, a aposição da data em tal cheque pelo ofendido um preenchimento abusivo.*

III – *Não se pode dizer que foi causado directamente pelo não pagamento do cheque o prejuízo resultante do incumprimento do contrato de mútuo, por não ter sido restituída a quantia mutuada nas condições acordadas.*

Ac. RP, de 01.02.95 *in* BMJ, 444, p. 703

Comete o crime de emissão de cheque sem provisão o agente que, para garantir ou caucionar o pagamento prometido por outrem, emite um cheque no montante da dívida e o entrega ao credor, o qual, apresentado a pagamento em virtude de o devedor não ter cumprido, veio a ser devolvido por falta de provisão, por esse não pagamento ter causado prejuízo ao credor.

Ac. RP, de 04.01.95 *in* BMJ, 443, p. 446

Emitido um cheque sem provisão pelo sócio gerente de uma sociedade por quotas sobre conta bancária desta, é o mesmo responsável criminalmente, sendo a responsabilidade pelo pagamento do cheque e dos respectivos juros da própria sociedade.

Ac. RP, de 21.12.94 *in* BMJ, 442, p. 259

I – *Estando averiguado que o arguido e queixoso previram a possibilidade de o cheque, quando apresentado a pagamento, ser devolvido por falta de provisão, não pode afirmar-se que o primeiro tenha criado no segundo a convicção de que o cheque teria provisão para, assim, atentar contra o seu património.*

II – *Falecendo o elemento subjectivo da infracção, não pode o arguido ser pronunciado pelo crime de emissão de cheque sem provisão.*

Ac. RP, de 14.12.94 *in* BMJ, 442, p. 259

O prejuízo criminalmente relevante para efeitos do crime de emissão de cheque sem provisão só existe se o tomador do cheque tiver a receber a quantia em causa e o cheque lhe não for pago.

Ac. RP, de 09.11.94 *in* BMJ, 441, p. 395

A indicação «conta bloqueada», como motivo de recusa do pagamento de um cheque, não preenche a condição de punibilidade da devolução por falta de provisão, que tem de ser expressamente referida no título ou no allongue.

Ac. RP, de 09.11.94 in BMJ, 441, p. 395

I – Impõe-se a medida de prisão preventiva, sempre que ao crime corresponda pena de prisão de máximo superior a 8 anos e existam fortes motivos para se recear que, restituído o arguido à liberdade, haja perigo de fuga e de continuação da actividade criminosa.

II – Sendo a amnistia concedida sob condição suspensiva da prévia reparação ao portador do cheque, que deverá ser satisfeita após notificação a efectuar ao arguido, não impõe a lei uma suspensão do processo após aquela notificação.

Ac. RP, de 09.11.94 in CJ, Ano XIX, Tomo V, p. 247

No crime de emissão de cheque sem provisão, a confissão dos factos não assume qualquer relevância.

Ac. RC, de 03.11.94 in BMJ, 441, p. 406

I – Fazendo o cheque parte de um conjunto, emitidos todos no mesmo momento e no mesmo circunstancialismo, como parte do preço de aquisição do mesmo objecto, a emissão de cada um dos cheques constitui uma parcela do mesmo comportamento finalisticamente unitário.

II – Tendo o não pagamento dos cheques dado origem a uma pluralidade de processos, julgado um por decisão transitada em julgado, no sentido de inexistir crime, verifica-se o pressuposto da exceptio rei judicatae que impede a reapreciação da causa, sob pena de violação do princípio ne bis in idem.

Ac. RP, de 06.07.94 in BMJ, 439, p. 650 e CJ, Ano XIX, Tomo IV, p. 223

I – Existe um único crime de emissão de cheque sem cobertura, se o arguido, na mesma ocasião e segundo uma única resolução, entrega à queixosa um conjunto de cheques para pagamento do preço de aquisição de um camião e, depois, através do mesmo meio, dá ordem de cancelamento do seu pagamento ao banco. (...).

Ac. RP, de 06.07.94 in CJ, Ano XIX, Tomo IV, p. 223

Comete um único crime de emissão de cheque sem provisão o agente que, na mesma ocasião, emite vários cheques sobre o mesmo banco e a favor do mesmo tomador.

Ac. RC, de 15.06.94 *in* BMJ, 438, p. 561

I – O art.º 11.º, n.º 1, al. a), do Dec.-Lei 454/91, de 28 de Dezembro, não criou um novo tipo legal de crime de emissão de cheque sem cobertura nem teve o efeito de despenalizar as condutas anteriormente previstas no art. 24.º do Dec. 13.004, de 12 de Janeiro de 1927, apenas operando essa despenalização quanto aos cheques de valor não superior a 7.500$00 e aos demais em que se não prove prejuízo.
II – Ora, sendo o prejuízo patrimonial conatural ao não pagamento de um cheque por falta de provisão, cumpre aos tribunais investigar e decidir se, no caso concreto, se prova ou não tal prejuízo.
III – É isso jurisprudência obrigatória fixada para os tribunais judiciais pelo acordão do S.T.J. de 27 de Janeiro de 1993.
IV – Assim, se o cheque é de valor superior a 5.000$00 e se decidiu que a acusação por emissão de cheque sem provisão era infundada, por se não ter alegado prejuízo, essa decisão está em contradição e oposição com o referido acórdão com força obrigatória geral.

Ac. STJ, de 08.06.94 *in* CJ, Ano II, Tomo II, p. 244

O crime de emissão de cheque sem provisão é um crime público, não sendo por isso admissível a desistência da queixa.

Ac. RC, de 03.06.94 *in* BMJ, 438, p. 561

I – A responsabilidade pelos danos resultantes do pagamento pelo sacado de cheques em que foi falsificada a assinatura do sacador, determina-se segundo os princípios da responsabilidade civil.
II – Em princípio age com culpa pelo pagamento de eurocheques o utilizador abusivo, o vero titular que os deixou, com o respectivo cartão, no interior de automóvel, junto a uma das nossas praias, donde foram furtados.
III – Porém, se de imediato fez todas as diligências possíveis, incluindo junto das competentes entidades bancárias, e se o pagamento só teve lugar em Espanha, quatro meses após o furto, houve negligência por parte daquelas, não difundindo convenientemente o evento.

IV – Ficou, assim, quebrado o nexo de causalidade entre a conduta do titular dos cheques e o seu pagamento indevido, nenhuma responsabilidade podendo ser assacada a este.

V – São tidas por nulas quaisquer cláusulas contratuais que conduzam sempre à responsabilização do titular dos cheques por utilização abusiva destes, por tal ofender os princípios da boa fé e do equilíbrio de interesses (cfr. artigos 16.º e 17.º do Decreto-Lei n.º 446/85, de 25 de Outubro).

Ac. RL, de 19.05.94 *in* BMJ, 437, p. 565

Se o arguido, na mira da aplicação da Lei de Amnistia – Lei n.º 23//91, de 4 de Julho –, fez o depósito das quantias em dívida, mas se tal depósito, por extemporâneo, não permitiu a amnistia do crime, pago que esteja o montante do cheque, a quantia depositada deve ser imediatamente restituída ao depositante, uma vez que os artigos 149.º e 152.º do Código das Custas Judiciais, são normas excepcionais que, por esse motivo, são inaplicáveis em processo penal.

Ac. RP, de 11.05.94 *in* BMJ, 437, p. 581

I – São de equiparar ao pagamento da quantia indicada no cheque devolvido por falta de provisão, todas as formas legais de extinção da obrigação pecuniária nele incorporada, desde que verificadas até ao momento processualmente intransponível do primeiro interrogatório de arguido em processo penal.

II – A renúncia é uma forma válida de extinção daquele tipo de obrigação.

III – O primeiro interrogatório do arguido em processo penal, desde que não se trate de arguido detido, integra-se no âmbito da competência do M.º P.º para conclusão do inquérito, também na categoria dos actos por aquela entidade delegáveis nos órgãos da polícia criminal.

Ac. RP, de 11.05.94 *in* CJ, Ano XIX, Tomo III, p. 248

Um cheque datado de 30 de Fevereiro é de considerar como datado no último dia desse mês.

Ac. RC, de 04.05.94 *in* CJ, Ano XIX, Tomo III, p. 44

Para que se verifique o prejuízo patrimonial no crime de emissão de cheque sem provisão é indiferente que o cheque titule um mútuo válido ou não, pois o prejuízo do ofendido resulta da frustração do recebimento do montante do cheque, sendo indiferente a natureza da relação jurídica subjacente à emissão do título.

Ac. RP, de 20.04.94 *in* BMJ, 436, p. 438

O cheque de garantia, emitido sem data e que, posteriormente, não obtém provisão, não é punível porque a sua emissão não causa prejuízo.

Ac. RP, de 13.04.94 *in* BMJ, 436, p. 436

I – Apesar de a lei pretender que o cheque tenha a indicação da data em que é passado, admite que contenha uma data posterior àquela.
II – Para a verificação do crime de emissão de cheque sem provisão, caso tenha sido apresentado a pagamento antes da data nele indicada como de emissão, é necessário que o seu portador proceda a nova apresentação nos oito dias subsequentes à data indicada no título e que o pagamento seja recusado por falta de fundos.

Ac. RP, de 13.04.94 *in* BMJ, 436, p. 438

O preenchimento, assinatura e colocação em circulação pelo sacador é jurídico-penalmente relevante se da falta de provisão do cheque advém prejuízo patrimonial para o legítimo portador do mesmo, independentemente de este ser o tomador ou beneficiário do endosso.

Ac. RE, de 12.04.94 *in* CJ, Ano XIX, Tomo II, p. 277

A lei (Decreto-Lei n.º 454/91 de 28 de Dezembro) ao remeter hoje a punição do crime de emissão de cheque sem provisão para as penas previstas para o crime de burla («observando-se o regime geral da punição desse crime») consagra a natureza pública do crime em questão, ressalvado, por força desse regime, as situações previstas no artigo 303.º do Código Penal, ex vi do artigo 313.º do mesmo código em que não há lugar à punição ou em que os crimes revestem a natureza semipública.
Só nestas situações (constantes dos n.ᵒˢ 3, 4 e 6 do referido artigo 303.º) é que o crime de emissão de cheque sem provisão reveste natureza semipública.

Ac. RE, de 12.04.94 *in* BMJ, 436, p. 466

I – Passados cheques para cumprimento de cláusula estabelecida em transacção judicial, a favor do mandatário da parte contrária, no caso de não pagamento por falta de provisão, este último sofre o prejuízo correspondente ao valor de tais cheques, desde logo por estar obrigado a prestar contas pelo exercício do mandato.
II – Os ditos cheques não podem considerar-se de «garantia» quando se demonstrou que foram emitidos para cumprimento, embora diferido ou em prestações, de obrigação assumida na referida transacção.

Ac. RP, de 23.03.94 *in* BMJ, 435, p. 896

Com a entrada em vigor do decreto-lei 454/91, de 28 de Dezembro, que equiparou o crime de emissão sem provisão ao de burla, aquele ilícito criminal passou a ter natureza pública, e deixou de ser semi-público como era anteriormente.

Ac. RE, de 15.03.94 *in* CJ, Ano XIX, Tomo II, p. 271

Se o cheque tiver subjacente um negócio nulo com a consequente inexigibilidade por parte do tomador, não terá sido a emissão do título com a consequente proibição do seu pagamento que causou prejuízo patrimonial ao respectivo portador.

Ac. RP, de 02.03.94 *in* BMJ, 435, p. 897

O ressarcimento da ofendida, através do pagamento da quantia referida no cheque devolvido por falta de provisão, não faz desaparecer o prejuízo patrimonial enquanto elemento típico do crime.

Ac. RC, de 24.02.94 *in* BMJ, 434, p. 698

O arguido que não foi interrogado no decurso do inquérito (mesmo que a sua falta tenha sido justificada) só pode obter a extinção do procedimento criminal (por pagamento ou depósito das quantias devidas) até ser deduzida acusação.

Ac. RC, de 17.02.94 *in* BMJ, 434, p. 698

I – O cheque subscrito e entregue com data futura só tem tutela penal se for apresentado e recusado o pagamento (que, como actos estranhos ao arguido, continuam a ser condições objectivas de punibilidade) nos termos e prazos previstos na LU, a contar da data nele aposta.

Se for apresentado antes não se configurará o elemento do tipo "prejuízo".

II – (...).

Ac. RC, de 27.01.94 *in* CJ, Ano XIX, Tomo I, p. 52

I – Da própria emissão de um cheque sem provisão resulta prejuízo patrimonial, que é co-natural do não pagamento.

II – Tendo o cheque substituído um anterior, que não havia sido pago, a obrigação primitiva continua inalterada, só tendo sido modificada, por acordo das partes, o meio de pagamento, com vista à desistência do anterior procedimento criminal.

Ac. RP, de 19.01.94 *in* BMJ, 433, p. 615

O primeiro interrogatório prestado por arguido, durante o inquérito e perante técnico de justiça, que é órgão de polícia criminal, releva para os fins do disposto no n.º 3 do artigo 11.º do Decreto-Lei n.º 454/91, de 28 de Dezembro, pelo que o pagamento posterior do montante do cheque não pode operar a extinção de responsabilidade criminal.

Ac. RP, de 12.01.94 *in* BMJ, 433, p. 616

I – Deduzido pedido de indemnização em processo crime por emissão de cheque sem cobertura que foi arquivado por insuficiência de prova indiciária, pode o ofendido propor acção cível para ser indemnizado.

II – No domínio das relações imediatas tudo se passa como se a relação deixasse de ser literal e abstracta, ficando sujeita às excepções que se fundamentem nas relações pessoais.

Ac. STJ, de 12.01.94 *in* CJ, Ano II, Tomo I, p. 36

I – A emissão de um cheque em 1990 a que foi aposta a nota de «extraviado» e foi emitido na ignorância de falta de cobertura não integra o crime de cheque sem provisão, por ausências de dolo e condição objectiva de punibilidade.

II – Não integra o crime de burla por não aplicação retroactiva da nova legislação, por um lado, e, por outro, ausência de dolo específico, traduzida na intenção de prejudicar.

III – A carta endereçada ao banco a comunicar o extravio de um cheque quando é do conhecimento do autor que o cheque não tem provisão integra um crime de falsificação simples [artigo 228.º, n.º 1, alínea b), do Código Penal].

IV – O sacador comete o crime de falsificação de título transmissível por endosso, quando tal carta determinou a aposição no cheque da nota de extravio pelo empregado bancário que o fez de boa fé.

V – Verifica-se o dever de indemnizar quando os factos constam da acusação e traduzem a responsabilidade do arguido pela dívida assumida, sendo também devidos os juros para compensar não só o prejuízo causado, como os benefícios que o lesado deixou de obter como consequência da lesão.

Ac. STJ, de 30.11.93 in BMJ, 431, p. 280

I – A emissão de um cheque em 1990 a que foi aposta a nota de «extraviado» e foi emitido na ignorância de falta de cobertura não integra o crime de cheque sem provisão, por ausências de dolo e condição objectiva de punibilidade.

II – Não integra o crime de burla por não aplicação retroactiva da nova legislação, por um lado, e, por outro, ausência de dolo específico, traduzida na intenção de prejudicar.

III – A carta endereçada ao banco a comunicar o extravio de um cheque quando é do conhecimento do autor que o cheque não tem provisão integra um crime de falsificação simples [artigo 228.º, n.º 1, alínea b), do Código Penal].

IV – O sacador comete o crime de falsificação de título transmissível por endosso, quando tal carta determinou a aposição no cheque da nota de extravio pelo empregado bancário que o fez de boa fé.

V – Verifica-se o dever de indemnizar quando os factos constam da acusação e traduzem a responsabilidade do arguido pela dívida assumida, sendo também devidos os juros para compensar não só o prejuízo causado, como os benefícios que o lesado deixou de obter como consequência da lesão.

Ac. STJ, de 30.11.93 in BMJ, 431, p. 280

I – A emissão de um cheque em 1990 a que foi aposta a nota de «extraviado» e foi emitido na ignorância de falta de cobertura não integra o crime de cheque sem provisão, por ausências de dolo e condição objectiva de punibilidade.

II – Não integra o crime de burla por não aplicação retroactiva da nova legislação, por um lado, e, por outro, ausência de dolo específico, traduzida na intenção de prejudicar.

III – *A carta endereçada ao banco a comunicar o extravio de um cheque quando é do conhecimento do autor que o cheque não tem provisão integra um crime de falsificação simples [artigo 228.º, n.º 1, alínea b), do Código Penal].*

IV – *O sacador comete o crime de falsificação de título transmissível por endosso, quando tal carta determinou a aposição no cheque da nota de extravio pelo empregado bancário que o fez de boa fé.*

V – *Verifica-se o dever de indemnizar quando os factos constam da acusação e traduzem a responsabilidade do arguido pela dívida assumida, sendo também devidos os juros para compensar não só o prejuízo causado, como os benefícios que o lesado deixou de obter como consequência da lesão.*

Ac. STJ, de 30.11.93 *in* BMJ, 431, p. 280

I – *O preenchimento do tipo legal de emissão de cheque sem cobertura exige, além do mais, que o pagamento do cheque seja recusado por falta de provisão, verificado nos termos e no prazo da Lei Uniforme.*

II – *A declaração do sacado, aposta no verso do cheque, de que este foi «devolvido por conta cancelada» não integra aquele requisito.*

Ac. RP, de 17.11.93 *in* BMJ, 431, p. 553

I – *Comete o crime de falsificação de cheque, previsto no artigo 228.º, n.ᵒˢ 1, alínea b), e 2, do Código Penal, o indivíduo que depois de emitir um cheque se dirige ao banco sacado e aí produz a declaração, que sabia falsa, de que o cheque se havia extraviado, com o propósito de obstar ao pagamento do montante do cheque ao beneficiário, como efectivamente conseguiu.*

II – *(...).*

Ac. STJ, de 27.10.93 *in* BMJ, 430, p. 272

I – *Se o depositante avisar o Banco (Depositário) de que houve extravio de um cheque, é ilícito o seu pagamento, a não ser que o Banco cumpra o seu ónus de provar que o detentor do cheque o adquiriu por meios legítimos e que tal lho demonstrara.*

II – *Dada aquela ilicitude o Banco não pode anotar no cheque, apresentado a pagamento sete meses após a sua revogação, que o não paga por falta de provisão.*

III – *O depositário responde pelos danos causados, nomeadamente em consequência do processo crime instaurado.*

Ac. STJ, de 19.10.93 *in* CJ, Ano I, Tomo III, p. 69

I – Se o depositante avisar o Banco (Depositário) de que houve extravio de um cheque, é ilícito o seu pagamento, a não ser que o Banco cumpra o seu ónus de provar que o detentor do cheque o adquiriu por meios legítimos e que tal lho demonstrara.
II – Dada aquela ilicitude o Banco não pode anotar no cheque, apresentado a pagamento sete meses após a sua revogação, que o não paga por falta de provisão.
III – O depositário responde pelos danos causados, nomeadamente em consequência do processo crime instaurado.

Ac. STJ, de 19.10.93 in CJ, Ano I, Tomo III, p. 69

I – O crime de emissão de cheque sem cobertura, ressalvadas as situações previstas no artigo 303.º do Código Penal ex vi do artigo 313.º do mesmo Código, reveste natureza pública.
II – Contra tal qualificação não joga a possibilidade de extinção da responsabilidade pelo pagamento até ao primeiro interrogatório que nada tem a ver com a desistência da queixa, já que opera ope legis e somente dentro do limite fixado.

Ac. RE, de 19.10.93 in BMJ, 430, p. 539

No crime de emissão de cheque sem provisão, sendo o prejuízo um seu elemento típico, ainda que conatural ou ínsito ao não pagamento, tem de constar da acusação por forma explícita, através da indicação da relação jurídica que subjaz à emissão do cheque, só assim estando o tribunal em condições de ajui-zar se da recusa do pagamento adveio prejuízo para o portador.

Ac. RP, de 09.06.93 in BMJ, 428, p. 677

I – O «Assento» n.º 6/93, de 27/1, resolveu afirmativamente a questão substantiva de saber se o elemento «prejuízo patrimonial» já integrava a moldura penal do art. 24.º do Decreto n.º 13.004, de 12/1/ /27.
II – Porém, deixou por resolver a questão de natureza processual consistente em saber se a acusação, em processo penal, admite alegações implícitas ou subentendidas respeitantes a elementos típicos dos crimes que dela sejam objecto.
III – O «prejuízo patrimonial» como elemento típico do crime de emissão de cheque sem provisão tem de figurar explícita e claramente na

acusação, só assim se podendo situar no objecto do processo por ela delimitado.

IV – *De outro modo, atribuir ao juiz o dever de investigar, em julgamento, daquele elemento típico que a acusação omite, é violar o princípio do acusatório consagrado no art. 32.º, n.º 5 da Constituição da República.*

V – *O art. 358.º, n.º 1 do Cód. Proc. Penal só permite a indagação em audiência de factos descritos na acusação, o que pressupõe que aquela tenha sido «recebida» e em condições de o ser.*

Ac. RP, de 26.05.93 *in* CJ, Ano XVIII, Tomo III, p. 245

Tem natureza pública o crime de emissão de cheque sem provisão cometido no domínio do Decreto-Lei n.º 454/91.

Ac. RC, de 12.05.93 *in* BMJ, 427, p. 595

I, II – *(...).*

III – *Considerando que, no caso dos autos, a situação de usura de que o arguido foi vítima se traduziu num prejuízo económico praticamente conducente à sua ruína, tendo-se o mesmo visto forçado a entregar quantias muito elevadas, em pagamento de juros indevidos, ao marido da assistente, cuja actuação poderá ser eventualmente integrada na figura do crime de burla, tem de se concluir que se pode legalmente configurar uma situação de direito de necessidade.*

IV – *Não tendo sido dado como provado que, ao preencher e assinar o cheque em que ocorreu desconformidade entre os valores indicados por extenso e por algarismos, o arguido tenha agido com a intenção de integrar no seu património a quantia do mencionado cheque, sabedor de que causaria um prejuízo patrimonial à assistente e ao marido desta desse montante, e, bem assim, que a sua conduta, além de censurável, era proibida por lei, importa concluir que o mesmo não cometeu o acusado crime de burla, por falta da correlativa intenção criminosa.*

Ac. STJ, de 28.04.93 *in* BMJ, 426, p. 257

A inclinação ou tendência do agente para a prática de crimes de emissão de cheques sem provisão deve apreciar-se não só em função do número de cheques sem provisão que emite mas também em função da motivação determinante dessa emissão, para que não se confunda a habitualidade com a pluriocasionalidade.

Ac. RC, de 15.04.93 *in* BMJ, 426, p. 534

I – O cheque é um título de crédito à ordem, definível como «documento», segundo o conceito do artigo 229.º, n.º 1, do Código Penal, mas não compreendido no artigo 244.º do mesmo legal diploma.
II – O sacador, depois de emitir o cheque, dolosamente induziu a instituição bancária à aposição no mesmo da declaração do seu extravio, o que era falso, e obstaculou ao seu pagamento.
III – Cometeu, desse modo, aquele sacador uma falsificação intelectual, em autoria mediata, e, consequentemente, um crime de falsificação qualificada de documento, previsto e punido pelo artigo 228.º n.os 1, alínea b), e 2, do Código Penal.

Ac. STJ, de 25.03.93 in BMJ, 425, p. 310

Comete um só crime o agente que na mesma data emite vários cheques sem provisão sobre um banco e a favor do mesmo tomador, não se apurando a pluralidade de resoluções.

Ac. RC, de 25.02.93 in BMJ, 424, p. 744

I – Actualmente, o crime de emissão de cheque sem provisão é um crime de dano, pressupondo a existência de um prejuízo patrimonial para o seu tomador ou beneficiário.
II – O cheque emitido com data posterior ou cheque pré-datado pode destinar-se a pagamento, desempenhando a sua função normal de cheque na data nele inscrita.
Dele resultará prejuízo patrimonial se, apresentado a pagamento a partir dessa data, se constatar a falta de provisão.
III – O cheque de garantia destina-se a garantir o cumprimento duma obrigação futura. Dele não resulta, ao menos directamente, aquele prejuízo.

Ac. RC, de 25.02.93 in CJ, Ano XVIII, Tomo I, p. 73

I – Após a entrada em vigor do Decreto-Lei n.º 454/91, de 28 de Dezembro, e sem prejuízo do disposto nas alíneas b) e c) do seu artigo 11.º, os pressupostos do crime de emissão de cheque sem provisão continuam a ser precisamente os indicados no direito anterior:
– A emissão e a entrega do cheque ao tomador;
– A apresentação do cheque a pagamento no prazo legal;
– O não pagamento do cheque por falta de provisão;
– O consequente prejuízo patrimonial do ofendido.

II – O legislador do Decreto-Lei n.º 454/91, de 28 de Dezembro, não pretendeu criar uma figura jurídica inteiramente nova, ab-rogando o direito anterior sobre os cheques, mas tão-somente regulamentar o crime previsto nos artigos 23.º e 24.º do Decreto n.º 13 004, em novos moldes, para conseguir objectivos específicos.
III – Não foi intenção do legislador do Decreto-Lei n.º 454/91, de 28 de Dezembro, descriminalizar todas as condutas criminosas anteriores a 23 de Março de 1992 – data da entrada em vigor daquele diploma –, porque, se esse fosse o objectivo, não teria deixado de o declarar expressamente, como o fez em relação aos cheques sem provisão de montante não superior a 5000$00.
IV – Nos termos dos artigos 8.º e 11.º do Decreto-Lei n.º 454/91, de 28 de Dezembro, foram descriminalizados todos os crimes de emissão de cheques, anteriores ou posteriores à data da entrada em vigor daquele diploma, cujos montantes não sejam superiores a 5000$00.
V – Na punição dos crimes de emissão de cheques sem provisão, cometidos antes da entrada em vigor do Decreto-Lei n.º 454/91, deverá ter-se em consideração o disposto no artigo 2.º, n.º 4, do Código Penal, em obediência ao preceituado nos n.ºˢ 1 e 4 do artigo 29.º da Constituição da República.

Ac. STJ, de 03.02.93 *in* BMJ, 424, p. 351

A declaração em que o ofendido desiste da queixa e se dá por integralmente ressarcido dos danos sofridos, embora extemporaneamente apresentada (e não podendo, por isso, valer como desistência da queixa), implica sempre algum valor atenuativo.

Ac. RC, de 07.01.93 *in* BMJ, 423, p. 608

I – O prejuízo material é uma consequência normal de emissão de cheque sem provisão na medida em que, se não ficar provada a sua inexistência, o prejuízo é um efeito da recusa do pagamento do cheque pelo banco sacado.
II – Consequentemente, as emissões de cheques sem cobertura, abrangendo como consequência normal a verificação do prejuízo material, correspondentes à descrição do tipo legal previsto no Decreto n.º 13 004, de 12 de Janeiro de 1927, e praticadas na vigência deste, preenchem o tipo definido no artigo 11.º, n.º 1, alínea a), do Decreto-Lei n.º 454/91, de 28 de Dezembro.

Ac. RE, de 09.12.92 *in* BMJ, 422, p. 448

Art. 11.º-A (Queixa)

1. O procedimento criminal pelo crime previsto no artigo anterior depende de queixa.

2. A queixa deve conter a indicação dos factos constitutivos da obrigação subjacente à emissão, da data de entrega do cheque ao tomador e dos respectivos elementos de prova.

3. Sem prejuízo de se considerar apresentada a queixa para todos os efeitos legais, designadamente o previsto no artigo 115.º do Código Penal, o Ministério Público, quando falte algum dos elementos referidos no número anterior, notificará o queixoso para, no prazo de 15 dias, proceder à sua indicação.

4. Compete ao Procurador-Geral da República, ouvido o departamento respectivo, autorizar a desistência da queixa nos casos em que o Estado seja ofendido.

5. A competência prevista no número anterior é delegável nos termos gerais.

NOTAS:

1. O artigo em anotação foi aditado pelo DL n.º 316/97, de 19.11 e, entretanto, alterado pela L n.º 48/2005, de 29 de Agosto.

Nos termos do art. 3.º, da L n.º 117/97, de 16.09, foi concedido ao Governo autorização legislativa para introduzir novos artigos ao DL n.º 454/91, de 28.12, com o seguinte sentido e extensão:

> *4) Estabelecer que o procedimento criminal pelo crime referido no n.º 11) do artigo anterior depende de queixa e que compete ao Procurador--Geral da República, ouvido o departamento respectivo, autorizar a desistência de queixa, nos casos em que o Estado seja ofendido;*

Paralelamente, de acordo com o art. 2.º, da referida L n.º 117/97, a legislação a aprovar teria o seguinte sentido e extensão:

> *19) Estabelecer que a queixa deve conter a indicação dos factos constitutivos da obrigação subjacente à emissão, da data de entrega do cheque ao tomador e dos respectivos elementos de prova;*
>
> *20) Estabelecer que, ainda que falte algum dos elementos referidos no número anterior, a queixa se considera apresentada para todos os efeitos legais, designadamente o previsto no artigo 115.º do Código Penal;*

2. Até à entrada em vigor do DL n.º 454/91, de 28.12, o crime de emissão de cheque sem provisão tinha natureza semipública. Com a entrada em vigor deste diploma e até à alteração do CP de 1995, passou a ter natureza pública e a partir desta data até ao DL n.º 316/97 passou a ter natureza pública, semipública ou particular, consoante os casos. Com o DL n.º 316/97 "o crime de emissão de cheque, em qualquer das modalidades de comportamento típico, é sempre de natureza semipública", GERMANO MARQUES DA SILVA in "O Crime de Emissão de Cheque sem Provisão", p. 35.

De facto, de acordo com o artigo em anotação, o procedimento criminal depende de queixa.

3. Em princípio, tem legitimidade para apresentar queixa, o ofendido, considerando-se como tal o titular dos interesses que a lei especialmente quis proteger com a incriminação (art. 11.º, n.º 1, do CP).

A queixa deve ser apresentada ao Ministério Público da comarca onde se situa a instituição de crédito em que o cheque foi inicialmente entregue para pagamento (art. 13.º). Não obstante, considera-se feita ao Ministério Público a queixa dirigida a outra entidade que tenha obrigação legal de a transmitir àquele (art. 49.º, n.º 2).

4. O direito de queixa extingue-se no prazo de 6 meses a contar da data em que o titular tiver tido conhecimento do facto e dos seus autores (art. 115.º, n.º 1, do CP).

O prazo de extinção do direito de queixa "é um prazo de caducidade e, como tal, nenhuma circunstância o suspende ou interrompe (cfr. o art. 328.º, do CC)" PAULA MARQUES CARVALHO in "Manual Prático de Processo Penal", 2.ª edição, Almedina, 2007, p. 39.

O prazo de extinção do direito de queixa, no crime de emissão de cheque sem provisão, "conta-se a partir da data em que o ofendido teve conhecimento do não-pagamento do cheque, o que muitas vezes só ocorre alguns dias depois da recusa de pagamento pelo sacado, quando o portador do cheque é avisado pelo banco onde depositou o cheque para cobrança de que o mesmo não foi pago".

5. Embora o Código Penal não estipule a forma e o conteúdo que a queixa deve revestir e conter, o n.º 2, refere que a queixa deve indicar:

– os factos constitutivos da obrigação subjacente à emissão;
– a data de entrega do cheque ao tomador e
– os respectivos elementos de prova.

Se o queixoso não indicar alguns destes elementos, a queixa considera-se apresentada para todos os efeitos legais, designadamente o previsto no art. 115.º, do CP (Extinção do direito de queixa), sendo este notificado pelo Ministério Público para, no prazo de 15 dias, indicar os elementos em falta (n.º 3).

6. O queixoso pode desistir da queixa, desde que não haja oposição do arguido, até à publicação da sentença da 1.ª instância. A desistência impede que a queixa seja renovada (art. 116.º, n.º 2).

Nos casos em que o Estado seja ofendido, a desistência de queixa é autorizada pelo Procurador-Geral da República, depois de ouvido o departamento respectivo (n.º 4).

Esta competência com a L n.º 48/2005 (que aditou o n.º 5) passou a ser delegável nos termos gerais.

7. Nos termos do n.º 1, do art. 116.º, do CP, o direito de queixa não pode ser exercido se o titular a ele expressamente tiver renunciado (renúncia expressa) ou tiver praticado factos donde a renúncia necessariamente se deduza (renúncia tácita).

No caso de crime semi-público, vale como renúncia ao direito de queixa a prévia dedução do pedido de indemnização perante o tribunal civil (art. 72.º, n.º 2, do CPP).

Assim, parece-nos que se o portador do cheque intentar acção executiva fundada no cheque, está a renunciar ao direito de queixa.

JURISPRUDÊNCIA:

O Centro Regional da Segurança Social tem legitimidade para apresentar queixa por crime de emissão de cheque sem provisão quando o mesmo se destine ao pagamento de contribuições ou quotizações que lhe são devidas, mesmo que esse cheque seja emitido à ordem do Instituto de Gestão Financeira da Segurança Social a quem incumbia, por força do art.º 21.º n.º 1 DL 8-B/2002 de 15/1, a gestão do processo de arrecadação e cobrança de tais contribuições e quotizações.

Ac. da RL, de 20.11.2003 in www.dgsi.pt (proc. n.º 8144/2003-9)

A apresentação simultânea de queixa crime e de acção executiva para pagamento de quantia certa implica a declaração de extinção do procedimento criminal, por renúncia ao direito de queixa.

Ac. RL, de 10.02.99 in CJ, Ano XXIV, Tomo, p. 144

I – *Os crimes de emissão de cheques sem provisão cometidos na vigência do Código Penal de 1982 não estavam dependentes de queixa para se iniciar o procedimento criminal.*
II – *Com a entrada em vigor do Código Penal revisto, que passou a exigir queixa relativamente a tais crimes, concedendo o prazo de seis meses para o seu exercício, o prazo conta-se a partir da entrada em vigor da nova formulação, ou seja, desde 1 de Outubro de 1995.*

Ac. RP, de 26.11.97 *in* BMJ, 471, p. 456

I – *Há que distinguir, no instituto da queixa, as normas exclusivamente processuais (princípio da aplicação imediata – Código de Processo Penal, artigo 5.º) das normas processuais penais materiais (irretro--actividade desfavorável, retroactividade favorável – Código Penal, artigos 2.º, n.º 4, e 3.º).*
II – *Às primeiras pertencem as normas dos artigos 49.º a 52.º do Código de Processo Penal e às segundas as normas constantes dos artigos 111.º a 116.º do Código Penal de 1982.*
III – *Não se aplicando, porque desfavorável ao arguido, a lei nova que, em 29 de Março de 1992, conferiu ao crime simples de emissão de cheque sem cobertura, antes quase público, contornos de crime público, o portador de um cheque devolvido em 16 de Outubro de 1991 sem pagamento por falta de provisão, se pretendesse a perseguição criminal do respectivo sacador, teria que «dar conhecimento do facto ao Ministério Público» até 16 de Abril de 1992.*
IV – *Como, no caso, a queixa só foi apresentada em 3 de Novembro de 1995, a sua ostensiva intempestividade inviabilizava, a um tempo, o processo (por falta desse pressuposto processual que, nos crimes quase públicos, representa a queixa tempestiva) e a perseguição criminal do visado (na medida em que a sua responsabilidade se extinguira há muito com a caducidade, em 16 de Abril de 1992, do exercício do correspondente direito da queixa por parte da vítima).*

Ac. RL, de 20.05.97 *in* BMJ, 467, p. 622

Optando o portador do cheque emitido sem provisão pelo recurso à acção executiva antes de exercer a acção penal, isso significa que se desinteressou do ressarcimento dos prejuízos sofridos através do processo penal, conduta que vale como renúncia ao direito de queixa.

Ac. RE, de 14.01.97 *in* BMJ, 463, p. 660

I – A intervenção como assistente deve ser admitida em qualquer altura do processo.

II – No entanto, o assistente só poderá participar no debate instrutório ou na audiência, se tiver requerido a sua constituição até cinco dias antes desses actos.

III – O arguido que, na mesma ocasião, preenche e entrega à ofendida uma série de 43 cheques, que vêm a não ser pagos por falta de provisão, comete um único crime de emissão de cheque sem cobertura.

IV – Por isso, se o arguido já foi condenado por tal crime com base num dos cheques da série, não pode ser julgado de novo pelo mesmo crime com base em qualquer dos outros cheques emitidos na mesma ocasião, sob pena de ofensa do caso julgado.

Ac. RP, de 06.11.96 *in* CJ, Ano XXI, Tomo V, p. 228

I – O demandante cível não constituído assistente no processo crime não tem legitimidade para recorrer da sentença proferida no que concerne ao aspecto penal na parte em que esta directamente afecta a pretensão da tutela cível por ele deduzida.

II – O cheque entregue em branco só é válido desde que completado nos termos dos acordos realizados, nada na lei fazendo presumir que a simples entrega do cheque contém em si a anuência para seu preenchimento.

Ac. RC, de 16.05.96 *in* CJ, Ano XXI, Tomo III, p. 44

Não tem legitimidade para se constituir assistente, nem para recorrer, quem, sendo formalmente o tomador do cheque, não é o verdadeiro titular do crédito nele incorporado.

Ac. RP, de 08.11.95 *in* CJ, Ano XX, Tomo V, p. 245

I – (...).
II – A questão de os subscritores da queixa só depois de decorrido o prazo de seis meses terem feito prova da qualidade de gerentes da sociedade ofendida não se identifica com a questão da ratificação da queixa. Efectivamente, aqueles subscritores da queixa agiram em nome da sociedade, tendo poderes para o fazer, tendo apenas faltado um documento a comprovar essa qualidade.
Sendo assim, a queixa foi apresentada por quem o poderia e deveria fazer, pelo que não havia de ratificá-la como se tivesse sido apresentada por quem não o podia fazer.

Ac. RE, de 26.09.95 *in* BMJ, 449, p. 461

O ofendido, desde que a sua intervenção processual se limite a sustentação e prova do pedido de indemnização cível, não tem legitimidade para recorrer de despacho no qual se declare extinto, por prescrição, um crime de emissão de cheque sem provisão e cessada a situação de contumácia.

Ac. RE, de 04.07.95 *in* CJ, Ano XX, Tomo IV, p. 284

Face ao acórdão do Supremo Tribunal de Justiça, de 27 de Setembro de 1994, de força obrigatória para os tribunais portugueses, é liquido que para que uma queixa apresentada por mandatário forense seja válida basta que a procuração contenha simples poderes forenses, não se exigindo sequer poderes especiais para uma categoria de actos.

Ac. RE, de 24.01.95 *in* BMJ, 443, p. 465

Renúncia ao exercício do direito de queixa pelo crime de emissão de cheque sem provisão o tomador que, antes de participar criminalmente contra o subscritor do título, propõe acção cível contra a sociedade de que os arguidos são sócios gerentes e em representação da qual emitiram, sobre a conta de depósito dela, o cheque, englobando no pedido a importância nele inserta.

Ac. RP, de 30.11.94 *in* BMJ, 441, p. 396

É válida e eficaz uma denúncia pelo crime de emissão de cheque sem provisão feita pelo sócio-gerente da ofendida, uma sociedade por quotas.

Ac. RC, de 11.05.94 *in* CJ, Ano XIX, Tomo III, p. 47

Enquanto crime de natureza semipública, a falta de procuração e/ /ou a sua insuficiência ou irregularidade podem ser arguidas em qualquer altura e suscitadas oficiosamente pelo Tribunal e, logo que tal aconteça de harmonia com o n.º 2 do artigo 40.º do Código de Processo Civil.
Ratificado o processo dentro do prazo estabelecido, tal ratificação opera ex tunc reportando-se os seus efeitos à data da apresentação da queixa.

Ac. RE, de 12.04.94 *in* BMJ, 436, p. 465

I – De acordo com o Decreto n.º 13 004, de 12 de Janeiro de 1927, o crime de emissão de cheque sem cobertura assumia natureza semi-pública e, como tal, para que o Ministério Público tivesse legitimidade para promover o processo penal, necessário se mostrava que o ofendido (por si ou por mandatário munido de poderes especiais) desse conhecimento do facto através da respectiva queixa.
II – Havendo falta ou insuficiência de poderes de representação, nomeadamente para efectivação do direito de queixa, tal facto pode ser suprido ou corrigido o vício e ratificado o processo ex tunc nos termos conjugados do disposto nos artigos 4.º do Código de Processo Penal, 40.º do Código de Processo Civil e 268.º do Código Civil.

Ac. RE, de 05.04.94 *in* BMJ, 436, p. 466

Com a entrada em vigor do Decreto-Lei n.º 454/91, de 28 de Dezembro, o crime de emissão de cheque sem provisão (que até aí, na vigência do regime anterior se apresentem como um ilícito de natureza semipública) têm natureza pública pelo que é irrelevante a desistência da queixa apresentada pelo ofendido.

Ac. RE, de 05.04.94 *in* BMJ, 436, p. 466

O crime de emissão de cheque sem provisão previsto e punido pelo artigo 11.º, n.º 1, alínea a), do Decreto-Lei n.º 454/91, de 28 de Dezembro, tem natureza de crime público, não dependendo pois o procedimento criminal de queixa do ofendido.
Tal crime será apenas semipúblico nos casos em que o crime de burla assume tal natureza.
A extinção de responsabilidade pelo pagamento até ao primeiro interrogatório não tem nada a ver com a desistência da queixa, operando aquela ope legis e somente dentro do limite fixado.

Ac. RE, de 01.02.94 *in* BMJ, 434, p. 713

I – (...).
II – O denunciante de um crime de emissão de cheque sem provisão que apresentou a sua queixa com negligência grave deve ser condenado no pagamento de taxa de justiça e custas, em obediência ao disposto no art. 520.º c) do C. P. Penal.

Ac. RC, de 27.01.94 *in* CJ, Ano XIX, Tomo I, p. 52

Apresentada participação por crime de emissão de cheque sem provisão, por mandatário não munido dos «poderes especiais específicos» exigidos pelo artigo 49.º do Código de Processo Penal, na interpretação do Assento n.º 2/92 do Supremo Tribunal de Justiça, é possível a ratificação do processado, mesmo que ocorrida para além do prazo de seis meses aludido no artigo 112.º do Código Penal.

Ac. RP, de 12.01.94 *in* BMJ, 433, p. 613

Actualmente, o crime de emissão de cheque sem provisão não depende (na maior parte dos casos, excepto quanto aos crimes familiares do artigo 303.º do Código Penal) de queixa do ofendido, pelo que não é válida nem eficaz a respectiva desistência como causa de extinção do procedimento criminal.

Ac. RL, de 12.01.94 *in* BMJ, 433, p. 604

I – *O procedimento criminal por crime de emissão de cheque sem provisão depende de queixa.*
II – *Tendo a queixa sido apresentada por mandatário dentro do limite temporário fixado pelo art. 112.º do Cód. Penal, sem que este estivesse munido, para o efeito, de poderes especiais especificados, essa irregularidade pode ser sanada, com a ratificação da queixa.*
III – *Compete ao juiz, antes de julgar a ilegitimidade por insuficiência da procuração, convidar o titular do direito de queixa a ratificar a mesma; não o fazendo, comete nulidade que, em recurso, acarreta a revogação do despacho em que se julgou insubsistente a acusação por falta de legitimidade do Ministério Público.*

Ac. RP, de 17.11.93 *in* CJ, Ano XVIII, Tomo V, p. 257

I – *O crime de emissão de cheque sem cobertura na vigência do Decreto--Lei n.º 454/91, de 28 de Dezembro, deixou de ser um crime de perigo de dano e passou a ser um crime de dano pura e simplesmente.*
II – *Por outro lado, deixou de ser um crime quase-público para passar a ser um crime público, exceptuados os casos apontados pelo artigo 303.º do Código Penal e, como tal, para efeitos de extinção de procedimento criminal, tanto a renúncia como a desistência dos ofendidos são irrelevantes.*

Ac. RE, de 12.10.93 *in* BMJ, 430, p. 539

Sendo a queixa apresentada por mandatário não munido de poderes especificados, é de admitir a possibilidade de validação do processo, pelo titular do direito da queixa, mesmo no caso de já ter expirado o prazo para o seu exercício.

Ac. RP, de 26.05.93 *in* CJ, Ano XVIII, Tomo III, p. 248

Tendo a queixa sido atempadamente apresentada, embora por mandatário não munido dos necessários poderes especiais, pode ela ser ratificada pelo ofendido, mesmo depois de esgotado o prazo do artigo 112.º do Código Penal.

Ac. RC, de 05.05.93 *in* BMJ, 427, p. 596

A participação por crime de emissão de cheque sem provisão feita atempadamente por mandatário sem poderes especiais pode ser ratificada (com efeito retroactivo) pelo ofendido, mesmo que esteja já esgotado o prazo do artigo 112.º, n.º 1, do Código Penal.

Ac. RC, de 24.03.93 *in* BMJ, 425, p. 631

I – *Não constando da procuração passada ao mandatário os poderes especiais especificados para a prática de uma classe ou categoria de actos, verifica-se a ilegitimidade do Ministério Público.*
II – *Não é de admitir a possibilidade da validação do processo pelo titular do direito de queixa estando já expirado o prazo para o seu exercício.*

Ac. RP, de 10.03.93 *in* CJ, Ano XVIII, Tomo II, p. 233

Apresentada atempadamente denúncia por crime de emissão de cheque sem provisão por advogado constituído mas ao qual não foram outorgados os necessários poderes especiais, pode o ofendido ratificá-la até ao julgamento.

Ac. RC, de 03.02.93 *in* BMJ, 424, p. 745

A faculdade de suprimento da falta, insuficiência e irregularidade do mandato, prevista no artigo 40.º do Código de Processo Civil só pode entender-se como aplicável aos casos de intervenção de profissionais do foro em representação das partes.

Ac. RP, de 20.01.93 *in* BMJ, 423, p. 595

I – O M.º P.º carece de legitimidade para exercer a acção penal, se, no momento da queixa, por se tratar de crime semi-público, o subscritor desta não possuía os poderes especiais exigidos para a apresentar.
II – *Tratando-se de crime de emissão de cheque sem provisão (semi--público ao tempo da sua prática e da queixa, mas que, pela lei actual, já o não é), será, em princípio, aquele regime o aplicável, por ser o mais favorável.*
III – *A faculdade de suprimento da falta, insuficiência ou irregularidade do mandato, prevista no art. 40.º do Cód. Proc. Civil, só é aplicável nos casos de intervenção de profissionais do foro em representação das partes.*
IV – *O facto de a sociedade ofendida ter, entretanto, vindo desistir da queixa, por intermédio do mesmo procurador sem poderes para a apresentar, não obsta a que se conheça do recurso.*

Ac. RP, de 20.01.93 *in* CJ, Ano XVIII, Tomo I, p. 245

Art. 12.º (Sanções acessórias)

1. O tribunal pode aplicar, isolada ou cumulativamente, conforme os casos, as seguintes sanções acessórias a quem for condenado por crime de emissão de cheque sem provisão, previsto no artigo 11.º:

a) **Interdição do uso de cheque;**
b) **Publicidade da decisão condenatória.**

2. A interdição do uso de cheque terá a duração mínima de seis meses e a duração máxima de seis anos.

3. A publicidade da decisão condenatória faz-se a expensas do condenado, em publicação de divulgação corrente na área do domicílio do agente e do ofendido, bem como através da afixação de edital, por período não inferior a um mês, nos lugares destinados para o efeito pela junta de freguesia do agente e do mandante ou do representado.

4. A publicidade é feita por extracto de que constem os elementos da infracção e as sanções aplicadas, bem como a identificação do agente.

5. A sentença que condenar em interdição do uso de cheque é comunicada ao Banco de Portugal, que informa todas as instituições de crédito de que devem abster-se de fornecer ao agente e aos seus mandatários módulos de cheque para movimentação das suas contas de depósito, salvo no caso previsto no artigo 6.º.

6. A sentença que condenar em interdição do uso de cheque deve ordenar ao condenado que restitua às instituições de crédito que lhos forneceram todos os módulos de cheques que tiver em seu poder ou em poder dos seus mandatários.

7. Incorre na pena do crime de desobediência quem não respeitar a injunção a que se refere o número anterior e na do crime de desobediência qualificada quem emitir cheques enquanto durar a interdição fixada na sentença.

8. O condenado em interdição do uso de cheque poderá ser reabilitado judicialmente se, pelo menos por um período de dois anos depois de cumprida a pena principal, se tiver comportado por forma que torne razoável supor que não cometerá novos crimes da mesma natureza.

9. A sentença que conceder a reabilitação é igualmente comunicada ao Banco de Portugal para informação a todas as instituições de crédito.

NOTAS:

1. O artigo em anotação sofreu as alterações introduzidas pelo DL n.º 316//97, de 19.11.

Nos termos do art. 5.º, da L n.º 117/97, de 16.09 foi concedida ao Governo autorização legislativa para:

> *2) Introduzir alterações de redacção nos artigos 5.º, 6.º, 8.º, 9.º, 10.º, 12.º, n.ᵒˢ 1, alínea b), e 3, do Decreto-Lei n.º 454/91, de 28 de Dezembro.*

Nos termos do art. 2.º, dessa mesma Lei, a legislação a aprovar ao abrigo daquela autorização teria o seguinte sentido e extensão:

> *17) Aumentar para seis anos o limite máximo da sanção acessória de interdição do uso de cheque;*
>
> *18) Alterar o regime de publicidade da decisão condenatória, prevendo a sua inserção em publicação de divulgação corrente na área do domicílio do agente e do ofendido, bem como a afixação de edital, por período não inferior a um mês, nos lugares destinados ao efeito pela junta de freguesia do agente e do mandante ou do representado;*

2. O tribunal pode aplicar, isolada ou cumulativamente, conforme os casos, as seguintes sanções acessórias a quem for condenado pelo crime de emissão de cheque sem provisão:

a) *Interdição do uso de cheque*

A interdição do uso de cheque terá a duração mínima de 6 meses e a duração máxima de 6 anos (n.º 2).

A sentença que condenar em interdição do uso de cheque é comunicada ao Banco de Portugal, que informará todas as instituições de crédito de que devem abster-se de fornecer ao agente e aos seus mandatários módulos de cheque para movimentação das sua contas de depósito (n.º 5).

O agente pode, no entanto, movimentar as suas contas de depósito através de cheques avulsos, devendo ser facultados os impressos necessários para o efeito (cfr., conjugadamente, n.ºs 5 e 6).

A sentença que condenar na interdição deve ordenar ao condenado que restitua às instituições de crédito que lhos forneceram todos os módulos de cheque que tiver em seu poder ou em poder dos seus mandatários, sob pena de incorrer na prática de um crime de desobediência (n.º 6 e 7).

O Crime de desobediência está previsto no art. 348.º, do CP.

Por outro lado, incorre na prática de um crime de desobediência qualificada quem emitir cheques enquanto durar a interdição fixada na sentença (n.º 7).

O condenado em interdição do uso de cheque poderá ser reabilitado judicialmente se, pelo menos por um período de 2 anos depois de cumprida a pena principal, se tiver comportado por forma que torne razoável supor que não cometerá novos crimes da mesma natureza (n.º 9).

A sentença que conceder a reabilitação é igualmente comunicada ao Banco de Portugal para informação a todas as instituições de crédito (n.º 9).

b) *Publicidade da decisão condenatória*

A publicidade da decisão condenatória faz-se a expensas do condenado, em publicação de divulgação corrente na área do domicílio do agente e do ofendido, bem como através da afixação de edital, por período não inferior a um mês, nos lugares destinados para o efeito pela junta de freguesia do agente e do mandante ou do representado (n.º 3).

A publicidade é feita por extracto de que constem os elementos da infracção e as sanções aplicadas, bem como a identificação do agente (n.º 4).

JURISPRUDÊNCIA:

1 – O Decreto-Lei n.º 459/91, de 28 de Dezembro, não sofre de inconstitucionalidade por oposição à Lei Uniforme Relativa ao Cheque, internacionalmente vinculante do Estado Português, designadamente ao seu artigo 12.º, pois que aquele diploma não afasta a responsa-

bilidade, perante o banco sacado, do sacador de cheque de valor igual ou inferior a 5000$00, apenas impondo uma responsabilização principal da entidade bancária relativamente a terceiros, mesmo que o cheque não tenha provisão, mantendo-se no entanto a responsabilidade do sacador perante aquela entidade.

II – O referido diploma não ofende igualmente o artigo 29.º da Constituição da República, pois que o «princípio da legalidade das penas», ali consagrado, não significa que a indicação da punição de um determinado crime não possa ser feita por referência às penas de outro tipo legal de crime, mas sim que não podem ser definidas como criminosas condutas, nem aplicadas penas ou medidas de segurança, que não tenham sido estruturadas como tais antes da prática dos factos em que as primeiras se traduzem.

III – A expressão «cheque sem provisão» tanto pode abranger o cheque que não tem fundos no momento em que é emitido, como aquele que os não tem no momento em que é apresentado a pagamento, quer por força de um movimento normal da conta, que deixe esta sem cobertura para o pagamento do cheque, quer por actuação voluntária do sacador, através de uma retirada voluntária de fundos ou de uma ordem de proibição de pagamento do cheque dada à entidade bancária.

IV – Não há, por conseguinte, inconstitucionalidade do Decreto-Lei n.º 454/91, por desconformidade com a respectiva lei de autorização legislativa (Lei n.º 30/91, de 20 de Julho), pois que o intuito do legislador foi o de consagrar a interpretação jurisprudencial segundo a qual constituem modalidades do crime de emissão de cheque sem provisão o cheque relativamente ao qual o sacador levante, após a sua emissão, os fundos necessários ao seu integral pagamento, e o cheque cujo pagamento pela entidade sacada seja proibido por ordem do sacador.

Ac. STJ, de 23.06.93 in BMJ, 428, p. 324

Art. 13.º (Tribunal competente)

É competente para conhecer do crime previsto neste diploma o tribunal da comarca onde se situa o estabelecimento da instituição de crédito em que o cheque for inicialmente entregue para pagamento.

NOTAS:

1. O artigo em anotação tem a redacção introduzida pelo DL n.º 454/91, de 28.12.

2. O tribunal competente para conhecer do crime de emissão de cheque sem provisão é o tribunal da comarca onde se situa a instituição de crédito em que o cheque for inicialmente entregue para pagamento.
Na opinião de TOLDA PINTO TOLDA PINTO in "Cheques sem Provisão...", p. 195 "trata-se de um critério manifestamente pragmático e estabelecido em benefício do tomador do cheque".

3. De acordo com o n.º 4, da L n.º 59/98, de 25.08 (que alterou o CPP) o tribunal singular manteve competência para julgar os processos respeitantes a crimes de emissão de cheque sem provisão puníveis com pena de prisão superior a cinco anos, nos termos do artigo 16.º, n.º 2, alínea b), do CPP.

JURISPRUDÊNCIA

I – O disposto no art. 335.º, n.º 3, do CPP, não obsta a que o tribunal proceda à apensação dos vários processos pendentes contra o mesmo arguido, desde que respeitadas as regras da conexão processual.

II – A partir da entrada em vigor da Lei n.º 59/98 de 25/8, a competência para o julgamento dos crimes de emissão de cheque sem provisão – ressalvada a hipótese prevista no seu art. 4.º, norma de natureza transitória – passou a determinar-se pelos preceitos aplicáveis à generalidade dos crimes

Ac. da RL, de 10.01.2007 in www.dgsi.pt (proc. n.º 5349/2006-3)

Independentemente da pena aplicável a cada um dos crimes de emissão de cheque sem provisão ou da pena correspondente ao concurso de crimes daquela natureza, o tribunal singular mantém a competência para o julgamento de tais crimes, mesmo após a entrada em vigor da Lei 59/98 de 25/8.

Ac. da RL, de 16.05.2006 in www.dgsi.pt (proc. n.º 1699/2006-5)

Em 1.01.1999, entrou em vigor a Lei n.º 59/98, de 25.8, tendo o legislador consagrado no art. 4.º do diploma preambular uma norma de natureza transitória que apenas é aplicável aos crimes praticados antes da sua entrada em vigor.

A alteração introduzida revela que o legislador quis terminar com a especificidade da situação dos processos relativos aos cheques sem provisão.

Deste modo, para o julgamento dos crimes de emissão de cheque sem provisão, p. e p. pelo art. 11.º, n.º 1 al. a) do DL n.º 454/91, de 28.12, na redacção que lhe foi introduzida pelo DL n.º 316/97, de 19.11. será competente o tribunal colectivo dada a pena máxima abstractamente aplicável ser superior a 5 anos de prisão.

Ac. da RL, de 23.05.2006 *in* www.dgsi.pt (proc. n.º 1139/2006-5)

O tribunal territorialmente competente para conhecer do crime de emissão de cheque sem provisão é o da comarca onde se situa o estabelecimento de crédito em que esse cheque, com vista ao seu pagamento, foi inicialmente entregue para cobrança ou depósito.

Ac. do STJ, de 08.02.2006 *in* CJ, Ano XIV, Tomo I, p. 183

1 – A partir da entrada em vigor da Lei n.º 59/98, em 1 de Janeiro de 1999, aplicam-se aos crimes de emissão de cheque sem provisão, cometidos após essa data, as regras gerais da competência que constam do código de processo penal.

2 – O artigo 4.º, daquele diploma constitui norma transitória, que se aplica aos crimes de emissão de cheque sem provisão cometidos antes daquela data.

3 – Assim, no caso, tendo os crimes sido cometidos antes de 1 de Janeiro de 1999, o tribunal competente para o julgamento é o singular e não o colectivo.

Ac. da RL, de 04.03.2004 *in* www.dgsi.pt (proc. n.º 85/2004-9)

Tendo o cheque sido entregue numa grande superfície comercial de Matosinhos, para pagamento de mercadorias aí adquiridas, de onde foi transportado por uma empresa de transporte de valores, contratada pelo Banco, até aos serviços de compensação desse Banco, sitos em Lisboa, é competente para o conhecimento do crime o tribunal do local de onde o cheque foi transportado, por se dever considerar o veículo de transporte uma extensão do balcão do Banco da primeira apresentação.

Ac. do STJ, de 28.02.2002 *in* CJ, Ano X, Tomo I, p. 217

I – *O conceito de "entrega inicial para pagamento" empregue no art. 13.º do D-L 454/91, de 28-12, determinante da competência territorial, para conhecimento do crime de emissão de cheque sem provisão, não se confunde com o "apresentação a pagamento" pois este último, abrange apenas os casos de apresentação de cheque no estabelecimento sacado, ou numa câmara de compensação, ao passo que o de "entrega inicial para pagamento" é a primeira entrega do cheque numa instituição bancária, seja, ou não, a sacada, e é esta que determina a referida competência.*
II – A decisão na qual o Tribunal, onde tenha sido deduzida a acusação, se declare, territorialmente incompetente para dela conhecer, deve basear-se, exclusivamente, no conteúdo da acusação, e não, no resultado de diligências que, por sua iniciativa, esse mesmo tribunal tenha, posteriormente, efectuado.

Ac. do STJ, de 14.02.2002 *in* CJ, Ano X, Tomo I, p. 215

Após o início da vigência da Lei n.º 59/98, de 25-8, o tribunal singular deixou de ter competência para julgar os crimes de emissão de cheque sem provisão, puníveis com prisão superior a cinco anos, praticados depois da sua entrada em vigor.

Ac. da RL, de 16.01.2002 *in* CJ, Ano XXVII, Tomo I, p. 133

É competente para conhecer do crime de emissão de cheque sem provisão o tribunal da comarca em cuja área, de acordo com a acusação, o mesmo foi inicialmente entregue para pagamento.

Ac. do STJ, de 21.02.2001 *in* CJ, Ano IX, Tomo I, p. 233

I – Para conhecer do crime de emissão de cheque sem provisão é territorialmente competente o tribunal da comarca onde se situa o estabelecimento da instituição de crédito em que o cheque foi inicialmente entregue para pagamento.
II – Por conseguinte, é competente o tribunal da comarca do estabelecimento onde, efectivamente, o cheque é primeiramente apresentado – mesmo que depois o seja em outro ou vários outros – não impedindo a declaração dessa competência a circunstância da acusação pública referir erradamente outro estabelecimento como o da apresentação inicial ou apenas referir outro estabelecimento em que o cheque foi apresentado.

Ac. do STJ, de 18.01.2001 *in* CJ, Ano IX, Tomo I, p. 216

I – A partir da entrada em vigor da Lei 59/98, de 25-8 (7/1/99), as regras gerais sobre competência para o julgamento são aplicáveis aos crimes de emissão de cheque sem cobertura cometidos após essa data.
II – Para julgar esses crimes, quando os mesmos sejam puníveis com pena superior a cinco anos, o tribunal singular só é competente, se eles tiverem sido cometidos antes daquela data.
III – O art. 4.º daquela Lei 59/98 é, assim, uma norma transitória.

Ac. da RP, de 12.07.2000 in CJ, Ano XXV, Tomo IV, p. 224

A dúvida quanto à data da entrega do cheque ao tomador que, face à superveniente publicação do Decreto-Lei n.º 316/97, de 19 de Novembro (que veio dar nova redacção ao n.º 3 do artigo 11.º do Decreto-Lei n.º 454/91, de 28 de Dezembro), resulta da matéria de facto dada como assente na sentença, constitui o vício da alínea a) do n.º 2 do artigo 410.º do Código de Processo Penal, o que conduz ao reenvio do processo para novo julgamento relativamente à totalidade do seu objecto, em conformidade com o teor dos artigos 426.º e 431.º daquele mesmo código.

(Ac. R.C., de 12.02.98, in BMJ, 474, p. 558).

O tribunal territorialmente competente para conhecer de um crime de emissão de cheque sem cobertura é aquele em cuja área se situa o banco onde o cheque foi inicialmente entregue para pagamento, mesmo que tal cheque venha a ser enviado para a sede desse banco e, aí, apresentado na Câmara de Compensação, onde, então, se verificou a falta de provisão.

(Ac. S.T.J., de 05.06.96, in CJ, Ano IV, T. II, p. 193).

I – (...).
II – Tendo os cheques sido apresentados a pagamento na área de diversas comarcas e instaurado procedimento criminal autónomo por cada um dos títulos, é competente para o julgamento de todos os processos o tribunal à ordem do qual o arguido se encontra preso.

(Ac. R.P., de 29.05.96, in BMJ, 457, p. 444).

I – O Tribunal Singular é sempre o competente para proceder ao julgamento de crimes de emissão de cheques sem provisão qualquer *que seja o seu valor, conforme dispõe o artigo 16.º, n.º 2, alínea b) do Código de Processo Penal.*

II – A realização de julgamento antes de findo o prazo estabelecido no n.º 2 do artigo 2.º da Lei n.º 15/94, de 11 de Maio, constitui uma irregularidade que deve considerar-se sanada se o arguido não a tiver tempestivamente invocada.

(Ac. R.E., de 21.11.95, in CJ, Ano XX, T. V, p. 299).

A competência para a formação do cúmulo jurídico de penas em que estejam em causa apenas crimes de emissão de cheque sem provisão pertence ao tribunal singular.

(Ac. R.P., de 10.05.95, in BMJ, 447, p. 566).

I – (...).

II – Tal crime (o de falsificação de cheque) consumou-se com a declaração falsa de extravio perante o funcionário da agência do banco sacado, e não com qualquer ulterior oposição escrita da nota de extravio no título, pelo que é territorialmente competente para conhecer da infracção o tribunal da comarca da área onde aquela declaração foi produzida.

(Ac. S.T.J., de 27.10.93, in BMJ, 430, p. 272).

Art. 13.º-A (Dever de colaboração na investigação)

1. As instituições de crédito devem fornecer às autoridades judiciárias competentes todos os elementos necessários para a prova do motivo do não pagamento de cheque que lhes for apresentado para pagamento nos termos e prazos da Lei Uniforme Relativa ao Cheque, através da emissão de declaração de insuficiência de saldo com indicação do valor deste, da indicação dos elementos de identificação do sacador e do envio de cópia da respectiva ficha bancária de assinaturas.

2. As instituições de crédito têm o dever de informar as entidades com quem celebrarem convenção de cheque da obrigação referida no número anterior, quanto às informações que a essas entidades digam respeito.

NOTAS:

1. O artigo em anotação foi aditado pelo DL n.º 316/97, de 19.11.
Nos termos do art. 3.º, da L n.º 117/97, de 16.09, foi concedido ao Governo autorização legislativa para introduzir novos artigos ao DL n.º 454/91, de 28.12, com o seguinte sentido e extensão:

> *5) Reforçar o dever de colaboração na investigação, estabelecendo que as instituições de crédito devem fornecer às autoridades judiciárias competentes todos os elementos necessários para a prova do motivo do não pagamento de cheque que lhes for apresentado para pagamento, nos termos e prazos da Lei Uniforme Relativa ao Cheque, através da emissão de uma declaração de insuficiência de saldo com indicação do valor deste, da indicação dos elementos de identificação do sacador e do envio de cópia da respectiva ficha bancária de assinaturas;*
>
> *6) Prever a obrigatoriedade de as instituições de crédito informarem as entidades com quem celebrarem convenção de cheque das obrigações referidas no número anterior.*

2. O dever de colaboração na investigação previsto no artigo em anotação colide, em abstracto, com o dever de segredo (bancário ou sigilo bancário).

O dever de segredo é, numa primeira análise, um dever acessório, resultante da boa fé. Conforme salienta MENEZES CORDEIRO *in* "Manual de Direito Bancário", p. 342 "todas as informações ou conhecimentos que um co-contratante obtenha, por via do contrato, não devem ser usados, fora do âmbito do contrato, para prejudicar a outra parte ou fora das expectativas dela".

Segundo JOSÉ MARIA PIRES *in* "O Dever de Segredo na Actividade Bancária", Rei dos Livros, 1998, p. 45, "o segredo bancário visa principalmente garantir a actividade desenvolvida pelas instituições bancárias, de forma a que nessas actividades não se violem as regras deontológicas de sigilo".

3. Os membros dos órgãos de administração ou de fiscalização das instituições de crédito, os seus empregados, mandatários, comitidos e outras pessoas que lhes prestem serviços a título permanente ou ocasional não podem revelar ou utilizar informações sobre factos ou elementos respeitantes à vida da instituição ou às relações desta com os seus clientes cujo conhecimento lhes advenha exclusivamente do exercício das suas funções ou da prestação dos seus serviços, cfr. n.º 1, do art. 78.º, do DL n.º 298/92, de 31.12 (que aprovou o regime geral das instituições de crédito e sociedades financeiras).

O DL N.º 298/92 foi entretanto alterado pelo DL n.º 246/95, de 14.09, pelo DL n.º 232/96, de 05.12, pelo DL n.º 222/99, de 22.07, pelo DL n.º 250/2000, de 13.10, pelo DL n.º 285/2001, de 03.11, pelo DL n.º 201/2002, de 26.09, pelo DL n.º 319/2002, de 28.12, pelo DL n.º 252/2003, de 17.10, pelo DL n.º 145/ /2006, de 31.07 e pelo DL n.º 104/2007, de 03.04).

O dever de segredo não cessa com o termo das funções ou serviços (n.º 3, do art. 78.º, do DL n.º 298/92).

Estão, designadamente, sujeitos a segredo os nomes dos clientes, as contas de depósito e seus movimentos e outras operações bancárias (n.º 2, do art. 78.º, do DL n.º 298/92).

A violação do dever de segredo é punível nos termos do Código Penal (art. 84.º, do DL n.º 298/92).

O art. 195.º (*Violação de segredo*), do CPP dispõe o seguinte:

Quem, sem consentimento, revelar segredo alheio de que tenha tomado conhecimento em razão do seu estado, ofício, emprego, profissão ou arte é punido com pena de prisão até um ano ou com pena de multa até 240 dias.

Os factos ou elementos das relações do cliente com a instituição podem ser revelados mediante autorização deste, transmitida à instituição (n.º 1, do art. 79.º, do DL n.º 298/92).

Nos termos do n.º 2, do citado art. 79.º, para além dos casos em que haja autorização do cliente, os factos e elementos cobertos pelo dever de segredo só podem ser revelados:

a) Ao Banco de Portugal, no âmbito das suas atribuições;
b) À Comissão do Mercado de Valores Mobiliários, no âmbito das suas atribuições;
c) Ao Fundo de Garantia de Depósitos e ao Sistema de Indemnização aos Investidores, no âmbito das respectivas atribuições;
d) Nos termos previstos na lei penal e de processo penal;
e) Quando exista outra disposição legal que expressamente limite o dever de segredo.

Um dos exemplos de disposição legal que limite o dever de segredo é a constante do artigo em anotação, segundo a qual, as instituições de crédito devem fornecer às autoridades judiciárias competentes todos os elementos necessários para a prova do motivo do não pagamento de cheque que lhes for apresentado para pagamento nos termos e prazos da LUC (n.º 1, 1.ª parte).

4. Nos termos da 2.ª parte, do n.º 1, o cumprimento deste dever compreende:
– a emissão de declaração de insuficiência de saldo com indicação do valor deste;

– a indicação dos elementos de identificação do sacador;
– o envio de cópia da respectiva ficha bancária de assinaturas.

5. Não restam dúvidas que a quebra do dever de segredo só é admissível em situações excepcionais muito restritas e previstas na lei.

Assim, a quebra do dever de segredo prevista no artigo em anotação deve-se restringir aos termos aí definidos e que para além "deles é necessários recorrer ao procedimento estabelecido pelo art. 135.º, n.º 3, do Código de Processo Penal", GERMANO MARQUES DA SILVA *in* "O Crime de Emissão de Cheque sem Provisão", p. 35.

O art. 135.º (*Segredo Profissional*), do CPP (profundamente alterado pela L n.º 48/2007, de 29.08) dispõe o seguinte:

> *1 – Os ministros de religião ou confissão religiosa e os advogados, médicos, jornalistas, membros de instituições de crédito e as demais pessoas a quem a lei permitir ou impuser que guardem segredo podem escusar-se a depor sobre os factos por ele abrangidos.*
>
> *2 – Havendo dúvidas fundadas sobre a legitimidade da escusa, a autoridade judiciária perante a qual o incidente se tiver suscitado procede às averiguações necessárias.*
> *Se, após estas, concluir pela ilegitimidade da escusa, ordena, ou requer ao tribunal que ordene, a prestação do depoimento.*
>
> *3 – O tribunal superior àquele onde o incidente tiver sido suscitado, ou, no caso de o incidente ter sido suscitado perante o Supremo Tribunal de Justiça, o pleno das secções criminais, pode decidir da prestação de testemunho com quebra do segredo profissional sempre que esta se mostre justificada, segundo o princípio da prevalência do interesse preponderante, nomeadamente tendo em conta a imprescindibilidade do depoimento para a descoberta da verdade, a gravidade do crime e a necessidade de protecção de bens jurídicos. A intervenção é suscitada pelo juiz, oficiosamente ou a requerimento.*
>
> *4 – Nos casos previstos nos n.ᵒˢ 2 e 3, a decisão da autoridade judiciária ou do tribunal é tomada ouvido o organismo representativo da profissão relacionada com o segredo profissional em causa, nos termos e com os efeitos previstos na legislação que a esse organismo seja aplicável.*
>
> *5 – O disposto nos n.ᵒˢ 3 e 4 não se aplica ao segredo religioso.*

6. Na opinião de TOLDA PINTO *in* "Cheques sem Provisão", p. 198 "o âmbito deste artigo deveria ter sido alargada à matéria da rescisão da convenção de cheque e à da listagem do Banco de Portugal".

Com efeito, conclui este autor, ob., cit., p. 199 "face à actual redacção, no caso das autoridades judiciárias pretenderem obter a informação, ficarão sujeitas à contingência do Banco de Portugal alegar ou não sigilo bancário para fundamentar a recusa (e, nesta matéria, tem alegado o referido sigilo)".

7. No domínio do Processo Penal, o dever de colaboração está consagrado no n.º 2, do art. 9.º, do CPP, de acordo com o qual, no exercício da sua função, os tribunais e demais autoridades judiciárias têm direito a ser coadjuvados por todas as outras autoridades; a colaboração solicitada prefere a qualquer outro serviço.

Por sua vez, no âmbito do processo civil, o dever de cooperação está previsto no art. 519.º, n.º 1, do CPC, segundo o qual, todas as pessoas, sejam ou não partes na causa, têm o dever de prestar a sua colaboração para a descoberta da verdade, respondendo ao que lhes for perguntado, submetendo-se às inspecções necessárias, facultando o que for requisitado e praticando os actos que forem determinados.

JURISPRUDÊNCIA:

> *I – O artigo 13.º-A do Decreto-Lei n.º 316/97, de 19 de Novembro, que alterou o Decreto-Lei n.º 454/91, de 28 de Dezembro, impõe às instituições de crédito a obrigação de fornecerem às autoridades judiciárias competentes todos os elementos necessários para a prova do motivo do não pagamento de cheque que lhe for apresentado para pagamento nos termos e prazos da Lei Uniforme Relativa ao Cheque, obrigação essa a consubstanciar através da emissão de declaração de insuficiência de saldo com indicação do valor deste, da indicação dos elementos de identificação do sacado e do envio de cópia da respectiva ficha bancária.*
> *II – «O facto de impender, por via do n.º 2 do preceito vindo de mencionar, sobre as entidades bancárias o dever de informarem as entidades com quem vierem a celebrar convenção de cheque daquela obrigação, não obsta a que de imediato, em relação às convenções vigentes, tal obrigação seja de cumprimento imediato, de acordo com o princípio geral expresso no artigo 5.º do Código Civil.» (Extracto do acórdão)*
> *III – Aquela obrigação constitui facto configurativo de inutilidade superveniente da lide, o que conduz à extinção da instância, nos termos da alínea e) do artigo 287.º do Código de Processo Civil aplicável ex vi do disposto no artigo 4.º do Código de Processo Penal, dos*

incidentes respeitante à quebra do sigilo bancário, pendentes à data da entrada em vigor do Decreto-Lei n.º 316/97, de 19 de Novembro.

Ac. RL, de 06.01.98 in BMJ, 473, p. 548

O interesse público da administração de justiça, valor de superior relevância num Estado de direito, sobrepõe-se ao protegido pelo segredo bancário.

Ac. RL, de 21.02.96 in BMJ, 454, p. 787

Ordenada pelo juiz em 1.ª instância a apreensão de elementos existentes em certo banco, com vista à investigação de um crime de emissão de cheque sem provisão, e recusado o fornecimento dos mesmos com base no sigilo profissional sem que aquele magistrado haja procedido como podia a dispensa do mesmo, justifica-se a intervenção da instância imediatamente superior, a nível de incidente, a pedido do objector ou a solicitação oficiosa do tribunal a quo (artigos 182.º e 135.º, n.ᵒˢ 2 e 3, do Código de Processo Penal).

Ac. RL, de 07.02.96 in BMJ, 454, p. 787

I – *Com a revogação do Dec.-Lei n.º 14/84, de 11/1, que previa a obrigatoriedade de fornecimento por parte dos bancos de elementos bancários (ficha de assinatura e extracto de conta-corrente), hoje a obtenção desses elementos só será concretizável mediante autorização do respectivo titular da conta ou por decisão do tribunal superior.*

II – *O interesse público do Estado em exercer o «jus puniendi» relativamente ao agente de um crime é sensivelmente superior aos interesses que consubstanciam o sigilo bancário.*

Ac. RP, de 29.03.95 in CJ, Ano XX, Tomo II, p. 231

I – *Cabe ao juiz de instrução criminal da área onde corre o inquérito por cheque sem cobertura decidir sobre a busca e apreensão a realizar no respectivo estabelecimento bancário, requeridas pelo Ministério Público, em ordem a obter cópia da ficha de assinatura e do extracto bancário do sacador do cheque, elementos que tal estabelecimento recusou fornecer.*

II – *E a esse juiz cabe, deferindo a busca e apreensão, decidir qual a entidade judicial que as concretizará, se ele próprio, se o juiz de instrução criminal com jurisdição na área onde se situa a dependência em que está aberta a conta bancária.*

Ac. RL, de 28.03.95 *in* CJ, Ano XX, Tomo II, p. 154

A C.G.D. deve ser dispensada da obrigação de sigilo bancário, fornecendo fotocópias da ficha de assinaturas e do extracto da conta corrente de um cliente, a fim de permitir que o Ministério Público investigue a ocorrência de crime de emissão de cheque sem provisão.

Ac. RE, de 14.02.95 *in* CJ, Ano XX, Tomo I, p. 286

I – Com a revogação do Dec.-Lei 14/84, que no art. 3.º n.º 2 previa a obrigatoriedade de fornecimento, por parte dos Bancos, de elementos para inquérito ou instrução, tal dever de informação passa a estar sujeito ao regime do C. P. Penal.
II – Se a autoridade judiciária, após averiguações em processo por crime de emissão de cheque sem cobertura, concluir pela ilegitimidade de escusa do estabelecimento bancário em fornecer cópia da ficha de assinaturas e extracto da conta bancária, baseado no sigilo bancário, deve requer ao JIC que seja ordenada a apresentação desses documentos.
III – Este deve deferir ao requerido, se tal diligência não for manifestamente inútil.

Ac. RL, de 23.11.94 *in* CJ, Ano XIX, Tomo V, p. 156

A solicitação do magistrado que procede ao inquérito deve a instituição bancária fornecer-lhe o extracto da conta corrente do arguido e cópia da respectiva ficha de assinaturas, pois a prestação dessas informações não representa ilegítima quebra do sigilo bancário.

Ac. RC, de 20.04.94 *in* BMJ, 436, p. 452

Art. 14.º (Contra-ordenações)

1. Constitui contra-ordenação punível com coima de € 748,20 a € 12 469,95:

a) **A omissão do dever de comunicação ao Banco de Portugal a que se refere o artigo 2.º;**

b) A inobservância dos requisitos a que se refere o artigo 7.º.

2. Constitui contra-ordenação punível com coima de de € 1496,39 a € 24 939,89:

a) A não rescisão da convenção que atribua o direito de emissão de cheques, a celebração de nova convenção ou o fornecimento de módulos de cheques com infracção do disposto neste diploma;

b) A omissão, no prazo de 30 dias úteis após a ocorrência dos factos que a determinam, da notificação a que se refere o artigo 1.º-A, n.ºˢ 1 e 2;

c) A violação do disposto nos artigos 8.º, n.º 1, e 9.º, n.º 1;

d) A recusa, considerada injustificada, de pagamento de cheque, nos termos do artigo 8.º, n.º 2.

3. As contra-ordenações previstas nos números anteriores são sempre puníveis a título de negligência.

4. Se os factos referidos nos números anteriores forem praticados pelos órgãos de pessoa colectiva ou equiparada, no exercício das suas funções, o montante mínimo das coimas aplicadas é, respectivamente, de € 1995,19 e de € 399 038, em caso de dolo, e de € 997,60 e € 1995,19, em caso de negligência.

5. A instrução do processo de contra-ordenação e a aplicação da coima competem ao Banco de Portugal.

6. O produto das coimas aplicadas é distribuído da seguinte forma:

a) 40% para o Banco de Portugal;

b) 60% para o Estado.

NOTAS:

1. O artigo em anotação sofreu as alterações introduzidas pelos DL n.ºˢ 316/97, de 19.11 e 323/2001, de 17.12.

2. Nos termos do art. 2.º, da L n.º 117/97, de 16.09, que concedeu ao Governo autorização legislativa para introduzir alterações ao DL n.º 454/91, de 28.12, a legislação a aprovar teria o seguinte sentido e extensão:

> *21) Alterar o regime de contra-ordenações, aplicando às instituições de crédito:*

a) *Pela omissão dos deveres previstos nos n.os 6) e 10), uma coima que varia entre 150 000$ e 2 500 000$; e*
b) *Pela não rescisão da convenção de cheque, pela celebração de nova convenção ou fornecimento de módulos de cheques com infracção do disposto no mesmo diploma, pela omissão de notificação para regularização de um cheque sem provisão no prazo de 30 dias úteis após a ocorrência dos factos que a determinam, pela recusa injustificada de pagamento de cheques de valor inferior ou igual a 12 500$ e pela violação da obrigação de pagar qualquer cheque emitido através de módulo por elas fornecido nos casos de violação do dever de rescisão da convenção de cheque, após a rescisão da convenção de cheque com violação do dever a que se refere o n.o 4) a entidades que integrem a listagem referida no n.º 8), e em violação da interdição de uso de cheque fixada em decisão judicial, uma coima que varia entre 300 000$ e 5 000 000$;*

22) *Estabelecer a punição por negligência das contra-ordenações referidas no número anterior;*
23) *Aumentar os montantes mínimos das coimas correspondentes às contra-ordenações referidas no n.o 21), quando praticadas pelos órgãos de pessoa colectiva ou equiparada, no exercício das suas funções, respectivamente para 400 000$ e 800 000$, em caso de dolo, e para 200 000$ e 400 000$, em caso de negligência;*
24) *Atribuir ao Banco de Portugal parte do produto das coimas aplicadas.*

3. O Regime Jurídico das Contra-Ordenações foi aprovado pelo DL n.º 433//82, de 27.10, entretanto alterado pelos DL n.º 356/89, de 17.10, DL n.º 244/95, de 14.09, DL n.º 323/2001, de 17.12 e pela L n.º 109/2001, de 24.12.

CAPÍTULO V – **Disposições finais**

Art. 15.º (**Norma revogatória**)

São revogados:

a) **O Decreto-Lei n.º 182/74, de 2 de Maio, com as modificações introduzidas pelos Decretos-Leis n.os 184/74, de 4 de Maio, 218/74, de 18 de Maio e 519-Xl/79, de 29 de Dezembro;**
b) **O Decreto-Lei n.º 14/84, de 11 de Janeiro.**

Art. 16.º (Entrada em vigor)

O presente diploma entra em vigor três meses após a data da sua publicação.

LEI UNIFORME SOBRE CHEQUE[1]

(Carta de confirmação e ratificação de 10.05.1934)

Lei uniforme relativa ao cheque

CAPÍTULO I – Da emissão e forma do cheque

Art. 1.º (Requisitos do cheque)

O cheque contém:

1.º A palavra «cheque» inserta no próprio texto do título e expressa na língua empregada para a redacção desse título;
2.º O mandato puro e simples de pagar uma quantia determinada;
3.º O nome de quem deve pagar (sacado);
4.º A indicação do lugar em que o pagamento se deve efectuar;
5.º A indicação da data em que e do lugar onde o cheque é passado;
6.º A assinatura de quem passa o cheque (sacador).

JURISPRUDÊNCIA:

Os cheques corporizam uma ordem de pagamento dada ao banco, pelo sacador, aqui embargante o que implica, em princípio, um reconhecimento unilateral de dívida pelo que o documento pode valer como título executivo, sendo ao devedor, nos termos do art. 458.º

---

[1] As epígrafes dos artigos não constam do texto oficial.
A Lei Uniforme Relativa ao Cheque, foi aprovada pelo Decreto-Lei n.º 23 721, de 29 de Março de 1934, e confirmada e ratificada pela Carta de 10 de Maio de 1934.

n.º 1 do CC, que incumbe a prova da inexistência ou da cessação da respectiva causa, o que não se verificou por parte do embargante.

Ac. da RP, de 11.01.2007 *in* www.dgsi.pt (proc. n.º 0633943)

1. *Desde que a subscrição de um cheque tenha sido feita "pro solvendo", o propósito das partes não é cercear os direitos do credor, mas aumentá-los, conferindo-lhe, além do que já tinha, um novo crédito, verificando-se um reforço dos meios de pagamento do credor relativamente à mesma dívida fundamental ou subjacente.*
2. *O cheque assim emitido, ainda que para garantia de pagamento, preenche os demais requisitos de exequibilidade desse título cambiário, previstos nos artigos 1.º, 28.º, 29.º e 40.º da LUC.*
3. *Tendo sido dada como provada a dívida causal da emissão e entrega do cheque ao exequente, deve prosseguir a execução com base nele.*

Ac. da RC, de 21.03.2006 *in* www.dgsi.pt (proc. n.º 100/06)

I – *As declarações expressas, finalisticamente dirigidas à expressão ou à comunicação de um certo conteúdo, são meios directos de expressão, enquanto as declarações tácitas, como compreensão de um sentido ou de um conteúdo implícito num comportamento, são meios indirectos de expressão.*
II – *Quando a lei obriga a uma declaração expressa é, em geral, de entender que quis referir-se a uma declaração que não se preste a dúvidas, ou seja, particularmente explícita e segura.*
III – *A subscrição e entrega de cheque não integra ou constitui meio directo – frontal, imediato – de expressar outra qualquer vontade que não seja a de assumir a obrigação cambiária assim titulada – não também a de o subscritor se obrigar pessoalmente para além disso mesmo.*

Ac. do STJ, de 22.09.2005 *in* www.dgsi.pt (proc. n.º 05B2177)

I – *Para a vinculação das sociedades anónimas é indispensável a reunião de dois elementos: assinatura pessoal do administrador (ou director) e menção dessa qualidade.*
II – *Assinado um cheque por pessoa singular sem menção dessa qualidade, a sociedade da qual seja administrador (ou director) não assume a posição de devedora, sendo, por conseguinte, parte ilegítima na execução baseada nesse título.*

Ac. do STJ, de 27.03.2001 *in* CJ, Ano IX, Tomo I, p. 183

A data da emissão é a que consta do cheque, quando coincidem no tempo – e decorre de acusação, que a emissão ocorreu na mesma data da entrega.

Ac. RP, de 28.04.99 in BMJ, 486, p. 366

Um cheque bancário não pode ser objecto de arresto.

Ac. RL, 29.10.98 in CJ, A. XXIII, Tomo IV, p. 131

I – Um cheque que contenha a palavra «Camões» impressa junto ao nome da sacadora preenche os requisitos do artigo 1.º, n.º 5, da Lei Uniforme sobre Cheques, atento o disposto na parte final do artigo 2.º da mesma lei.

II – Com efeito, «qualquer pessoa minimamente habituada a manusear cheques topa logo, ao olhar para os cheques dos autos, o nome 'Camões', e sabe que ele corresponde ao Largo de Camões, em Lisboa, e sabe também que os bancos, quando fornecem aos seus clientes os livros de cheques, apõem neles a indicação de um lugar ao lado do nome do sacador».

III – Assim, tendo o juiz, na sentença recorrida, considerado que os cheques devolvidos sem provisão não valiam como cheques por deles não constar o lugar da emissão, há erro notório da apreciação da prova (artigo 410.º, n.º 2, do Código de Processo Penal).

IV – A passagem simultânea de vários cheques pré-datados constitui um só crime, e não uma pluralidade de crimes ou crime continuado.

Ac. RL, de 26.11.96 in BMJ, 461, p. 505

Não produz efeito como cheque o título que contém, no verso, a declaração assinada pelo sacador de que «[...] destina-se única e exclusivamente a garantir o pagamento do aceite n.º [...] da firma [...] no valor de [...], com data de vencimento a [...]», e que assim foi aceite pelo tomador, em virtude de a ordem de pagamento que o título encerra ficar condicionada ao não pagamento ou à não regularização da letra de câmbio.

Ac. RP, de 24.04.96 in BMJ, 456, p. 499

É a lei do país em que o cheque é pagável que determina as pessoas sobre as quais pode ser sacado um cheque, bem como se ele pode ser aceite, certificado, confirmado ou visado e quais os efeitos dessas menções.

Ac. RC, de 15.03.94 *in* BMJ, 435, p. 109

I – A cláusula de um pacto social donde consta «bastando a assinatura de qualquer dos gerentes nos actos de mero expediente e nos actos e contratos que envolvam responsabilidade para a sociedade e representá-la em juízo» é ambígua, permitindo duas interpretações: a de que, para os actos de meros expediente, basta a assinatura de um dos gerentes e para os actos que envolvam responsabilidade para a sociedade e para a sua representação em juízo são precisas as assinaturas de ambos; ou a de que basta, para qualquer destes actos, apenas a assinatura de um deles.
II – A um funcionário bancário, com as qualificações inerentes àquela profissão, e alheio à prática notarial e judicial, não é exigível que interprete a referida cláusula no sentido de que, para qualquer acto da sociedade, é suficiente apenas a assinatura de um dos gerentes.
III – Na dúvida, em face de um cheque subscrito apenas por um dos gerentes, a prudência inerente à «diligência de um bom pai de família», impunha que o funcionário recusasse o pagamento desse cheque.
IV – Não age, pois, com culpa, o banco que, através de um seu funcionário, recusa o pagamento de cheques subscritos apenas por um dos gerentes, neles apondo, como justificação para o não pagamento, a expressão «saque irregular».

Ac. RP, de 21.09.93 *in* BMJ, 429, p. 875

A função normal e legal do cheque é servir como meio de pagamento – o que ocorre com o cheque destinado a pagar o preço (contrato de compra e venda) e também com o cheque destinado a cumprir a obrigação de restituir a quantia mutuada (contrato de mútuo).

Ac. RC, de 13.01.93 *in* BMJ, 423, p. 608

Art. 2.º (Falta de algum dos requisitos)

O título a que faltar qualquer dos requisitos enumerados no artigo precedente não produz efeito como cheque, salvo nos casos determinados nas alíneas seguintes.

Na falta de indicação especial, o lugar designado ao lado do nome do sacado considera-se como sendo o lugar de pagamento. Se forem indicados vários lugares ao lado do nome do sacado, o cheque é pagável no lugar primeiro indicado.

Na ausência destas indicações ou de qualquer outra indicação, o cheque é pagável no lugar em que o sacado tem o seu estabelecimento principal.

O cheque sem indicação do lugar da sua emissão considera-se passado no lugar designado ao lado do nome do sacador.

JURISPRUDÊNCIA:

I – Nos cheques, a circunstância de, no lugar destinado ao sacador, estar aposta uma assinatura individual, sem indicação da qualidade de gerente de sociedade comercial titular da respectiva conta bancária, não importa de imediato a conclusão de nulidade por vício de forma.

II – Não obstante, o carácter formal das declarações cambiárias, nada impede que as mesmas sejam emitidas tacitamente, desde que a forma tenha sido observada quanto aos factos de que a declaração se deduz.

III – Apura-se a existência da declaração negocial tácita, quando quem o assina tem a qualidade de gerente da sociedade comercial, a ainda que qualquer indicação expressa nesse sentido tenha sido omitida, no caso de a assinatura ser feita por debaixo dos dizeres da respectiva firma social.

IV – Por conseguinte, pode juridicamente concluir-se que é gerente quem faz a sua assinatura no lugar destinado ao sacador, num cheque da titularidade de sociedade comercial, por debaixo do nome dessa sociedade pré-impresso no cheque no lugar que indica o titular da respectiva conta.

Ac. da RC, de 03.04.2001 *in* CJ, Ano XXVI, Tomo II, p. 34

I – O cheque a que falta o requisito da indicação da data em que é passado não vale como cheque e, portanto, não vale como título executivo.

II – E como não demonstra, por si só, que se constituiu ou reconheceu uma obrigação pecuniária, não constitui título executivo nos termos da al. c) do art. 46.º do CPC/revisto.

Ac. RC, de 09.03.99 *in* CJ, A. XXIV, Tomo II, p. 19

Se da sentença não constar que o cheque é pós-datado, só o recurso de revisão pode resolver o problema surgido entre a imutabilidade da sentença já transitada e a necessidade da sua conformação com a verdade material.

Ac. RC, de 13.01.99 *in* BMJ, 483, p. 280

I – *A rectificação da escritura de constituição da sociedade, quanto à gerência, com fundamento em alegado lapso que, aliás, se não provou, não pode subtrair o gerente designado naquela escritura a responsabilidade prevista no artigo 13.º do Código de Processo Tributário, se aquele exerceu, efectivamente, a gerência da sociedade até aquele rectificação.*

II – *E a assinatura dos cheques da sociedade é, sem dúvida, um acto de gestão, não desreponsabilizando o gerente o facto de os assinar em branco, pelo contrário, já que, desse modo, está a permitir que outros os venham preencher e os utilizem, eventualmente, para fins menos convenientes ou alheios à empresa, depauperando, assim, o património social da mesma, que ao gerente cabe acautelar, como garantia dos credores.*

Ac. TCA, de 09.12.98 *in* BMJ, 482, p. 316

Estando descrito na acusação que «no dia 25 de Outubro de 1996 o arguido preencheu, assinou e entregou» ao ofendido o cheque em questão, dúvidas não surgem quanto à data da entrega do cheque.

Ac. RC, de 02.12.98 *in* BMJ, 482, p. 302

Se na acusação se disser que o cheque foi entregue ao tomador «com data de» ou «datado», utiliza-se uma expressão que admite o entendimento de que o cheque foi entregue na data nele aposta, só em sede de julgamento se podendo apurar se tal sucedeu ou não.

Ac. RC, de 02.12.98 *in* BMJ, 482, p. 303

I – *Estando em causa a emissão de dois cheques datados de 10 de Fevereiro de 1993 para pagamento de duas facturas datadas de 11 e 13 de Janeiro de 1993, só em julgamento se poderá avançar para uma despenalização baseada em que os cheques foram pós-datados.*

II – É que em gíria comercial o vencimento das facturas ocorre em regra 30 dias depois da emissão, daí se suscitando dúvida quanto à pós--datação dos cheques, bem se podendo supor que as partes acordaram que o vencimento se faria em simultâneo na data do vencimento da primeira.

Ac. RL, de 14.10.98 *in* BMJ, 480, p. 527

Uma vez que o cheque só vale como tal após o seu completo preenchimento, nomeadamente quanto à data, a entrega ao tomador de um módulo de cheque sem aposição da data não confere a característica de meio de pagamento imediato, o que o exclui do regime punitivo introduzido pelo Decreto-Lei n.º 316/97, de 19 de Novembro.

Ac. RP, de 15.07.98 *in* BMJ, 479, p. 709

Actualmente é elemento típico do crime que o cheque não seja emitido com data posterior à data da sua entrega ao tomador, isto é, que o cheque não seja pós-datado.
Resulta desta inovação/restrição de incriminação e como consequência da referida relevância que a data da entrega do cheque ao tomador tem de constar de forma expressa, tem de ser especificada na acusação.

Ac. RE, de 14.07.98 *in* BMJ, 479, p. 735

Constando da acusação apenas que, com datas de 25 de Outubro, 5 de Novembro e 14 de Novembro de 1994, os arguidos subscreveram e entregaram a favor da ofendida os cheques juntos aos autos, poder--se-á ainda concluir que os arguidos entregaram os cheques à ofendida nas datas neles constantes, pelo que não há omissão do novo elemento típico do ilícito – a data da entregue do cheque ao tomador.

Ac. RC, de 17.06.98 *in* BMJ, 478, p. 462

Constando da acusação apenas que, «com datas de 18 de Fevereiro de 1995 e 8 de Março de 1995, o arguido subscreveu e entregou a favor da Beira-Texto – Sociedade Editora, S.A., os cheques n.[os] *..., sobre o Banco Nacional Ultramarino», não ficando exarado qualquer outro facto sobre a datação e entrega dos cheques, não é admissível, sem mais, a conclusão de que os cheques objecto do processo foram emitidos com data anterior ou contemporânea da sua entrega à tomadora, daqui decorrendo que a acusação enferma da omissão* *factual relativamente a um dos elementos constitutivos do crime de emissão de cheque sem provisão imputado ao arguido.*

Ac. RC, de 17.06.98 *in* BMJ, 478, p. 462

Não resultando do factualismo provado em audiência, que corresponde inteiramente ao descrito na acusação, que o cheque tenha sido datado antes ou contemporaneamente à sua entrega, deve julgar-se extinta a responsabilidade criminal do arguido, por força do princípio in dubio pro reo.

Ac. RC, de 03.06.98 *in* BMJ, 478, p. 462

Proferido despacho de saneamento, recepção e designação da data para a audiência de discussão e julgamento por crime de emissão de cheque sem provisão é no julgamento que se deve averiguar se o cheque foi emitido com data posterior à da sua entrega.

Ac. RC, de 27.05.98 *in* BMJ, 477, p. 574

Se da discrição da matéria de facto provada na sentença – idêntica à descrita na acusação – ficarem dúvidas sobre se a data constante da emissão do cheque é simultânea ou posterior à sua entrega, não deve anular-se o julgamento efectuado com base em insuficiência de matéria de facto, que não existia no momento do julgamento em 1.ª instância, mas deve antes absolver-se o arguido com base nos princípios in dubio pro reo ou favor rei.

Ac. RC, de 27.05.98 *in* BMJ, 477, p. 574

O erro de escrita incidindo sobre a data do cheque é rectificável se todos os elementos carreados nos autos o indiciarem com suficiência.

Ac. RC, de 12.03.97 *in* BMJ, 465, p. 653

Tendo o cheque sido emitido sem data e não se provando o acordo entre sacador e tomador para o preenchimento da data, falta o objecto do crime, que é o cheque, visto que, constituindo a data um elemento essencial, tal título é nulo, não produzindo quaisquer efeitos como cheque.

Ac. RP, de 21.06.95 *in* BMJ, 448, p. 434

Se na mesma ocasião, e para pagamento de mercadorias adquiridas, são preenchidos dois cheques, apondo-se num a data de 30 de Janeiro de 1992 e no outro a data (inexistente) de 30 de Fevereiro de 1992, existe, quanto a este, um lapso que pode ser corrigido, entendendo--se que a sua data é 29 de Fevereiro de 1992 (último dia do referido mês).

Ac. RC, de 04.05.94 in BMJ, 437, p. 596

I – Nos termos do artigo 666.º do Código de Processo Penal de 1929, aplicável in casu, o Supremo conhecia da matéria de facto e de direito sempre que julgasse em primeira instância ou ainda no caso do parágrafo 3.º do artigo 663.º, conhecendo em todos os outros casos apenas da matéria de direito.

II – Tendo-se assente como matéria de facto apurada pelas instâncias que, embora o arguido tivesse emitido os cheques dos autos sem lhes apor data de emissão, se após reunião e acordo com os queixosos aceitou a aposição de uma data determinada, os cheques adquiriram toda a virtualidade e potencialidade como tais, podendo ser apresentados a pagamento.

III – O prazo de apresentação a pagamento, como manifestação do princípio da literalidade, só começa a contar a partir da data aposta no cheque.

IV – Sendo idênticas as molduras penais abstractas – artigos 23.º e 24.º, n.ºs 1 e 2, alínea c), do Decreto n.º 13 004, de 12 de Janeiro de 1927, na redacção dada ao último preceito pelo artigo 5.º do Decreto-Lei n.º 400/82, de 23 de Setembro, em confronto com o artigo 11.º, n.º 1, do Decreto-Lei n.º 454/91, de 28 de Dezembro – não há que fazer funcionar quer o disposto no n.º 2 quer no n.º 4 do artigo 2.º do Código Penal.

Ac. STJ, de 26.01.94 *in* BMJ, 433, p. 336

A emissão de cheque não preenchido no tocante à data não permite presumir o acordo das partes no sentido de o tomador o poder datar como lhe convier.

Ac. RC, de 02.06.93 *in* BMJ, 428, p. 690

I – A validade de cheque afere-se no momento da apresentação a pagamento.

II – Se então for nulo, por não lhe ter sido aposta a data da emissão, é irrelevante que no inquérito se tenha averiguado o momento em que foi emitido.

Ac. RC, de 19.05.93 in BMJ, 427, p. 596

Art. 3.º (Provisão)

O cheque é sacado sobre um banqueiro que tenha fundos à disposição do sacador e em harmonia com uma convenção expressa ou tácita, segundo a qual o sacador tem o direito de dispor desses fundos por meio de cheque. A validade do título como cheque não fica, todavia, prejudicada no caso de inobservância destas prescrições.

JURISPRUDÊNCIA:

1 – Pela celebração do contrato de cheque, o banco fica obrigado para com o cliente a pagar, aos eventuais interessados, os cheques que por aquele venham a ser emitidos até ao limite da provisão.

2 – Pode definir-se o contrato de cheque como um contrato de prestação de serviços, mais concretamente como um contrato de mandato sem representação e é no complexo de deveres recíprocos dele resultantes que se deve resolver a questão da responsabilidade pelo pagamento de cheques falsos e falsificados.

3 – É por força do contrato de cheque que nascem obrigações tanto para o cliente como para o banco: para aquele, a obrigação de guardar cuidadosamente a caderneta de cheques e de dar imediatamente notícia de eventual perda ou extravio, para este a obrigação de cumprir as ordens do cliente e de selar pelos seus interesses.

4 – Na sequência da celebração do contrato de cheque, o banco é obrigado a pagar os cheques apresentados, quando estes forem emitidos pelos clientes, quando para tanto forem utilizados impressos próprios e quando haja provisão.

5 – Tendo o banco, através dos seus funcionários, procedido com toda a cautela antes do pagamento de cheque, não tendo detectado anomalias no mesmo, nem nos documentos de identificação que foram exibidos pelo apresentador do cheque, sendo "perfeita" a falsificação, ter-se--á de concluir que aquele afastou a presunção de culpa que sobre ele impendia por força da responsabilidade contratual derivada da celebração do contrato de cheque.

Ac. da RL, de 28.04.2005 *in* www.dgsi.pt (proc. n.º 2971/2005-6)

I – Da convenção de cheque decorre para o banco o dever colateral de fiscalizar e conferir a assinatura do sacador;
II – Este dever de conferência e verificação da assinatura é absoluto, de modo que o banco só se livrará de responsabilidade decorrente do pagamento de um cheque que não foi emitido pelo seu cliente se lograr provar que mesmo cumprindo escrupulosamente tal dever, não podia ter dado pela falsificação;
III – Mesmo que as assinaturas sejam semelhantes, nem por isso o banco se exime de responsabilidade pelo pagamento de cheque falsificado, posto que não se prove a culpa do cliente.

Ac. da RG, de 06.04.2005 *in* www.dgsi.pt (proc. n.º 116/05-2)

I – O depósito em conta bancária de um cheque sacado sobre outro Banco só se torna efectivo após boa cobrança junto do Banco sacado.
II – Se, por erro do sistema informático, o Banco onde o cheque foi depositado creditou como disponível o montante daquele cheque, que veio depois a ser recusado por falta de provisão, pode o Banco, ao detectar tal erro, levar aquele montante a débito da conta do cliente que lho apresentou, colocando o cheque à disposição do cliente.

Ac. da RL, de 09.10.2001 *in* CJ, Ano XXVI, Tomo IV, p. 204

I – O cheque depositado em conta bancária só é convertido em dinheiro nessa conta após boa cobrança, ou seja, quando é pago ao depositário.
II – Porém, tal questão não se coloca quando o depositário é o Banco sacado, havendo apenas que ver se a conta do sacado dispõe de provisão.
III – A Lei Uniforme relativa ao Cheque não prevê a situação de extravio de cheque.
IV – Ao extravio de cheque alude o § único do art. 14.º do Dec. 13.004, que se encontra em vigor.
V – Com o cheque cruzado pretende-se evitar que possa ser recebido por outrem que não o seu legítimo possuidor.
VI – Não constituindo declaração de extravio de cheque a enviada ao Banco sacado dizendo que o seu montante já havia sido pago ao portador.

VII – Se, apesar de recebida na véspera tal declaração, o Banco sacado aceitou o cheque nominativo, com cruzamento geral, abriu uma conta à ordem em nome do portador, que não era seu cliente, onde o cheque foi depositado, e três dias depois celebrou com este um depósito a prazo, sendo a quantia objecto de depósito a que constava do cheque, não pode resolver depois unilateralmente o contrato de depósito a prazo com base na declaração do sacador de ter havido extravio do cheque.

VIII – Apesar de não conter o cheque a data de emissão, actua o Banco com abuso de direito quando, depois do seu comportamento atrás descrito, vem invocar a omissão de tal requisito para se eximir da responsabilidade de indemnizar o depositante.

Ac. da RP, de 18.09.2001 in CJ, Ano XXVI, Tomo IV, p. 189

I – Creditadas condicionalmente determinadas quantias tituladas por cheques entregues para cobrança, o banco pode debitar os valores se os cheques, apresentados a pagamento forem devolvidos por falta de provisão.

II – Tendo a acção como causa de pedir um depósito de dinheiro que nunca existiu, a falta de alegação de prejuízos decorrentes do extravio dos cheques impede a responsabilização do banco.

Ac. da RL, de 28.06.2001 in CJ, Ano XXVI, Tomo III, p. 126

I – Na base da emissão de um cheque existem duas relações jurídicas distintas:
  – A "relação de provisão" (o cheque pressupõe a existência, junto do banco, de fundos de que o sacador ou emitente possa dispor)
  e
  – O "contrato ou convenção de cheque" (através da qual a entidade bancária acede a que o cliente/sacador mobilize os fundos disponíveis com emissão de cheques).

II – Da "convenção de cheque" decorrem direitos e deveres recíprocos: O clientes/depositante/sacador fica com o direito de mobilizar ao fundos existentes à sua disposição no banco, através da emissão de cheques; o sacador obriga-se a pagar os cheques até ao limite da provisão. O cliente/depositante/sacador obriga-se a verificar regularmente o estado da sua conta e a zelar pela boa guarda, ordem, conservação e escrituração da sua caderneta de cheques, obrigando--se, ainda, no caso de perda ou extravio de qualquer cheque, a avisar *imediatamente o banco; em contrapartidas, o banco está vinculado a deveres colaterais (de fiscalização e de conferência da assinatura), v.g., o dever de observar a revogação do cheque, o dever de analisar cuidadosamente os cheques que lhe são apresentados, etc.*

III – Constitui pois dever do cliente/depositante/sacador tomar as providências adequadas a impedir que os seus empregados se apropriem e falsifiquem os seus módulos de cheques.

IV – Tendo-se provado que, ao longo de 5 anos, um empregado de uma sociedade cliente/depositante/sacadora – empregado a quem haviam sido confiadas as funções de pagar e receber cheques, realizar a contabilidade, fiscalizar os movimentos de conta, receber os extractos, colocar o carimbo, levantar cheques, etc – emitiu, assinou e recebeu 326 cheques (cheques em que colocou assinatura idêntica à do gerente da sociedade, bem como o carimbo desta) e que, durante tal lapso de 5 anos, nunca os gerentes da sociedade notaram qualquer anomalia e/ou controlaram a conta bancária em causa, impõe-se os deveres de diligência que sobre se impendiam, tendo dado causa exclusiva e adequada ao pagamento dos 326 cheques falsificados pelo seu empregado.

Ac. do STJ, de 09.11.2000 *in* CJ, Ano VIII, Tomo III, p. 108

I – Em relação a contas solidárias a compensação pela instituição bancária só é lícita desde que todos os titulares da conta a autorizem.

II – Deve proceder o pedido de condenação em indemnização por danos morais, sofridos pela contitular da conta, pessoa doente, que teve sofrimento ao verificar, pela compensação operada pela CGD, que ficaria sem o seu pé de meia.

Ac. RC, de 23.11.99 *in* CJ, Ano XXIV, Tomo V, p. 32

I – A situação das chamadas "contas conjuntas" ou "contas colectivas", tituladoras de depósitos bancários efectuados em nome de duas ou mais pessoas, ficando qualquer delas com a faculdade de, isoladamente e sem necessidade de intervenção do seu co-titular, fazer levantamentos e outros movimentos, é um caso de solidariedade activa.

II – Por consequência, por força do art. 516.º do CC, se por exemplo duas pessoas fizerem um depósito bancário nesse regime presume-se, enquanto não se fizer prova em contrário, que cada um dos depositantes é titular de metade da conta".

Ac. do STJ, de 17.06.99 *in* CJ, Ano VII, Tomo II, p. 152

I – O contrato de depósito bancário tem a feição de depósito irregular, disciplinado pelas normas relativas ao contrato de mútuo, na medida do possível (arts. 1185.º, 1205.º e 1206.º do CC).

II – É facto público e notório que as instituições bancárias dispõem, hoje em dia, de meios informáticos que lhes permitem fazer coincidir a data valor com a data do movimento.

III – Se a data valor da concessão de um crédito é de 05/04, não tem justificação o facto desse montante só ter sido creditado na conta do autor a 16/04, havendo mora do banco.

IV – Se um outro banco debitou em 25/06 na conta à ordem do autor naquela instituição a quantia correspondente a um cheque que foi depositado no banco réu, é nessa data que o depósito se torna efectivo e, por isso, a devolução de cheques por falta de provisão em 26/06 equivale à recusa pelo banco réu dos fundos de que o autor aí dispunha, e ao incumprimento da convenção do cheque.

V – A cobrança antecipada de uma livrança significa violação do negócio cartular, mas não constitui o devedor em mora, pois não se trata de falta de prestação da colaboração necessária ao cumprimento (art. 813.º do CC).

VI – A violação do contrato pelo credor que não consista em mora não é indemnizável em sede de responsabilidade contratual mas, se se verificarem os demais requisitos da responsabilidade civil, é indemnizável nos termos gerais da responsabilidade extracontratual.

VII – Nada obsta à indemnização pelos danos não patrimoniais no âmbito da responsabilidade contratual.

Ac. RC, de 07.10.99 *in* CJ, Ano XXIV, Tomo IV, p. 118

I – O D-L 454/91, de 28-12, tem aplicação exclusivamente penal.

II – As despesas contabilísticas e administrativas efectuadas com os depósitos e devoluções dos cheques e as despesas bancárias consequentes, constituindo despesas de cobrança, são de considerar incluídas nas despesas a que alude o art. 45.º da LUC.

III – Tais despesas, não fazendo parte da literalidade do título executivo (cheque), apenas precisam de ser alegadas – a sua prova far-se-á em sede de embargos, se vierem a ser impugnadas.

IV – Os honorários do advogado, por se reportarem não ao exercício normal mas litigioso do direito, não estão incluídos no âmbito do citado art. 45.º.

Ac. RL, de 20.04.99 *in* CJ, Ano XXIV, Tomo II, p. 109

I – *Estamos perante contrato de depósito bancário – noção ampla – sempre que uma pessoa (depositante) entrega a um banco (depositário) uma determinada soma de dinheiro ou bens móveis de valor para que este os guarde e restitua, quando o depositante o solicitar.*
II – *Exige-se a prestação de contas de pessoa que administra bens alheios.*
III – *Logo o banco então está obrigado a prestar contas.*

Ac. RL, de 15.04.99 *in* CJ, Ano XXIV, Tomo II, p. 104

I – *É ao banco onde o cheque é depositado por um cliente e o endossa para cobrança ao sacado que incumbe verificar a sua regularidade.*
II – *O sacado não é obrigado a verificar a assinatura do endossante, pelo que, em princípio, não lhe é exigível a sua responsabilização, designadamente no caso em que a falsificação ocorreu na substituição do beneficiário/tomador.*

Ac. STJ, de 14.04.99 *in* CJ, Ano VII, Tomo II, p. 52

I – *A efectivação pelo banco da cobrança de um cheque depositado na conta do cliente com a cláusula «salvo boa cobrança», além de se inserir no funcionamento normal da conta aberta pelo autor, na dinâmica própria desse contrato-quadro, é um serviço em cuja execução o banco agiu no âmbito de um verdadeiro contrato de mandato sem representação: perante o depositante do cheque, obrigou--se a diligenciar pelo respectivo pagamento, e, obtido este, a creditar a conta pelo respectivo valor.*
II – *Na execução do mandato, qanto mais não fosse por imperativo do princípio geral da boa fé estava o banco obrigado, além do mais, a comunicar ao mandante, com prontidão, o resultado daquela, ou, se o não tivesse conseguido, a razão do facto.*
III – *Se o cheque em causa, cobrável no estrangeiro, se extraviou em data incerta anterior a Abril 1993 e o banco teve conhecimento do facto nesse mesmo mês de Abril, não se compreende não tenha logo mandado uma cópia do mesmo ao seu correspondente estrangeiro, com pedido de crédito do respectivo valor na sua conta.*
IV – *E muito menos que, passados 15 meses após o depósito do cheque, tenha debitado a conta do depositante no montante respectivo, juros e despesas bancárias, sem o avisar desse facto, antes ou mesmo depois da sua verificação.*

V – Assim, presumindo-se a culpa, incorreu o banco em responsabilidade civil contratual por incumprimento dos arts. 762.º, n.º 2, e 1161.º, c), do C.C..

Ac. RC, de 16.03.99 *in* CJ, Ano XXIV, Tomo II, p. 21

I – Para que o banco como pessoa colectiva responda por actos do seu funcionário, é necessário que sobre este recaia igualmente a obrigação de indemnizar e que o acto danoso tenha sido praticado no exercício da função confiada àquele mesmo funcionário.

II – A responsabilidade do banco não é afastada se os actos dolosos do agente, embora praticados em vista de fins pessoais, estiverem integrados formalmente no quadro geral da sua competência e o agente infiel aproveita uma aparência social que cria um estado de confiança do lesado na lisura do comportamento daquele.

III – O comissário responde a título de culpa e o comitente a título de responsabilidade objectiva, sendo este um dos casos em que existe obrigação de indemnizar independentemente de culpa.

Ac. STJ, de 02.03.99 *in* CJ, Ano VII, Tomo I, p. 127

Não se provando que os regulamentos ou os usos permitem que os Bancos debitem na conta de depósitos à ordem dos seus clientes o valor das letras por eles aceites e não pagas nos respectivos vencimentos, nem que, ao abrigo da liberdade negocial, tal procedimento tivesse sido convencionado entre o depositante e o Banco depositário, não é lícito a este levar a débito da conta à ordem daquele, sem sua autorização, o montante de uma letra de aceite do mesmo depositante e não paga no seu vencimento.

Ac. RP, de 23.02.99 *in* BMJ, 484, p. 439

I – Estando o dinheiro depositado em conta solidária (A. ou B.) importa distinguir entre a titularidade da conta e a propriedade dos fundos.

II – Apurando-se que o dinheiro depositado pertence a ambos, presume-se que o é em partes iguais.

Ac. STJ, de 20.01.99 *in* CJ, Ano VII, Tomo I, p. 48

Tendo o Banco, por sua iniciativa, procedido a compensação de parte de um crédito que detinha sobre um dos contitulares de contas colectivas de depósito numa das suas dependências, mas alegando a autora, também contitular de tais contas, que, além de nada dever ao banco, era a única proprietária das quantias depositadas, há que ampliar a matéria de facto no sentido da existência de tal direito de propriedade ou, não se provando, se é caso de fazer uso da presunção de compropriedade prevista no art. 516.º do Cód. Civil.

Ac. STJ, de 12.01.99 in CJ, Ano VII, Tomo I, p. 25

Tendo um de dois titulares de uma conta à ordem, solidária, sacado um cheque, a descoberto, sobre essa conta e pago, por erro, pela instituição sacada a importância total do cheque, não responde o outro titular solidariamente pela importância paga.

Ac. STJ, de 02.01.99 in BMJ, 483, p. 232

I – *O depósito bancário à ordem tem a natureza de depósito irregular, sendo certo que, porque no mesmo existe transferência da propriedade da coisa concretamente recebida, sempre o risco há-de correr por conta do depositário, nos termos do artigo 796.º, n.º 1, do Código Civil, salvo se foi devido a causa imputável ao depositante.*

II – *A cláusula subscrita pelo depositante no acto de requisição dos cheques, segundo a qual assume as responsabilidades pelos pagamentos que o banco faça, ainda que resultantes do seu ilícito, salvo aviso prévio no caso de extravio ou roubo, não é válida, na medida em que traduz uma isenção de responsabilidade por parte do depositário.*

III – *Os depósitos bancários são a principal operação passiva de que os bancos se servem para realizarem as suas operações activas, pelo que não interessam só à relação depositante/depositário e alcancem papel relevante como factor de progresso e bem-estar social, impondo-se por isso tutelar a confiança da clientela, impondo deveres ao banco que não podem ser convencionalmente excluídos ou limitados (parte final do n.º 2 do artigo 800.º do Código Civil).*

IV – *O risco assumido pelo banco depositário só não subsistirá quando houver culpa relevante do depositante que se sobreponha ou anule a sua responsabilidade contratual.*

V – *É dever do depositante, uma vez na posse dos cheques, conservá-los em condições de segurança de forma a evitar a sua subtracção por terceiros ou a sua utilização abusiva e avisar o banco logo que dê pela sua perda ou extravio. O banco, por seu turno, ao fazer qualquer pagamento por força do depósito deverá certificar-se previamente de* que o poderá fazer sem perigo para o interesse do seu cliente, verificando, designadamente, se a assinatura do sacador corresponde à do titular da conta.

Ac. RE, de 17.09.98 *in* BMJ, 479, p. 738

I – A contitularidade de um depósito bancário faz presumir que o depósito pertence aos seus titulares e que as respectivas quotas são iguais.
II – Essa presunção pode, porém, ser ilidida, mediante prova em contrário.

Ac. RC, de 11.03.98 *in* BMJ, 475, p. 783

I – O pagamento por agência bancária diferente daquela onde o titular abrira a conta e com a qual se relacionava, habitualmente, feito a terceiro que falsificou a assinatura de cheque avulso pedido naquela, em violação dos deveres de cuidado exigíveis na verificação da legitimidade dos saques, responsabiliza o sacado.
II – O banco terá de provar que, mesmo verificando cuidadosamente a assinatura aposta em cheque, não podia ter dado pela sua falsificação, recaindo sobre si o ónus da prova da culpa da outra parte e de não culpa pelo seu lado.

Ac. STJ, de 03.03.98 *in* BMJ, 475, p. 710

I – No depósito plural solidário, qualquer dos depositantes ou titulares da conta tem o direito de exigir o reembolso da totalidade da quantia depositada.
II – São perfeitamente distintos o direito de crédito de que é titular cada um dos depositantes solidários, o qual se traduz no poder de mobilização do saldo, e o direito real que recai sobre o dinheiro, o qual pode pertencer a algum ou alguns dos titulares da conta.
III – A presunção de que os credores solidários comparticipam no crédito em montantes iguais, constante do artigo 516.º do Código Civil, é ilidível, podendo as respectivas partes ser diferentes ou mesmo só um dos credores beneficiar integralmente do crédito.

Ac. RP, de 04.03.98 *in* BMJ, 465, p. 643

I – No depósito bancário em conta solidária é admissível a compensação que o Banco faça quanto ao crédito que tenha sobre um dos titulares da conta, até ao limite do valor da parte que esse credor tenha no *depósito, independentemente de ser ele ou outro titular a solicitar o reembolso.*

II – Não se confunde a titularidade das contas com a propriedade das quantias depositadas, pelo que a presunção estabelecida no art. 516.º do C. Civil é ilídivel, podendo provar-se que tais quantias pertencem a um só, ou a alguns, dos titulares, ou que as quotas destes são diferentes, ou até que pertencem a um terceiro.

Ac. RP, de 14.01.98 *in* CJ, Ano XXIV, Tomo I, p. 183

O banco só pode obter a compensação de crédito seu sobre saldo da conta do devedor se for por este autorizado ou se, antes do depósito, lhe comunicar que, segundo o respectivo regulamento interno, o pode tornar efectivo.

Ac. RC, de 03.12.96 *in* BMJ, 462, p. 499

I – No depósito bancário opera-se uma transferência de propriedade das quantias depositadas do depositante para o depositário, resultando para este um direito de crédito pelo valor correspondente, acrescido dos juros convencionados.

II – A falta de cobrança de um título descontado por facto não imputável ao banco faz constituir este na titularidade de um crédito, que é susceptível de ser compensado com os valores depositados.

Ac. RP, de 12.11.96 *in* BMJ, 461, p. 521

I – O depositante que celebre com um banco um serviço de cofre nocturno celebra um contrato inominado de prestação de serviços.

II – Feita a prova do depósito de dinheiro e de documentação que o acompanhava contida na bolsa requisitada ao banco para esse efeito e não se provando culpa do depositante, corre pelo banco o risco do seu extravio.

Ac. RC, de 21.05.96 *in* BMJ, 457, p. 456

I – Em princípio, desde que se não verifique actuação irregular quer do depositante, quer do depositário, propiciadora do surgimento de irregularidades, a responsabilização pela integridade do depósito impende sobre o depositário.

II – Não obstante a semelhança entre a assinatura aposta no cheque, no espaço reservado ao sacador, e a assinatura do depositante existente nos ficheiros do Banco sacado, persiste a responsabilidade deste pela manutenção do valor de conta do depositante, desde que se não demonstre a culpa deste no irregular levantamento da quantia depositada.

Ac. STJ, de 21.05.96 in CJ, Ano IV, Tomo II, p. 82

I – No caso de depósito de cheques para crédito de conta à ordem, não pode o banco, após a cobrança dos cheques, protelar o seu lançamento a crédito-conta com fundamento nos regulamentos internos.

II – O atraso nesse lançamento é susceptível de causar danos patrimoniais e não patrimoniais, como sucede no caso de o sacador, advogado, ter visto, por isso, recusado o pagamento de um cheque emitido para pagamento de sisa, o que o deixou abatido, angustiado e publicamente vexado.

Ac. RP, de 27.02.96 in BMJ, 454, p. 795

I – As relações que se estabelecem entre o sacador e o banco sacado, através da convenção do cheque, não se projectam no portador, que a elas é estranho.

II – Dispondo-se o banco a pagar o cheque ao portador, embora em desacordo com os termos da convenção do cheque, e só não o pagando por invocar falta de provisão, que faz constar do título, é lícito ao portador accionar criminalmente o emitente do cheque.

Ac. RP, de 07.02.96 in BMJ, 454, p. 794

I – O crime de emissão de cheque sem provisão pressupõe, necessariamente, que o sacador tenha um contrato de depósito com o banco sacado, sem o qual não é pensável a emissão de cheque sem provisão, já que só o titular da conta o pode legitimamente movimentar.

II – O arguido que não é titular da conta sacada não pode ser incriminado como autor material desse crime e, inexistindo nos autos factos que fundamentem a autoria moral, deverá ser absolvido.

Ac. RP, de 04.10.95 in BMJ, 450, p. 557

Quando se depositam num banco valores negociáveis dependentes da boa cobrança não existe uma disponibilidade imediata desses valores o que significa que no saldo real da conta esses valores não são computados. Deste modo, não pode um cliente do banco emitir cheque *sobre essa conta para serem pagos esses valores enquanto os mesmos não se converterem em definitivos.*

Ac. RE, de 18.04.95 in BMJ, 445, p. 374

I – O depósito bancário está sujeito às regras do depósito mercantil (artigos 403.º e 407.º do Código Comercial), cabendo-lhe, quando tenha por objecto coisas fungíveis, como o dinheiro, a qualificação de depósito irregular (artigos 1205.º e 1206.º do Código Civil), com a consequente aplicabilidade, cum grano salis, por força deste último preceito, das disposições dos artigos 1142.º e seguintes relativos ao contrato de mútuo.
Mercê do artigo 1142.º, fica o depositário apenas obrigado a restituir ao depositante «outro tanto do mesmo género e qualidade», isto é, «o montante que se encontra em depósito».
II – Todavia, irregular em razão do objecto fungível, o depósito bancário é, do mesmo passo, irregular «quanto aos montantes disponíveis em cada momento, devido aos sucessivos depósitos e levantamentos que, no seu decurso, se vão processando», sendo conforme à natureza especial do contrato e sua execução que o banco, «por confiar no cliente, lhe facilite um levantamento antecipado», originando-se então «uma situação de conta em descoberto».
III – Numa similar situação, e por interpretação extensiva do artigo 1142.º do Código Civil, o depositante incorre perante o banco em responsabilidade emergente do contrato de depósito na medida em que a sua conta se encontre a descoberto.
IV – Nos termos do artigo 664.º do Código de Processo Civil, o juiz não está sujeito às alegações das partes no tocante à indagação, interpretação e aplicação das regras de direito, sendo neste sentido livre na qualificação jurídica dos factos desde que não altere a causa de pedir.

Ac. STJ, de 15.11.95 *in* BMJ, 451, p. 440

I – O banco deve disponibilizar imediatamente na conta do cliente as quantias cobradas no Serviço de Compensação.
II – Assim, viola o seu dever para com o depositante e torna-se responsável pelos prejuízos por ele sofridos o banco que cobra um cheque no dia 24-4-89 e no dia 27 seguinte devolve um cheque sacado por

esse cliente com fundamento em não constar da conta a disponibilidade da quantia cobrada em 24.

Ac. STJ, de 04.04.95 *in* CJ, Ano III, Tomo II, p. 27

Tendo o banco encerrado a conta de depósito à ordem e interpelado o depositante para lhe pagar o saldo então verificado, pretensão que não foi satisfeita, caiu este em mora, constituindo-se na obrigação de reparar os danos causados, que correspondem ao valor do saldo acrescido dos juros a contar da data da interpelação e constituição em mora.

Ac. RP, de 28.03.95 *in* BMJ, 445, p. 616

I – *O descontário é responsável subsidiário pelo pagamento da letra, mas este só lhe pode ser exigido depois de o descontador a apresentar previamente ao aceitante para pagamento.*
II – *A culpa pelo extravio da letra descontada cabe ao banco que a remeteu ao correspondente estrangeiro por registo simples em vez de utilizar a expedição como valor declarado.*

Ac. STJ, de 12.01.94 *in* CJ, Ano II, Tomo I, p. 40

I – *É a partir do contrato ou convenção de cheque que se resolve a responsabilidade pelo pagamento de cheques falsificados.*
II – *Nos termos desse contrato resulta para o banqueiro a obrigação de pagar o cheque à apresentação e o dever de diligência na verificação da assinatura do cliente e este assume perante o banco o dever de guardar cuidadosamente os cheques e avisá-lo logo que dê pela sua falta.*
III – *A responsabilidade pelos danos decorrentes do pagamento de cheques falsificados decorre da violação daqueles deveres, sendo as consequências suportadas por aquele dos contraentes que tenha procedido culposamente.*

Ac. STJ, de 10.11.93 *in* CJ, Ano I, Tomo III, p. 130

I – *Existindo um contrato de depósito bancário, que é um depósito de coisa fungível, logo, irregular, transferindo para o depositário o domínio sobre a coisa concreta depositada mas mantendo, no depositante, o direito ao valor genérico correspondente, além do rendimento que for caso disso.*

II – Daí decorre a possibilidade de um contrato de cheque, entre o depositante-sacador e o tomador, no qual o depositário-sacado e mero executante; concomitante e paralelamente existe um mandato sem representação entre o depositante e o depositário, para que este cumpra a ordem que o depositante emita através do cheque, enquanto título cartular.

III – O contrato de mandato pode ser revogado pelo mandante, genericamente com justa causa e, especialmente, perante extravio ou apossamento ilegítimo do cheque emitido.

IV – Se o depositante-sacador-mandante avisar o depositário-sacado-mandatário de que houve extravio de um cheque, é ilícito o seu pagamento, a não ser que o depositário-sacado-mandatário cumpra o seu ónus de provar que o detentor do cheque o adquiriu por meios legítimos e que tal lhe demonstrara.

V – Sendo ilícito esse eventual pagamento, ilícito é que mais de sete meses após revogação de um cheque, o depositário anote, nele, que não o paga por falta de provisão, já que a razão nuclear e suficiente era a revogação do cheque.

VI – O depositário-sacado-mandatário, rectius ex-mandatário, responde pelos danos que, com o seu procedimento, adequadamente causar.

Ac. STJ, de 19.10.93 *in* BMJ, 430, p. 466

I – O depósito de cheque não integra o contrato definido no art. 1185.º do Código Civil, pois não se destina a ser restituído, mas sim a transformar-se em numerário, tornando-se então num verdadeiro depósito irregular.

II – Não existe, por parte do banco depositário, a obrigação de, no caso do cheque não ter provisão, avisar do facto o depositante, logo no acto do depósito.

Ac. RL, de 01.07.93 *in* CJ, Ano XVIII, Tomo III, p. 146

I – O desconto bancário é um contrato misto de mútuo mercantil e de dação pro solvendo.

II – No contrato de desconto bancário o descontador fica munido de dois títulos ou causas de pedir: o mútuo, em relação ao crédito causal, e o endosso e posse das letras, com referência ao crédito cambiário.

III – Na falta de estipulação em contrário, a obrigação do mutuário é autónoma ou principal, e não subsidiária, em relação à obrigação cambiária.

IV – O banco (descontador ou descontante) pode, pois, demandar o cliente (descontário), sem necessidade de prévia execução contra algum dos subscritores das letras, particularmente na hipótese de o crédito causal ser mais extenso do que o cambiário.

Ac. STJ, de 30.03.93 *in* BMJ, 425, p. 586

Se o banqueiro sacado se nega injustificadamente a pagar um cheque sobre ele emitido, só o sacador o pode accionar.

Ac. RC, de 16.02.93 *in* CJ, Ano XVIII, Tomo I, p. 51

Cheque visado

I – O Banco que visa um cheque não é obrigado cambiário, pois o visto não equivale a qualquer aval.
II – Os juros moratórios devidos nas obrigações cambiárias são os correspondentes aos juros legais.

Ac. da RG, de 03.07.2002 *in* CJ, Ano XXVII, Tomo IV, p. 265

I – Não obstante a figura de "cheque visado" não ter tratamento jurídico genérico, certo é que o seu uso constitui prática bancária, válida, antiga e generalizada, com o significado de que o banco sacado, com a oposição do seu "visto", garante a existência de provisão durante o período legal da apresentação, através da cativação da conta do sacador.
II – Por virtude de tal "visto" o banco garante tem o dever de nada praticar ou omitir que implique o enfraquecimento ou adulteração dessa garantia, sob pena de responsabilidade civil por violação ilícita do direito do portador.
III – Assim, o "cheque visado" em que no "visto" se omitiram as cautelas mínimas impostas pela necessidade de evitar a sua falsificação, responsabiliza o banco para com o legítimo portador pelos danos sofridos, que se concretizam em ele ter pago ao beneficiário, que lho endossara, a quantia resultante da falsificação.

Ac. do STJ, de 27.09.2001 *in* CJ, Ano IX, Tomo III, p. 53

I – O visto bancário do cheque não tem no nosso direito natureza cambiária, mas extracambiária.

II – *Entre nós, na prática comercial, o cheque visado serve para garantir que ele será pago, ainda que não tenha provisão.*

III – *Todavia, havendo prejuízo de um particular, mercê de falsificação do cheque, para que o Banco sacado responda pelo visto que apôs nesse título, pagando-o, não basta provar que ele não observou as regras emanadas do Banco de Portugal, para o efeito. É essencial provar que existe um nexo de causalidade entre a aposição do visto e o prejuízo sofrido pelo particular.*

Ac. do STJ, de 05.07.2001 *in* CJ, Ano IX, Tomo II, p. 149

Art. 4.º (Proibição do aceite)

O cheque não pode ser aceito. A menção de aceite lançada no cheque considera-se como não escrita.

Art. 5.º (Modalidades do cheque quanto ao beneficiário)

O cheque pode ser feito pagável:
A uma determinada pessoa, com ou sem cláusula expressa «à ordem»;
A uma determinada pessoa, com a cláusula «não à ordem», ou outra equivalente;
Ao portador.
O cheque passado a favor duma determinada pessoa, mas que contenha a menção «ou ao portador», ou outra equivalente, é considerado como cheque ao portador.
O cheque sem indicação do beneficiário é considerado como cheque ao portador.

Art. 6.º (Modalidades do saque)

O cheque pode ser passado à ordem do próprio sacador.
O cheque pode ser sacado por conta de terceiro.
O cheque não pode ser passado sobre o próprio sacador, salvo no caso em que se trate dum cheque sacado por um estabelecimento sobre outro estabelecimento, ambos pertencentes ao mesmo sacador.

Art. 7.º (Inexistência da estipulação de juros)

Considera-se como não escrita qualquer estipulação de juros inserta no cheque.

Art. 8.º (Cheque pagável no domicílio de terceiro)

O cheque pode ser pagável no domicílio de terceiro, quer na localidade onde o sacado tem o seu domicílio, quer numa outra localidade, sob a condição no entanto de que o terceiro seja banqueiro.

Art. 9.º (Divergências sobre o montante)

O cheque cuja importância for expressa por extenso e em algarismos vale, em caso de divergência, pela quantia designada por extenso.

O cheque cuja importância for expressa várias vezes, quer por extenso, quer em algarismos, vale, em caso de divergência, pela menor quantia indicada.

Art. 10.º (Independência das assinaturas válidas)

Se o cheque contém assinaturas de pessoas incapazes de se obrigarem por cheque, assinaturas falsas, assinaturas de pessoas fictícias, ou assinaturas que por qualquer outra razão não poderiam obrigar as pessoas que assinaram o cheque, ou em nome das quais ele foi assinado, as obrigações dos outros signatários não deixam por esse facto de ser válidas.

Art. 11.º (Cheque assinado por mandatário sem poderes ou com excesso de poder)

Todo aquele que apuser a sua assinatura num cheque, como representante duma pessoa, para representar a qual não tinha de facto poderes, fica obrigado em virtude do cheque e, se o pagar, tem os mesmos direitos que o pretendido representado. A mesma regra se aplica ao representante que tenha excedido os seus poderes.

JURISPRUDÊNCIA:

I – A obrigação cambiária emergente da assinatura aposta no cheque é uma obrigação abstracta.

II – Se no cheque e no lugar de assinatura não consta que a mesma foi feita na qualidade de gerente dessa sociedade, o subscritor fica obrigado nos termos do artigo 11.º da Lei Uniforme sobre Cheques.

Ac. RP, de 20.05.99 *in* BMJ, 487, p. 364

Art. 12.º (Responsabilidade do sacador)

O sacador garante o pagamento. Considera-se como não escrita qualquer declaração pela qual o sacador se exima a esta garantia.

JURISPRUDÊNCIA:

I – O direito ao pagamento de um cheque e juros legais, não é, de forma alguma, um direito indisponível e irrenunciável.

II – Ao pagamento serão de equiparar todas as formas legais de extinção da obrigação pecuniária do arguido devedor, desde que verificadas até ao momento do primeiro interrogatório daquele.

III – Nos actos não delegáveis nos órgãos de polícia criminal não está incluído o primeiro interrogatório do arguido.

Ac. RP, de 11.05.94 *in* BMJ, 437, p. 581

Art. 13.º (Violação do acordo de preenchimento)

Se um cheque incompleto no momento de ser passado tiver sido completado contrariamente aos acordos realizados, não pode a inobservância desses acordos ser motivo de oposição ao portador, salvo se este tiver adquirido o cheque de má fé, ou, adquirindo-o, tenha cometido uma falta grave.

JURISPRUDÊNCIA:

Tendo o embargado adquirido o cheque incompleto, não se provando a existência de qualquer acordo de preenchimento entre a embargante e o embargado, nem se provando a existência de qualquer relação substantiva entre o portador do cheque inicial e o embargado justificativa da transmissão do cheque daquele para este, não pode o cheque dado à execução valer como título executivo.

Ac. da RL, de 19.09.2006 *in* www.dgsi.pt (proc. n.º 5185/2006-1)

1. *A par da lei, a fonte de direitos e obrigações emergentes da relação banco cliente reside nas cláusulas contratuais gerais que regem a prática bancária e às quais os clientes aderem no contrato de abertura de conta.*
2. *Com a entrega do dinheiro ao banco, para crédito em deposito à ordem, este fica proprietário dele, enquanto o depositante fica com o direito à restituição ou à entrega a outrem por sua ordem.*
3. *O desenvolvimento, a cessação e o bloqueio da conta não constituem direito exclusivo do respectivo titular, na medida em que o banco também tem nela os seus direitos.*
4. *Parece claro resultar do artigo 13.º, da respectiva Lei Uniforme, que um cheque pode ser assinado pelo sacador a favor do beneficiário a quem o entrega para que posteriormente o complete com a data e o montante.*
5. *Para a lei este cheque é válido e deve ser pago, à sua apresentação, pelo sacado, ainda que não tenha sido preenchido conforme o acordado.*
6. *Esse risco corre por conta do sacador, que apenas está protegido contra actuações de má fé ou falta grave, no preenchimento. É, pois, só nessa base que o citado artigo 13.º admite a excepção do preenchimento abusivo.*
7. *Compete ao sacador (ou a quem o represente), em acção contra o tomador, alegar e provar os factos constitutivos da excepção do preenchimento abusivo (artigo 342.º, n.º 1 do Código Civil).*
8. *A violação do pacto de preenchimento de um cheque não é oponível no domínio das relações imediatas.*
9. *Não tem a virtualidade de evitar o pagamento dum cheque, apresentado ao banco em boas condições, uma carta do herdeiro da herança do sacador a solicitar o cancelamento de todas as contas.*

10. Em face do direito bancário, os cartões dependem dum contrato específico, destinado à sua emissão, e o regime aplicável consta de cláusulas contratuais gerais.
11. Tratando-se de um meio de utilização pessoal, só o titular ou a pessoa a quem o confia pode, com ele, movimentar legitimamente a conta que lhe está associada.
12. Incorre em responsabilidade civil extracontratual, por uso ilegítimo do cartão, quem, não sendo o seu titular e sem consentimento deste, com ele levantar qualquer quantia.

Ac. da RC, de 21.02.2006 in www.dgsi.pt (proc. n.º 3197/05)

I – Em processo de embargos de executado o embargante é que tem o ónus de prova que num cheque emitido com data em branco foi preenchido posteriormente nessa parte em desacordo com o pacto de preenchimento.

II – A nulidade de um mútuo por falta de forma dado o seu valor (art.º 1143.º C. Civil) não afecta a obrigação cambiária, que é de sua natureza abstracta.

Ac. do STJ, de 25.10.2005 in www.dgsi.pt (proc. n.º 05A2703)

I – Como é do conhecimento geral e resulta dos usos da actividade comercial, o designado cheque de garantia destina-se a ser datado e apresentado a pagamento após se verificar que o sacador não cumpriu a obrigação a que se encontrava vinculado.

II – Não afecta, assim, a exequibilidade do cheque, o facto de ter sido o portador a datá-lo.

Ac. da RL, de 03.10.2000 in CJ, Ano XXV, Tomo IV, p. 100

Não se tendo provado que, pelo sacador fora dada autorização ao tomador para preencher o cheque nos termos em que o fez, é de concluir que a aposição da data que dele conste foi abusiva e, consequentemente, que aquele título de crédito carece de eficácia para efeitos penais, não havendo por isso também fundamento para indemnização civil, a coberto do art. 12.º do DL n.º 605/75, de 3-11.

Ac. RL, de 03.03.98 in CJ, Ano XXIII, Tomo II, p. 142

I – O cheque entregue sem indicação de data só é válido se posteriormente vem a ser completado nos termos dos acordos realizados.

II – Com o art. 11.º do DL 454/91, o crime de emissão de cheque sem provisão passou a ser um crime de dano, sem deixar de, subsidiariamente, visar proteger a sua livre circulação.
III – O cheque de garantia é aquele que não se destina ao pagamento de uma obrigação, mas assume finalidade subsidiária, de mera garantia do seu cumprimento.
IV – O crime de emissão de cheque sem provisão é um tipo especial em relação ao crime de burla, reconduzindo-se tal especialidade ao próprio artifício fraudulento.
V – O tribunal só deve negar a aplicação de uma pena alternativa ou de substituição, quando a execução da prisão se revele, do ponto de vista da prevenção especial de socialização, necessária, ou, em todo o caso provavelmente mais conveniente do que essas penas.
VI – O ponto de partida da determinação do montante da multa deve ser o rendimento líquido do condenado, só relevando o património na medida em que os seus elementos, considerados individualmente, sejam fonte de rendimentos.

Ac. RC, de 28.11.96 in CJ, Ano XXI, T. V, p. 56

I – (...).
II – O cheque entregue em branco só é válido desde que completado nos termos dos acordos realizados, nada na lei fazendo presumir que a simples entrega do cheque contem em si a anuência para seu preenchimento.

Ac. RC, de 16.05.96 in CJ, Ano XXI, Tomo III, p. 44

Em processo de embargos de executado é sobre o embargante, subscritor do cheque exequendo, emitido com data em branco e posteriormente completado pelo tomador ou a seu mando, que recai o ónus da prova da existência de acordo de preenchimento e da sua inobservância.

Assento STJ, de 14.05.96 in BMJ, 457, p. 59

I – Resulta do artigo 13.º da Lei Uniforme Sobre Cheques que o cheque emitido sem data adquire eficácia se esta lhe for aposta posteriormente, a não ser que o preenchimento contrarie o acordo realizado; neste caso, o vício só pode ser oposto ao portador se este, ao adquirir o cheque, tiver procedido de má fé ou cometendo falta grave.

II – *O artigo 2.º da aludida Lei Uniforme deve entender-se referido no momento da apresentação do cheque a pagamento e não ao da sua emissão: o cheque que no momento da sua apresentação a pagamento contém todos os elementos exigidos por lei é válido e válido continua a ser em qualquer momento posterior, designadamente quando é invocado em juízo como título executivo.*

III – *O direito do portador do cheque é o que deriva do próprio cheque, provando-se através do título.*

IV – *A inobservância de um acordo de preenchimento quanto à data, entre sacador (executado, embargante) e tomador (exequente, embargado), constitui facto impeditivo do direito aludido em III.*

V – *O ónus da prova da inobservância do acordo impende, pois, nos termos do artigo 342.º, n.º 2, do Código Civil, sobre o sacador/embargante.*

Ac. STJ, de 05.05.94 *in* BMJ, 437, p. 525

Se o cheque não continha a data de emissão e foi depois completado com uma data que não respeitou o acordo de preenchimento (ou não existindo este acordo), o cheque é nulo e não beneficia de protecção penal.

Ac. RC, de 23.09.93 *in* BMJ, 429, p. 893

CAPÍTULO II – Da transmissão

Art. 14.º (Formas de transmissão)

O cheque estipulado pagável a favor duma determinada pessoa, com ou sem cláusula expressa «à ordem», é transmissível por via de endosso.

O cheque estipulado pagável a favor duma determinada pessoa, com a cláusula «não à ordem» ou outra equivalente, só é transmissível pela forma e com os efeitos duma cessão ordinária.

O endosso pode ser feito mesmo a favor do sacador ou de qualquer outro co-obrigado. Essas pessoas podem endossar novamente o cheque.

JURISPRUDÊNCIA:

I – O endosso é uma declaração cambiária que normalmente tem os efeitos de transmitir o título, garantir ao portador a sua aceitação e pagamento, e justificar a sua posse (é uma declaração unilateral de vontade).

II – O endosso transmite todos os direitos resultantes do cheque, isto é, os direitos cambiários incorporados no cheque e só estes – art.ᵒˢ 14.º e 17.º LUC.

III – Porém, o endosso posterior ao protesto ou a uma declaração equivalente é um endosso impróprio, que não produz a sua plena e normal eficácia translativa, mas tem apenas os efeitos de uma cessão ordinária de créditos – art.º 24.º LUC.

IV – Em relação ao devedor, a cessão de créditos apenas produz efeitos desde que lhe seja notificada ou ele a aceite – art.º 583.º, n.º 1, C. Civ.– ; em relação a terceiros produz efeitos independentemente de notificação.

V – No caso de endosso impróprio, seja quanto às letras de câmbio (art.ᵒˢ 11.º e 20.º LULL), seja relativamente ao cheque (art.º 24.º LUC), entende-se que o endosso posterior ao protesto por falta de pagamento, tendo embora os efeitos de uma cessão ordinária de créditos, não está sujeita à forma desta, pelo que não carece de ser notificada ao aceitante.

Ac. da RC, de 08.05.2007 in www.dgsi.pt (proc. n.º 926/03.0TBFND-A.C1)

I – A causa final do endosso de cheques é passível de qualquer tipo de prova complementar da literalidade dos cheques, no âmbito endossante-endossado.

II – A literalidade do art. 428.º do C.C. não esgota o regime jurídico sobre reciprocidade de comportamentos.

III – Segundo o princípio da boa fé, a exceptio non rite adimpleti contractus implica que, havendo correspectividade de prestações, um contraente não pode ser obrigado a prestar o que corresponda ao que o outro prestou defeituosamente ou não prestou parcialmente.

IV – Provado que houve pagamento parcial de valor constante da letra de câmbio, que o portador das letras não cumpriu adequadamente a sua correspectiva prestação e que há encontro de contas a efectuar, tais letras, literalmente, careceu de exequibilidade, tendo o exequente ónus de liquidação preliminar a eventual execução.

Ac. STJ, de 28.10.97 *in* CJ, Ano V, Tomo III, p. 105

I – *As Tesourarias das Delegações Aduaneiras extraurbanas devem proceder ao depósito diário das disponibilidades de Caixa em contas abertas à ordem da D.G. das Alfândegas, na agência ou dependência da instituição de crédito mais próximo.*

II – *A lei não permite pagamento por endosso de cheques, já que, quanto a reembolsos, na carência de disponibilidades de caixa, os mesmos deverão ser efectuadas por meio de cheques nominativos.*

Ac. STJ, de 01.10.96 *in* CJ, Ano IV, Tomo III, p. 29

Art. 15.º (Modalidades do endosso)

O endosso deve ser puro e simples. Considera-se como não escrita qualquer condição a que ele esteja subordinado.
É nulo o endosso parcial.
É nulo igualmente o endosso feito pelo sacado.
O endosso ao portador vale como endosso em branco.
O endosso ao sacado só vale como quitação, salvo no caso de o sacado ter vários estabelecimentos e de o endosso ser feito em benefício de um estabelecimento diferente daquele sobre o qual o cheque foi sacado.

Art. 16.º (Forma do endosso)

O endosso deve ser escrito no cheque ou numa folha ligada a este (anexo). Deve ser assinado pelo endossante.
O endosso pode não designar o beneficiário ou consistir simplesmente na assinatura do endossante (endosso em branco). Neste último caso o endosso, para ser válido, deve ser escrito no verso do cheque ou na folha anexa.

Art. 17.º (Efeitos do endosso. Endosso em branco)

O endosso transmite todos os direitos resultantes do cheque.
Se o endosso é em branco, o portador pode:

1.º Preencher o espaço em branco, quer com o seu nome, quer com o nome de outra pessoa;
2.º Endossar o cheque de novo em branco ou a outra pessoa;
3.º Transferir o cheque a um terceiro sem preencher o espaço em branco nem o endossar.

Art. 18.º (Responsabilidade do endossante)

Salvo estipulação em contrário, o endossante garante o pagamento.

O endossante pode proibir um novo endosso, e neste caso não garante o pagamento às pessoas a quem o cheque for posteriormente endossado.

Art. 19.º (Requisitos da legitimidade do portador)

O detentor de um cheque endossável é considerado portador legítimo se justifica o seu direito por uma série ininterrupta de endossos, mesmo se o último for em branco. Os endossos riscados são, para este efeito, considerados como não escritos. Quando o endosso em branco é seguido de um outro endosso, presume-se que o signatário deste adquiriu o cheque pelo endosso em branco.

Art. 20.º (Endosso ao portador)

Um endosso num cheque passado ao portador torna o endossante responsável nos termos das disposições que regulam o direito de acção, mas nem por isso converte o título num cheque à ordem.

Art. 21.º (Direitos do detentor)

Quando uma pessoa foi por qualquer maneira desapossada de um cheque, o detentor a cujas mãos ele foi parar – quer se trate de um cheque ao portador, quer se trate de um cheque endossável em relação ao qual o detentor justifique o seu direito pela forma indicada no artigo 19.º – não é obrigado a restituí-lo, a não ser que o tenha adquirido de má fé, ou que, adquirindo-o, tenha cometido uma falta grave.

JURISPRUDÊNCIA

O sacador do cheque, ora embargante pode opor ao portador actual, ainda que terceiro de boa fé, a excepção de falta de emissão voluntária do título.

O que não pode é obrigá-lo a restituir-lhe o cheque, com o fundamento de que dele foi desapossado, não estando demonstrado que o embargado adquiriu o cheque de má fé, ou que, adquirindo-o, cometeu uma falta grave.

Ac. da RL, de 20.04.2004 *in* www.dgsi.pt (proc. n.º 3677/2003-7)

Art. 22.º (Excepções inoponíveis ao portador)

As pessoas accionadas em virtude de um cheque não podem opor ao portador as excepções fundadas sobre as relações pessoais delas com o sacador, ou com os portadores anteriores, salvo se o portador ao adquirir o cheque tiver procedido conscientemente em detrimento do devedor.

JURISPRUDÊNCIA

I – Porque no domínio das relações mediatas, é inoponível ao portador do cheque, por via de endosso, o favor prestado pelo subscritor ao endossante.

II – Ainda que esse portador, aquando do endosso, soubesse que se tratava de cheque de favor, a inoponibilidade da excepção mantém-se no caso daquele portador não ter sido parte na convenção de favor, não ter adquirido o cheque de má fé, nem mediante falta grave.

Ac. do STJ, de 08.03.2005 *in* CJ, Ano XIII, Tomo I, p. 122

I – O art.º 22.º da LU s/Cheques sanciona a inoponibilidade ao portador mediato do cheque das excepções que eventualmente se estabeleçam entre o sacador e o portador originário do cheque.

Ac. da RC, de 16.11.2004 *in* www.dgsi.pt (proc. n.º 2653/04)

1. O cheque post-datado constitui título executivo cambiário quando apresentado a pagamento antes da data nele mencionada.
2. Tendo o obrigado cambiário entregue a um filho o cheque, após o subscrever, e tendo este, por sua vez, entregue o mesmo cheque a outrem, para garantia de pagamento da sua dívida, deve entender- -se que o sacador assumiu a dívida do filho, considerando-se ele próprio como um terceiro (assuntor) que se obriga perante o credor a efectuar a prestação devida por outrem (artigo 595.º do C. Civil), ocorrendo mesmo uma assunção cumulativa de dívida na falta de declaração expressa no sentido da liberação do primitivo devedor.
3. Por isso e pela autonomia da relação cartular, não pode o obrigado cambiário opor ao tomador a excepção de favor ou garantia que porventura lhe poderia opor o filho, a quem antes havia entregue o cheque.
4. Por conseguinte devem improceder os embargos de executado opostos à execução pela sacadora do cheque, com o fundamento de que nada deve ao exequente.

Ac. da RC, de 25.05.2004 *in* www.dgsi.pt (proc. n.º 940/04)

Art. 23.º (Endosso por mandato)

Quando um endosso contém a menção «valor a cobrar» (*valeur en recouvrement*), «para cobrança» (*pour encaissement*), «por pro- curação» (*par procuration*), ou qualquer outra menção que implique um simples mandato, o portador pode exercer todos os direitos resul- tantes do cheque, mas só pode endossá-lo na qualidade de procurador.

Os co-obrigados neste caso só podem invocar contra o portador as excepções que eram oponíveis ao endossante.

O mandato que resulta de um endosso por procuração não se extingue por morte ou sobrevinda incapacidade legal do mandatário.

JURISPRUDÊNCIA:

1 – A entrega de cheque, através de endosso por procuração, corresponde a um mandato para obter a sua cobrança.

2 – É ilícita a rescisão da convenção de cheque e a sua comunicação ao Banco de Portugal, baseada na emissão de cheque, para depósito numa conta do emitente, aberta noutra instituição de crédito, que, apresentado a pagamento, é devolvido, por falta de provisão

Ac. da RL, de 03.02.2005 *in* www.dgsi.pt (proc. n.º 278/2005-6)

I – A entrega pelo cliente ao banco de um cheque sacado sobre outro banco para cobrança e posterior depósito na conta, só constitui um depósito bancário após boa cobrança.

II – Esta operação, que constitui um depósito com cláusula de boa cobrança, equivale à abertura de um crédito de montante igual ao cheque a cobrar, a favor de quem entrega o título, traduzindo o endosso o meio técnico de possibilitar a sua cobrança.

III – Neste caso, o endosso e entrega do cheque ao banco para cobrança e posterior depósito da importância cobrada na conta não transfere para o banco a propriedade do cheque, antes constituindo um endosso procuratório, no âmbito do qual se constitui uma relação de mandato.

IV – Em resultado dessa relação, que constitui uma obrigação de meios, obrigou-se o banco a praticar os actos necessários à cobrança do cheque, nomeadamente a apresentá-lo à Câmara de Compensação.

V – Tendo o banco cumprido essa obrigação, enviando o cheque por seguro de correio para ser apresentado na Câmara de Compensação, o extravio da mala por parte dos CTT, de que o banco deu imediato conhecimento ao cliente e à instituição sacada, traduz a observância de todas as obrigação exigidas pela relação de mandato, não estando obrigado a pagar o valor do cheque.

Ac. da RL, de 03.06.2003 *in* CJ, Ano XXVIII, Tomo III, p. 101

I – Tendo o tomador do cheque endossado o mesmo ao Banco onde tem conta, a fim de o respectivo valor nela ser depositado, estamos perante um endosso impróprio, por procuração, para efeitos de cobrança, previsto pelo art. 23.º da Lei Uniforme sobre o Cheque.

II – Não tendo o banco conseguido cobrar o cheque, não havia obstáculo a que o devolvesse ao endossante, sem necessidade de nele apor um novo endosso.

Ac. da RL, de 02.12.99 in CJ, Ano XXIV, Tomo V, p. 114

Art. 24.º (Endosso após protesto)

O endosso feito depois de protesto ou duma declaração equivalente, ou depois de terminado o prazo para apresentação, produz apenas os efeitos de uma cessão ordinária.

Salvo prova em contrário, presume-se que um endosso sem data haja sido feito antes do protesto ou das declarações equivalentes, ou antes de findo o prazo indicado na alínea precedente.

CAPÍTULO III – Do aval

Art. 25.º (Função do aval)

O pagamento dum cheque pode ser garantido no todo ou em parte do seu valor por um aval.

Esta garantia pode ser dada por um terceiro, exceptuado o sacado, ou mesmo por um signatário do cheque.

Art. 26.º (Forma do aval)

O aval é dado sobre o cheque ou sobre a folha anexa.

Exprime-se pelas palavras «bom para aval», ou por qualquer outra forma equivalente; é assinado pelo avalista.

Considera-se como resultando da simples aposição da assinatura do avalista na face do cheque, excepto quando se trate da assinatura do sacador.

O aval deve indicar a quem é prestado. Na falta desta indicação considera-se prestado ao sacador.

Art. 27.º (Direitos e obrigações do avalista)

O avalista é obrigado da mesma forma que a pessoa que ele garante.

A sua responsabilidade subsiste ainda mesmo que a obrigação que ele garantiu fosse nula por qualquer razão que não seja um vício de forma.

Pagando o cheque, o avalista adquire os direitos resultantes dele contra o garantido e contra os obrigados para com este em virtude do cheque.

CAPÍTULO IV – Da apresentação e do pagamento

Art. 28.º (Pagamento à vista)

O cheque é pagável à vista. Considera-se como não escrita qualquer menção em contrário.

O cheque apresentado a pagamento antes do dia indicado como data da emissão é pagável no dia da apresentação.

Art. 29.º (Prazo para apresentação a pagamento)

O cheque pagável no país onde foi passado deve ser apresentado a pagamento no prazo de oito dias.

O cheque passado num país diferente daquele em que é pagável deve ser apresentado respectivamente num prazo de vinte ou setenta dias, conforme o lugar de emissão e o lugar de pagamento se encontram situados na mesma ou em diferentes partes do mundo.

Para este efeito os cheques passados num país europeu e pagáveis num país à beira do Mediterrâneo, ou *vice-versa*, são considerados como passados e pagáveis na mesma parte do mundo.

Os prazos acima indicados começam a contar-se do dia indicado no cheque como data da emissão.

JURISPRUDÊNCIA:

> Mesmo que não possa fundar acção cambiária, o cheque, enquanto documento particular assinado pelo executado, que contém o reconhecimento de uma obrigação pecuniária para com o exequente, pode valer como título executivo, nos termos conjugados dos artigos 46.º, alínea c) do Código de Processo Civil e 458.º n.º 1 do Código Civil.

Ac. da RL, de 22.03.2007 *in* www.dgsi.pt (proc. n.º 10841/06-2

> I – Existiu por parte do legislador do DL n.º 329-A/95, de 12/12, a vontade de alargar o âmbito dos títulos executivos, conforme é reconhecido no preâmbulo desse diploma, face ao que nada impede que um título cambiário que não possa valer como título executivo (como, p.ex., por a obrigação cambiária se mostrar prescrita) possa ter validade como documento particular assinado pelo devedor e, como tal, possa ser considerado título executivo nos termos do art.º 46.º, al. c), do CPC.
>
> II – Isto é, pelo facto de um cheque não poder valer, face aos normativos da LUC, como título de crédito/executivo, não se vê qualquer razão para que esse cheque não possa valer como documento particular assinado pelo devedor, para os efeitos do disposto no art.º 46.º, al. c), do CPC.
>
> III – Face a esta disposição legal, para que os documentos particulares possam ser títulos executivos, têm que ser assinados pelo devedor e que importem a constituição ou o reconhecimento de obrigações pecuniárias, sendo o seu montante determinado ou determinável por simples cálculo aritmético, nos termos do art.º 805.º do CPC.
>
> IV – Na falta de referência à obrigação subjacente no cheque, deve ser seguido o entendimento de que essa componente se terá como preenchida se, no requerimento executivo, se mencionar a obrigação subjacente, a causa debendi, uma vez que o executado poderá impugnar a obrigação invocada.

Ac. da RC, de 21.11.2006 *in* www.dgsi.pt (proc. n.º 495/05.6TBILH-A.C1)

> I – No caso de um cheque não ser apresentado a pagamento no prazo decorrente do art.º 29.º da L.U. s/C., e sendo omisso em relação à obrigação subjacente, além de nada ser alegado sobre esta obrigação no requerimento executivo, deve entender-se que esse documento não constitui título executivo.

II – *As condições que permitem ao credor exigir, de imediato, a prestação coactiva da prestação têm de estar reunidas logo no início da execução, pelo que não pode uma contestação de embargos servir de complemento ao requerimento executivo e suprir as deficiências deste.*

Ac. da RC, de 25.01.2005 *in* www.dgsi.pt (proc. n.º 3790/04)

1. *A falta de apresentação de um cheque a pagamento no prazo de 8 dias a contar da data da emissão, como exigido pelo art. 29.º da LUC, origina que o cheque deixe de constituir título executivo para, com base nele, o portador accionar o sacador que o não pagou.*
2. *Tal situação traduz falta de verdadeira condição da acção porque o título não possui um dos requisitos necessários à exequibilidade, o que permite o conhecimento oficioso do tribunal, quer através de indeferimento liminar ou, passada a oportunidade deste, nos termos do art. 820.º do C.Proc.Civil.*
3. *Todavia, se é certo que o exequente perdeu o direito de usar da acção cambiária contra o executado, poderá ainda o cheque valer como título executivo, à luz do art. 46.º, al. c), do C.Proc.Civil, agora como simples quirógrafo, ou seja, enquanto documentos particular, assinado pelo devedor, desprovido das características que são específicas e próprias dos títulos de crédito.*
4. *Neste caso, porém, a obrigação exigida não é a obrigação cambiária, caracterizada pela literalidade e abstracção, mas antes a obrigação causal ou subjacente.*
5. *Em todo o caso, quando do cheque não conste a causa da obrigação subjacente e a obrigação a que se reporta derive de negócio jurídico formal, uma vez que a causa do negócio jurídico é um elemento essencial deste, o documento não poderá constituir título executivo, ainda que o exequente alegue no requerimento inicial a existência dessa obrigação.*
6. *Na redacção do Dec.lei n.º 163/95, de 13 de Julho, o contrato de mútuo de valor superior a 200.000$00 é um negócio formal, não podendo o documento assinado pelo mutuário (ou escritura) essencial à celebração daquele contrato ser substituído pela simples subscrição de cheques que se lhe não referem.*
7. *Sempre que um cheque se encontra nas relações imediatas entre sacador e tomador pode aquele opor a este as excepções concernentes a negociação subjacente, designadamente a nulidade da relação subjacente, conforme resulta, a contrario, do artigo 22.º da LUC.*

8. *A nulidade do contrato de mútuo subjacente não afecta a relação cartular constituída a favor do mutuante a título de datio pro solvendo, ou seja, a fim de realizar mais facilmente o seu direito de crédito.*
9. *Na situação de datio pro solvendo em que se traduziu a entrega do cheque com o valor do capital de mútuo, o direito de crédito do exequente à restituição não se extingue pela mera entrega do cheque, dependendo da efectiva realização do seu direito de crédito.*
10. *Como por via do cheque se constituiu uma obrigação cambiária de pagamento de determinada quantia, valerá este, autonomamente, como título executivo, nos termos da alínea c) do artigo 46.º do Código de Processo Civil e, como tal, pode fundamentar a execução.*

Ac. do STJ, de 09.03.2004 *in* www.dgsi.pt (proc. n.º 03B4109)

I – Não foi alterado o regime legal vigente anterior à redacção dada ao artigo 46.º/1,alínea c) do C.P.C. pela revisão de 1995/1996 segundo o qual o cheque não apresentado a pagamento no prazo legal de um mero quirógrafo se trata sendo a obrigação exigida, não a cartular, mas a causal.

II – Tais quirógrafo, face à actual redacção, não constituem título executivo porque não são documentos que importem constituição ou reconhecimento de obrigações pecuniárias".

III – A alegação no requerimento executivo dos factos respeitantes à relação fundamental, de que o quirógrafo do cheque é meio de prova, não tem a virtualidade de conferir ao documento força executiva.

Ac. da RL, de 26.02.2004 *in* www.dgsi.pt (proc. 1090/2004-8)

I – O contrato de depósito bancário é um negócio real, dado que para a perfeição negocial é essencial a entrega de uma determinada quantia ao banco.

II – O contrato de cheque é uma espécie particular do contrato de mandato entre o banco e o depositante. O beneficiário da ordem de pagamento é estranho a tal relação contratual.

III – Revogado um cheque e sendo ele apresentado a pagamento no prazo aludido no art. 29.º da LUCH, nada impede que o Banco recuse o pagamento. Todavia, ele manterá a sua força executiva.
Se for apresentado para além de tal prazo, perderá a força executiva.

Ac. da RE, de 12.02.2004 *in* www.dgsi.pt (proc. n.º 2750/03-3)

1. *O cheque é um título de crédito completo, literal e autónomo, que, sendo representativo de numerário, dele se faz uso como meio de pagamento.*
2. *Assim, e por isso que a abstracção é também uma das suas características, a pretensão cambiária ou abstracta dele decorrente é accionável independentemente da alegação e demonstração da causa da sua subscrição pelos sujeitos cambiários respectivos.*
3. *De tal sorte, à Exequente-Embargada não se faz mister, em vista a fazer valer a sua pretensão executiva, a alegação daquela factualidade respeitante à causa ou relação jurídica subjacente à emissão do título.*
4. *Como assim, da circunstância de a mesma Exequente não lograr fazer a prova dessa factualidade, vazada nos arts. 1.º e 2.º da Base Instrutória, nenhuma consequência pode derivar, em vista da vitória ou naufrágio da sua pretensão.*
5. *Apresentando-se a obrigação exequenda como uma obrigação abstracta, assente e consubstanciada na relação cambiária documentada no título – o cheque de que é portadora –, para a procedência dessa pretensão apenas necessário se lhe torna evidenciar a validade e eficácia dessa relação, desiderato essencialmente função da comprovação da assinatura do cheque – na qualidade de sacadora –, pela Executada, e da verificação dos requisitos plasmados nos arts. 29.º, 40.º e 41.º da L.U.C.H..*
6. *À Executada-Embargante, por seu turno – e uma vez que a obrigação cambiária se configura ainda no domínio das relações jurídicas imediatas –, é que lhe compete o ónus de alegar, para depois provar – a título de facto impeditivo ou extintivo do direito cartular da Exequente-Embargada (cfr. art. 342.º, n.º 2, do Cód. Civil) –, que subjacente à constituição dessa relação cambiária não se verifica qualquer causa, que o cheque dado à execução não tem correspondência com qualquer real e efectivo débito.*
7. *Segundo os ditames da teoria da emissão (preferível em relação à teoria da criação), a obrigação ou negócio cambiário só se tornam perfeitos mediante a conjugação de dois elementos, a saber, a declaração cartular e a emissão do título de crédito, ou seja, o seu desapossamento voluntário por parte do respectivo subscritor.*
8. *Todavia, a comprovação de que essa emissão ou saída do título das mãos do subscritor teve lugar segundo a vontade deste, não se consubstancia em facto constitutivo do direito do portador ou accionante.*

9. Bem diversamente, é a falta dessa voluntária emissão que constitui excepção (peremptória), portanto a ser alegada e demonstrada pelo subscritor demandado.

Ac. da RC, de 20.01.2004 *in* www.dgsi.pt (proc. n.º 2792/03)

A ordem de pagamento para ao banco, concretizada num cheque implica, em princípio, um reconhecimento unilateral de dívida, nos termos do disposto no artigo 458 n.1 do Código Civil e, por isso, podendo aquele funcionar como título executivo, nos termos do disposto no artigo 46 alínea c) do Código de Processo Civil.

Ac. da RP, de 06.11.2003 *in* www.dgsi.pt (proc. n.º 0330278)

Tendo sido alegando, na petição inicial, o negócio subjacente, face à redacção do artigo 46.º do C.P.C., um cheque, como documento particular, continua a ter força de título executivo, mesmo quando haja sido apresentado a pagamento ultrapassado o prazo do artigo 29.º da Lei Uniforme.

Ac. da RE, de 28.11.2002 *in* www.dgsi.pt (proc. n.º 1489/00-2)

Vale como título executivo o cheque prescrito.

Ac. da RL, de 27.06.2002 *in* CJ, Ano XXVII, Tomo III, p. 121

I – *O cheque só é título executivo quando, nomeadamente, o seu pagamento haja sido recusado dentro do prazo de oito dias subsequentes à data da respectiva emissão, ou seja, se o cheque não fora pago e a recusa do pagamento for verificada, antes de expirar o prazo para a apresentação, por um dos meios referidos nos artigos 40.º e 41.º da LUC.*
II – *O cheque desprovido da natureza cambiária apenas pode continuar a valer como título executivo enquanto documento particular consubstanciando a obrigação subjacente, desde que esta não seja emergente de negócio formal e a sua causa seja invocada no requerimento da execução, de modo a poder ser impugnada pelo executado – não bastando para tanto invocar naquele requerimento apenas a relação cambiária.*

Ac. da RC, de 16.04.2002 *in* CJ, Ano XXVII, Tomo III, p. 11

I – O cheque que não seja apresentado a pagamento no prazo de 8 dias após a sua emissão, com verificação da recusa de pagamento no mesmo prazo, vale apenas como quirógrafo de uma obrigação.
II – Este cheque não vale como reconhecimento unilateral de divida, nos termos do art. 458.º, do C.C..
III – O portador desse cheque não pode accionar o seu sacador com base na mera relação cambiária, devendo invocar a relação jurídica subjacente à sua emissão.

Ac. da RL, de 11.10.2001 *in* CJ, Ano XXVI, Tomo IV, p. 120

A emissão de um cheque a favor de terceira pessoa, não vale como título executivo, do art. 46.º, n.º 1, c), do CPC, uma vez que tal emissão não significa o reconhecimento de uma obrigação pecuniária, apenas encerrando uma ordem de pagamento à entidade bancária e a favor de terceiro.

Ac. da RC, de 06.02.2001 *in* CJ, Ano XXVI, Tomo I, p. 28

I – O n.º 4 do art. 3.º do D-L 316/97 pressupõe apenas que, já na fase de julgamento, ou seja, após despacho nos termos dos arts. 311.º e 312.º do C.P.P., se tenha decidido, em virtude da descriminalização resultante da nova lei, pela extinção do procedimento criminal, sem que, portanto, tenha sido conhecido em julgamento, do mérito relativamente ao crime e se haja aí concluído pela sua inexistência, consequente dessa descriminalização.
II – Consequentemente, não deve o tribunal conhecer do pedido cível, no caso de absolvição resultante, não só da referida descriminalização, mas também, da circunstância de a apresentação a pagamento dos cheques não ter sido efectuada no prazo de 8 dias, estabelecido pela lei Uniforme.

Ac. STJ, de 13.10.99 *in* CJ, Ano VII, Tomo III, p. 169

É parte legítima para a execução aquele que assina um cheque sobre a conta de uma sociedade da qual é gerente, com poderes para a obrigar, desde que do título não conste ou resulte expressamente que agiu em nome dela.

Ac. RP, de 20.05.99 *in* CJ, Ano XXIV, Tomo III, p. 196

I – A ampliação do elenco dos títulos executivos por força da alteração introduzida à alínea c) do artigo 46.º do Código de Processo Civil pelo Decreto-Lei n.º 329-A/95, de 12 de Dezembro, não tem a virtualidade de colidir com a aplicação da legislação específica sobre cheques constante da respectiva Lei Uniforme.

II – Está totalmente ausente da letra ou do espírito da reforma processual de 1995, no que tange às alterações introduzidas na mencionada norma da alínea c) do artigo 46.º, qualquer intencionalidade visando a não aplicação dos normativos próprios da Lei Uniforme Relativa ao Cheque.

III – O que significa que permanece intocado o requisito de exequibilidade constante do primeiro parágrafo do artigo 29.º da Lei Uniforme sobre Cheques, de acordo com o qual «o cheque pagável no país onde foi passado deve ser apresentado a pagamento no prazo de oito dias».

Ac. STJ, de 04.05.99 in BMJ, 487, p. 240

I – Está ausente da letra ou do espírito da reforma processual civil de 1995, no que respeita às alterações introduzidas na norma da al. c) do art. 46.º, qualquer intencionalidade visando a não aplicação dos normativos próprios da LUC.

II – O direito de acção do portador contra o sacador, por falta de pagamento, só poderá ser exercido se o cheque, apresentado dentro dos 8 dias, não for pago e se a recusa de pagamento for verificada, antes de expirar esse prazo, por um dos meios referidos nos arts. 40.º e 41.º da LUC.

Ac. STJ, de 04.05.99 in CJ, Ano VII, Tomo II, p. 82

O cheque emitido em 28 de Dezembro de 1997 e devolvido em 7 de Janeiro de 1998, na compensação do Banco de Portugal, é na qualidade de documento particular assinado pelo devedor, título executivo, nos termos do artigo 46.º, alínea c), do Código de Processo Civil.

Ac. RP, de 29.04.99 in BMJ, 486, p. 365

Em face da nova redacção dada ao artigo 46.º, alínea c), do Código de Processo Civil, introduzida pelo Decreto-Lei n.º 329-A/95, de 12 de Dezembro, o cheque passou a ser título executivo, independentemente de não observar as prescrições da Lei Uniforme dos Cheques, *nomeadamente, por não ter sido apresentado a pagamento no prazo previsto no artigo 29.º desta última lei.*

Ac. RL, de 22.04.99 *in* BMJ, 486, p. 359

Encontra-se o cheque junto a processo pendente por crime de emissão de cheque sem cobertura, sendo indispensável para instrução e prova do mencionado crime, a fotocópia autenticada do cheque extraída desse processo crime constitui título executivo.

Ac. RP, de 29.10.98 *in* BMJ, 480, p. 547

Embora não apresentado a pagamento no prazo de 8 dias a que se reporta o art. 29.º da LUC, o cheque não deixa, só por isso, de ser título executivo.

Ac. RL, de 18.12.97 *in* CJ, Ano XXII, Tomo V, p. 129

I – *A apresentação atempada do cheque a pagamento e a verificação, nesse prazo, da falta de provisão não podem provar—se senão através do próprio cheque, sendo irrelevantes ou inoperantes quaisquer outros elementos que lhe sejam estranhos.*
II – *Não preenche o tipo de crime de emissão de cheque sem provisão, a recusa de pagamento por motivo de «conta bloqueada» ainda que, através do extracto da conta, se pudesse verificar que o emitente não tinha fundos bastantes no banco sacado.*

(Ac. R.P., de 10.01.96, in BMJ, 453, p. 559).

Preenche as condições objectivas de procedibilidade a alegação na acusação de que o cheque foi apresentado pela primeira vez a pagamento em determinada data e que foi devolvido por falta de provisão no prazo de oito dias, contados desde a data da emissão, sendo irrelevante para aquele efeito que tenha sido apresentado posteriormente, de novo, a pagamento, sendo devolvido, desta feita, com a menção «conta cancelada».

Ac. RP, de 21.06.95 *in* BMJ, 448, p. 434

Os sábados são de considerar feriados para efeitos de prorrogação do prazo de apresentação do cheque a pagamento até ao primeiro dia útil que se seguiu ao termo do mesmo.

Ac. RC, de 09.02.94 *in* CJ, Ano XIX, Tomo I, p. 58

Art. 30.º (Data de emissão no caso de divergência de calendários)

Quando o cheque for passado num lugar e pagável noutro em que se adopte um calendário diferente, a data da emissão será o dia correspondente no calendário do lugar do pagamento.

Art. 31.º (Apresentação à câmara de compensação)

A apresentação do cheque a uma câmara de compensação equivale à apresentação a pagamento.

Art. 32.º (Revogação do cheque)

A revogação do cheque só produz efeito depois de findo o prazo de apresentação.
Se o cheque não tiver sido revogado, o sacado pode pagá-lo mesmo depois de findo o prazo.

JURISPRUDÊNCIA:

> I. *A chamada "convenção de cheque" constitui uma modalidade de mandato específico, sem representação, para a realização de actos jurídicos precisos: os inerentes ao pagamento de cheque.*
> II. *O que, em caso de omissão de regulamentação, reclama que se apliquem, a título subsidiário, as regras do mandato – art.º 1156.º e ss do C. Civil.*
> III. *Os sujeitos do contrato (convenção) de cheque são o sacador, titular da conta de depósitos e o banco depositário sacado, acordo esse relativamente ao qual é estranho o beneficiário (tomador) do cheque.*
> IV. *A revogação do cheque a que se reportam os art.ºs 14.º e 32.º da LUCH, consubstanciada na ordem do emitente (dirigida ao banqueiro) de proibição do seu pagamento e enquadrável no art.º 1170, n.º 1, do CCivil, pode ser desencadeada antes ou depois da apresentação do cheque a pagamento, mas em princípio só surtirá eficácia após o decurso do prazo para essa apresentação.*
> V. *A entidade bancária sacada não é, porém, obrigada a acatar a ordem de revogação do cheque antes de terminar o prazo da sua apre-*

sentação a pagamento, embora a possa observar nos termos do contrato de cheque, por não estar directamente vinculado, perante o respectivo portador, a realizar-lhe o pagamento.

VI. Aquele contrato de mandato pode ser revogado pelo mandante, genericamente com justa causa e, especialmente, perante extravio ou apossamento ilegítimo do cheque emitido por banda de outrem – art.^{os} 32.º da LUch e 1170.º do C. Civil.

VII. Só se a recusa for ilícita e se mostrarem por isso violados a segunda parte do art.º 14 do Decreto n.º 13004, de 12-01-1927 e os art.^{os} 32.º, 40.º e 41.º da LUCh ou, e atento o disposto no art.º 483 e ss do CC, o banco poderá incorrer em responsabilidade civil extracontratual perante o portado.

Ac. do STJ, de 03.02.2005 *in* www.dgsi.pt (proc. n.º 04B4382)

I – O cheque depositado em conta bancária só é convertido em dinheiro nessa conta após boa cobrança, ou seja, quando é pago ao depositário.

II – Porém, tal questão não se coloca quando o depositário é o Banco sacado, havendo apenas que ver se a conta do sacado dispõe de provisão.

III – A Lei Uniforme relativa ao Cheque não prevê a situação de extravio de cheque.

IV – Ao extravio de cheque alude o § único do art. 14.º do Dec. 13.004, que se encontra em vigor.

V – Com o cheque cruzado pretende-se evitar que possa ser recebido por outrem que não o seu legítimo possuidor.

VI – Não constituindo declaração de extravio de cheque a enviada ao Banco sacado dizendo que o seu montante já havia sido pago ao portador.

VII – Se, apesar de recebida na véspera tal declaração, o Banco sacado aceitou o cheque nominativo, com cruzamento geral, abriu uma conta à ordem em nome do portador, que não era seu cliente, onde o cheque foi depositado, e três dias depois celebrou com este um depósito a prazo, sendo a quantia objecto de depósito a que constava do cheque, não pode resolver depois unilateralmente o contrato de depósito a prazo com base na declaração do sacador de ter havido extravio do cheque.

VIII – Apesar de não conter o cheque a data de emissão, actua o Banco com abuso de direito quando, depois do seu comportamento atrás descrito, vem invocar a omissão de tal requisito para se eximir da responsabilidade de indemnizar o depositante.

Ac. da RP, de 18.09.2001 *in* CJ, Ano XXVI, Tomo IV, p. 189

I – Enquanto não findar o prazo de apresentação a pagamento, a revogação de um cheque não tem efeitos.
II – Consequentemente, o Banco sacado não pode legitimamente recusar, por aquele motivo, o pagamento de um cheque que lhe seja apresentado dentro do prazo de pagamento.
III – Recusando o pagamento do cheque, o Banco deve devolvê-lo ao portador, dentro do prazo de apresentação a pagamento, apondo nele a recusa do pagamento e a indicação do motivo.
IV – A acção em que o portador de um cheque, apresentado a pagamento dentro do respectivo prazo, demanda o Banco sacado, pelos danos resultantes da recusa do pagamento pelo motivo da revogação do cheque, bem como por não lhe ter sido o mesmo devolvido dentro do prazo de apresentação, nem nele aposta a recusa do pagamento e indicação do motivo, é uma acção de responsabilidade civil extra-contratual.

Ac. do STJ, de 05.07.2001 *in* CJ, Ano IX, Tomo II, p. 146

I – Atribuindo-se ao cliente, titular de uma conta bancária o direito de sacar cheques, também se lhe atribui o direito de os revogar.
II – A revogação de um cheque, só produz efeito depois de findo o prazo de apresentação.
III – Não constitui revogação de um cheque a comunicação feita pelo titular da conta do Banco de "que se abstería de provisionar a sua conta para pagamento do cheque (...) por entender ser anulável o contrato subjacente à sua emissão, tendo até requerido uma providência cautelar a pedir a suspensão do seu pagamento".
IV – Mas também não justifica rescisão da convenção do uso de cheque pelo Banco, rescisão que não é automática, dada devolução de um cheque por falta de provisão.
V – Rescindida pelo Banco a convenção, sem o circunstancialismo legal, deve o Banco indemnizar pelos danos não patrimoniais causados.

Ac. da RL, de 21.03.2000 *in* CJ, Ano XXV, Tomo II, p. 103

I – A revogação do cheque só se torna eficaz depois de findo o prazo de apresentação a pagamento, só então podendo o banco sacado recusar validamente o pagamento ao portador legítimo.

II – Recusando o pagamento no prazo da apresentação, o banco viola ilicitamente o direito de outrem, incorrendo em responsabilidade civil extracontratual".

Ac. RP, de 18.05.99 *in* BMJ, 487, p. 364

A revogação do cheque, isto é, a contra-ordem dada pelo sacador a sacado para não pagar, só produz efeito depois de findo o prazo de apresentação, não incorrendo, até então, o banco sacado em responsabilidade por não acatar a contra-ordem do sacador.

Ac. RP, de 18.11.96 *in* BMJ, 461, p. 515

Revogada a ordem de pagamento de um cheque dada ao banco sacado, por um seu cliente, antes de ser apresentado pelo tomador, deixa de haver causa justificativa de deslocação patrimonial, para efeitos do enriquecimento sem causa, previsto no art. 473.º e segs. do Cód. Civil se o Banco paga o cheque e tem, por virtude disso, de reembolsar o seu sacador da correspondente garantia.

Ac. RP, de 06.01.94 *in* CJ, Ano XIX, Tomo I, p. 200

Art. 33.º (Morte ou incapacidade do sacador)

A morte do sacador ou a sua incapacidade posterior à emissão do cheque não invalidam os efeitos deste.

Art. 34.º (Direito à entrega do cheque)

O sacado pode exigir, ao pagar o cheque, que este lhe seja entregue munido de recibo passado pelo portador.

O portador não pode recusar um pagamento parcial.

No caso de pagamento parcial, o sacado pode exigir que desse pagamento se faça menção no cheque e que lhe seja entregue o respectivo recibo.

Art. 35.º (Obrigação de verificar a regularidade da sucessão dos endossos)

O sacado que paga um cheque endossável é obrigado a verificar a regularidade da sucessão dos endossos, mas não a assinatura dos endossantes.

Art. 36.º (Moeda de pagamento)

Quando um cheque é pagável numa moeda que não tem curso no lugar do pagamento, a sua importância pode ser paga, dentro do prazo da apresentação do cheque, na moeda do país em que é apresentado, segundo o seu valor no dia do pagamento. Se o pagamento não foi efectuado à apresentação, o portador pode, à sua escolha, pedir que o pagamento da importância do cheque na moeda do país em que é apresentado seja efectuado ao câmbio, quer do dia da apresentação, quer do dia do pagamento.

A determinação do valor da moeda estrangeira será feita segundo os usos do lugar de pagamento. O sacador pode, todavia, estipular que a soma a pagar seja calculada segundo uma taxa indicada no cheque.

As regras acima indicadas não se aplicam ao caso em que o sacador tenha estipulado que o pagamento deverá ser efectuado numa certa moeda especificada (cláusula de pagamento efectivo numa moeda estrangeira).

Se a importância do cheque for indicada numa moeda que tenha a mesma denominação mas valor diferente no país de emissão e no de pagamento, presume-se que se fez referência à moeda do lugar de pagamento.

CAPÍTULO V – Dos cheques cruzados e cheques a levar em conta

Art. 37.º (Cheque cruzado. Modalidades de cruzamento)

O sacador ou o portador dum cheque podem cruzá-lo, produzindo assim os efeitos indicados no artigo seguinte.

O cruzamento efectua-se por meio de duas linhas paralelas traçadas na face do cheque e pode ser geral ou especial.

O cruzamento é geral quando consiste apenas nos dois traços paralelos, ou se entre eles está escrita a palavra «banqueiro» ou outra equivalente; é especial quando tem escrito entre os dois traços o nome dum banqueiro.

O cruzamento geral pode ser convertido em cruzamento especial, mas este não pode ser convertido em cruzamento geral.

A inutilização do cruzamento ou do nome do banqueiro indicado considera-se como não feita.

Art. 38.º (Pagamento do cheque cruzado)

Um cheque com cruzamento geral só pode ser pago pelo sacado a um banqueiro ou a um cliente do sacado.

Um cheque com cruzamento especial só pode ser pago pelo sacado ao banqueiro designado, ou, se este é o sacado, ao seu cliente. O banqueiro designado pode, contudo, recorrer a outro banqueiro para liquidar o cheque.

Um banqueiro só pode adquirir um cheque cruzado a um dos seus clientes ou a outro banqueiro. Não pode cobrá-lo por conta doutras pessoas que não sejam as acima indicadas.

Um cheque que contenha vários cruzamentos especiais só poderá ser pago pelo sacado no caso de se tratar de dois cruzamentos, dos quais um para liquidação por uma câmara de compensação.

O sacado ou o banqueiro que deixar de observar as disposições acima referidas é responsável pelo prejuízo que daí possa resultar até uma importância igual ao valor do cheque.

JURISPRUDÊNCIA:

> *Na base da emissão de um cheque há duas relações jurídicas distintas: a relação de provisão e a convenção de cheque.*
> *Um cheque cruzado só pode ser pago pelo sacado a uma instituição bancária ou a um cliente do sacado; por sua vez o banqueiro (instituição bancária) só pode adquirir um cheque cruzado a um dos seus clientes ou a outro banqueiro.*

É considerado portador legítimo de um cheque, além do portador originário, o detentor que justifique o seu direito por uma série ininterrupta de endossos, ainda que o último seja em branco.

O sacado que paga um cheque endossável é obrigado a verificar a regularidade da sucessão dos endossos; mas já não a verificar as assinaturas dos endossantes, ou seja, apenas tem que verificar a regularidade formal dos endossos, mesmo que se trate de um cheque cruzado com cruzamento geral.

O facto de o cheque ter sido cruzado não obriga o Banco a tomar quaisquer outras providências, pois o cruzamento não proíbe o endosso, tendo, todavia, a vantagem de só poder ser pago a uma instituição de crédito ou a um cliente do sacado.

Num cheque endossado em branco (cruzado ou não), o Banco não é obrigado a averiguar se a assinatura atribuída ao gerente da sociedade sua beneficiária (na qualidade de 1.º endossante) foi feita efectivamente por alguém que a representava.

O Banco só é responsável perante o sacador se, ao efectuar o pagamento do cheque, agiu com culpa, ou seja, se os seus funcionários não tomaram as providências que uma pessoa de normal diligência, colocados nas mesmas condições, e perante a observação do título, teria tomado.

Por isso, quando se encarrega da cobrança de um cheque, o Banco deve tomar as precauções necessárias e verificar se o mesmo se encontra devidamente preenchido, designadamente, se tem rasuras ou outras anomalias que possam suscitar dúvidas sobre a sua idoneidade, pois, caso contrário, responde, nos termos gerais, pelos prejuízos causados ao seu verdadeiro titular.

Ac. da RL, de 02.03.2004 *in* www.dgsi.pt (proc. n.º 2969/2002-7)

I – *O banqueiro que cobra um cheque cruzado de um cliente nos termos do artigo 38.º/3 da L.U.Ch. pode incorrer em responsabilidade extracontratual face a terceiro, aquele a favor de quem foi emitido o cheque cruzado, se não usar da diligência que as circunstâncias concretas do caso justificam (legibilidade das assinaturas apostas no endosso, montante do cheque, capacidade económica evidenciada pela sua cliente, ritmo de cheques cruzados depositados pela cliente provindos de uma empresa que, pela actividade e dimensão, não é suposta endossar cheques e muito menos continuadamente à mesma pessoa singular etc).*

II – Assim sendo, a responsabilidade do banqueiro não fica excluída liminarmente com a demonstração de que o título, designadamente o endosso (falsificado), não revelavam adulterações materiais (falso grosseiro).

Ac. da RL, de 08.07.2004 *in* www.dgsi.pt (proc. n.º 4062/2004-8)

I – A excepção dilatória de preterição do tribunal arbitral (art. 494.º, n.º 1, al. h), do Cód. Proc. Civil) abarca, quer o compromisso arbitral, quer a cláusula compromissória.
II – Cheques bancários são aqueles em que o sacador é também um banqueiro, tendo, por isso, a cobertura garantida pela própria solvabilidade do emitente.
III – Há incumprimento contratual do transportador que aceita, para pagamento de mercadoria, um cheque particular, sacado pelo importador, quando se estipulara no contrato com o exportador que os artigos só seriam entregues contra cheque bancário.
IV – Se o cheque emitido pelo importador não puder ser descontado, o transportador tem de indemnização o expedidor até ao valor do seu reembolso (art. 21.º da Convenção CMR).

Ac. RP, de 09.05.95 *in* CJ, Ano XX, Tomo III, p. 208

I, II – (...).
III – O Banco que se encarrega da cobrança de um cheque tem por obrigação não aceitar cheques que não sejam de uma perfeita regularidade aparente, correctamente redigidos e que não ofereçam quaisquer traço, emenda ou viciação.
IV – O Banco que recebe para cobrança um cheque cruzado por endosso e o cobra do banco sacado através de uma Câmara de Compensação, por conta de um cliente, é responsável à luz das normas de Direito vigente, sempre que se prove que aceitou, sem precauções, a remessa de alguém que havia desviado um cheque em seu proveito, como é o caso dos presentes autos, em que uma trabalhadora de uma empresa – encarregada de proceder ao depósito do cheque na conta daquela (empresa) – , e após ter rasurado o nome da destinatária inicial do cheque, o substitui pelo seu nome, depositando o mesmo cheque numa conta própria".

Ac. STJ, de 14.04.99 *in* BMJ, 486, p. 279

Art. 39.º (Cheque a levar em conta)

O sacador ou o portador dum cheque podem proibir o seu pagamento em numerário, inserindo na face do cheque transversalmente a menção «para levar em conta», ou outra equivalente.

Neste caso o sacado só pode fazer a liquidação do cheque por lançamento de escrita (crédito em conta, transferência duma conta para a outra ou compensação). A liquidação por lançamento de escrita vale como pagamento.

A inutilização da menção «para levar em conta» considera-se como não feita.

O sacado que deixar de observar as disposições acima referidas é responsável pelo prejuízo que daí possa resultar até uma importância igual ao valor do cheque.

CAPÍTULO VI – Da acção por falta de pagamento

Art. 40.º (Acção por falta de pagamento)

O portador pode exercer os seus direitos de acção contra os endossantes, sacador e outros co-obrigados, se o cheque, apresentado em tempo útil, não for pago e se a recusa de pagamento for verificada:

1.º Quer por um acto formal (protesto);
2.º Quer por uma declaração do sacado, datada e escrita sobre o cheque, com a indicação do dia em que este foi apresentado;
3.º Quer por uma declaração datada duma câmara de compensação, constatando que o cheque foi apresentado em tempo útil e não foi pago.

JURISPRUDÊNCIA:

> I – *Na convenção de cheque tudo se passa entre o Banco e o titular da provisão – são eles as partes do dito contrato.*
> II – *Uma vez celebrado o contrato de "emissão de cheque", se o banqueiro sacado se negar injustificadamente a pagar um cheque sobre ele emitido, só o sacador pode accioná-lo.*

III – O portador, que não é parte na convenção de cheque, não tem acção contra o banco sacado, apenas podendo accionar, em via de regresso, os signatários do título: o sacador e os eventuais endossantes e avalistas (art.º 40.º LUs/C).

IV – Não há, salvo dolo, mera culpa ou abuso de direito (responsabilidade aquiliana), qualquer relação entre o portador ou beneficiário de um cheque e o banqueiro, a menos que a convenção de cheque tenha sido estipulada como contrato a favor de terceiros.

Ac. da RC, de 08.05.2007 *in* www.dgsi.pt (proc. n.º 240/2002.C1)

I. O portador de um cheque apenas pode exercer a acção cambiária quando a verificação da recusa de pagamento do mesmo, prevista no art. 40.º da LUC conste de acto formal (protesto) ou de declaração do sacado ou duma câmara de compensação aposta no mesmo cheque dentro do prazo previsto no art. 29.º da mesma lei, salvo o caso de força maior previsto no art. 48.º da mesma Lei.

II. O acórdão da Relação que conheceu da apelação pode decidir pela irrelevância do conhecimento de factos alegados pelo embargado, sem que a 1.ª instância tenha conhecido dessa questão antes, ao abrigo do disposto no art. 715.º do Cód. de Proc. Civil.

III. O cheque que não possa valer como título de crédito por falta de certificação atempada da recusa de pagamento, não pode valer como título executivo previsto na al. c) do art. 46.º do C. P. Civil, apesar de o exequente alegar no requerimento inicial que o mesmo titula um contrato de mútuo cujo valor, nos termos do art. 1143.º do Cód. Civil exigia a redução a escritura pública.

Ac. do STJ, de 04.04.2006 *in* www.dgsi.pt (proc. n.º 06A736)

I – O artigo 458.º, n.º 1, do CC, não atribui à declaração unilateral, de promessa de prestação ou de reconhecimento de dívida, a natureza de negócio jurídico unilateral que, só por si, seja fonte de obrigações, antes se instituindo uma regra processual relativa à prova da relação fundamental, invertendo-se o respectivo ónus, já que se faz presumir, até prova em contrário, a sua existência.

II – A fonte da obrigação continua a ser a relação fundamental que subjaz à promessa de cumprimento ou ao reconhecimento da dívida.

III – Os cheques, quando despojados da sua natureza de títulos de crédito e vistos apenas na qualidade de documentos particulares assinados pelo réu, não incorporam qualquer reconhecimento de dívida, por parte deste, de modo a poderem ser reconduzidos à previsão daquela norma.

Ac. da RL, de 20.06.2002 *in* CJ, Ano XXVII, Tomo III, p. 103

Não se tendo provado o alegado contrato de compra e venda, de nada vale, para a condenação do réu a pagar o preço, a prova de que os cheques sem provisão juntos ao processo foram sacados pelo réu.

Ac. do STJ, de 21.05.2002 *in* www.dgsi.pt (proc. n.º 02A298)

I – Para que os documentos particulares possam ser títulos executivos, têm que ser assinados pelo devedor e importar a constituição ou reconhecimento de obrigações pecuniárias e o montante seja determinado ou possa ser determinável, por simples cálculo aritmético, nos termos do art. 805.º do CPC.

II – A emissão de um cheque a favor de terceiro apenas enuncia uma ordem de pagamento ao estabelecimento bancário a favor desse terceiro., não constituindo qualquer fonte de obrigações nem meio de as reconhecer.

III – Assim , para que um cheque possa valer como documento particular e ser título executivo, terá que conter outros elementos para além dos atinentes ao cheque como título cambiário, dele devendo constar a razão de ordem de pagamento, porque só assim se pode demonstrar que se constituiu ou reconheceu uma obrigação pecuniária.

IV – Não reconhecendo os cheques qualquer dívida pecuniária, não podem os mesmos servir de base à execução, por não ser títulos executivos, devendo o requerimento executivo ser indeferido liminarmente.

Ac. da RC, de 06.02.2001 *in* www.dgsi.pt (proc. n.º 3362-2000)

O portador de um cheque – que não é parte no contrato de cheque – só pode, no caso de recusa de pagamento do cheque, accionar o sacador (e os eventuais endossantes e avalistas), mas não o banco respectivo.

Ac. RC, de 16.02.93 *in* BMJ, 424, p. 744

Art. 41.º (Prazo para protesto)

O protesto ou a declaração equivalente deve ser feito antes de expirar o prazo para a apresentação.

Se o cheque for apresentado no último dia do prazo, o protesto ou a declaração equivalente pode ser feito no primeiro dia útil seguinte.

Art. 42.º (Aviso da falta de pagamento)

O portador deve avisar da falta de pagamento o seu endossante e o sacador, dentro dos quatro dias úteis que se seguirem ao dia do protesto, ou da declaração equivalente, ou ao dia da apresentação se o cheque contiver a cláusula «sem despesas». Cada um dos endossantes deve por sua vez, dentro dos dois dias úteis que se seguirem ao da recepção do aviso, informar o seu endossante do aviso que recebeu, indicando os nomes e endereços dos que enviaram os avisos precedentes, e assim sucessivamente até se chegar ao sacador. Os prazos acima indicados contam-se a partir da recepção do aviso precedente.

Quando, em conformidade com o disposto na alínea anterior, se avisou um signatário do cheque, deve avisar-se igualmente o seu avalista dentro do mesmo prazo de tempo.

No caso de um endossante não ter indicado o seu endereço, ou de o ter feito de maneira ilegível, basta que o aviso seja enviado ao endossante que o precede.

A pessoa que tenha de enviar um aviso pode fazê-lo por qualquer forma, mesmo pela simples devolução do cheque.

Essa pessoa deverá provar que o aviso foi enviado dentro do prazo prescrito. O prazo considerar-se-á como tendo sido observado desde que a carta contendo o aviso tenha sido posta no correio dentro dele.

A pessoa que não der o aviso dentro do prazo acima indicado não perde os seus direitos. Será responsável pelo prejuízo, se o houver, motivado pela sua negligência, sem que a responsabilidade possa exceder o valor do cheque.

Art. 43.º (Cláusula de dispensa do protesto)

O sacador, um endossante ou um avalista pode, pela cláusula «sem despesas», «sem protesto», ou outra cláusula equivalente, dispensar o portador de estabelecer um protesto ou outra declaração equivalente para exercer os seus direitos de acção.

Essa cláusula não dispensa o portador da apresentação do cheque dentro do prazo prescrito nem tão-pouco dos avisos a dar. A prova da inobservância do prazo incumbe àquele que dela se prevaleça contra o portador.

Se a cláusula for escrita pelo sacador, produz os seus efeitos em relação a todos os signatários do cheque; se for inserida por um endossante ou por um avalista, só produz efeito em relação a esse endossante ou avalista. Se, apesar da cláusula escrita pelo sacador, o portador faz o protesto ou a declaração equivalente, as respectivas despesas serão de conta dele. Quando a cláusula emanar de um endossante ou de um avalista, as despesas do protesto, ou de declaração equivalente, se for feito, podem ser cobradas de todos os signatários do cheque.

Art. 44.º (Responsabilidade solidária dos signatários)

Todas as pessoas obrigadas em virtude de um cheque são solidariamente responsáveis para com o portador.

O portador tem o direito de proceder contra essas pessoas, individual ou colectivamente, sem necessidade de observar a ordem segundo a qual elas se obrigaram.

O mesmo direito tem todo o signatário dum cheque que o tenha pago.

A acção intentada contra um dos co-obrigados não obsta ao procedimento contra os outros, embora esses se tivessem obrigado posteriormente àquele que foi accionado em primeiro lugar.

Art. 45.º (Direitos do portador contra o demandado)

O portador pode reclamar daquele contra o qual exerceu o seu direito de acção:
　1.º A importância do cheque não pago;
　2.º Os juros à taxa de 6 por cento desde o dia da apresentação;
　3.º As despesas do protesto ou da declaração equivalente, as dos avisos feitos e as outras despesas.

JURISPRUDÊNCIA

Tendo em atenção o disposto nos art.ºˢ 45.º e 40.º da Lei Uniforme a demandante, porque portadora de três cheques apresentados a pagamento tempestivamente, e cuja falta de pagamento foi verificada nos termos do art.º 40.º da LUCH, pode exigir do sacador o pagamento do seu montante e juros à taxa supletiva legal para as operações comerciais.

Ac. da RL, de 26.11.2003 *in* www.dgsi.pt (proc. n.º 5635/2003-3)

Art. 46.º (Direitos de quem pagou)

A pessoa que tenha pago o cheque pode reclamar daqueles que são responsáveis para com ele:

1.º A importância integral que pagou;
2.º Os juros da mesma importância, à taxa de 6 por cento, desde o dia em que a pagou;
3.º As despesas por ele feitas.

Art. 47.º (Direito à entrega do cheque pago)

Qualquer dos co-obrigados, contra o qual se intentou ou pode ser intentada uma acção, pode exigir, desde que reembolse o cheque, a sua entrega com o protesto ou declaração equivalente e um recibo.

Qualquer endossante que tenha pago o cheque pode inutilizar o seu endosso e os endossos dos endossantes subsequentes.

Art. 48.º (Prorrogação dos prazos em caso de força maior)

Quando a apresentação do cheque, o seu protesto ou a declaração equivalente não puder efectuar-se dentro dos prazos indicados por motivo de obstáculo insuperável (prescrição legal declarada por um Estado qualquer ou outro caso de força maior), esses prazos serão prorrogados.

O portador deverá avisar imediatamente do caso de força maior o seu endossante e fazer menção datada e assinada desse aviso no cheque ou na folha anexa; para o demais aplicar-se-ão as disposições do artigo 42.º.

Desde que tenha cessado o caso de força maior, o portador deve apresentar imediatamente o cheque a pagamento e, caso haja motivo para tal, fazer o protesto ou uma declaração equivalente.

Se o caso de força maior se prolongar além de quinze dias a contar da data em que o portador, mesmo antes de expirado o prazo para a apresentação, avisou o endossante do dito caso de força maior, podem promover-se acções sem que haja necessidade de apresentação, de protesto ou de declaração equivalente.

Não são considerados casos de força maior os factos que sejam de interesse puramente pessoal do portador ou da pessoa por ele encarregada da apresentação do cheque ou de efectivar o protesto ou a declaração equivalente.

CAPÍTULO VII – Da pluralidade dos exemplares

Art. 49.º (Pluralidade de exemplares)

Exceptuado o cheque ao portador, qualquer outro cheque emitido num país e pagável noutro país ou numa possessão ultramarina desse país, e *vice-versa*, ou ainda emitido e pagável na mesma possessão ou em diversas possessões ultramarinas do mesmo país, pode ser passado em vários exemplares idênticos.

Quando um cheque é passado em vários exemplares, esses exemplares devem ser numerados no texto do próprio título, pois de contrário cada um será considerado como sendo um cheque distinto.

Art. 50.º (Efeito do pagamento dum dos exemplares)

O pagamento efectuado contra um dos exemplares é liberatório, mesmo quando não esteja estipulado que este pagamento anula o efeito dos outros.

O endossante que transmitiu os exemplares do cheque a várias pessoas, bem como os endossantes subsequentes, são responsáveis por todos os exemplares por eles assinados que não forem restituídos.

CAPÍTULO VIII – Das alterações

Art. 51.º (Consequências da alteração do texto)

No caso de alteração do texto dum cheque, os signatários posteriores a essa alteração ficam obrigados nos termos do texto alterado; os signatários anteriores são obrigados nos termos do texto original.

CAPÍTULO IX – Da prescrição

Art. 52.º (Prazo de prescrição)

Toda a acção do portador contra os endossantes, contra o sacador ou contra os demais co-obrigados prescreve decorridos que sejam seis meses, contados do termo do prazo de apresentação.

Toda a acção de um dos co-obrigados no pagamento de um cheque contra os demais prescreve no prazo de seis meses, contados do dia em que ele tenha pago o cheque ou do dia em que ele próprio foi accionado.

JURISPRUDÊNCIA:

> I – Apesar de prescrita a obrigação cambiária, o cheque não perde a categoria de título executivo.
>
> II – A nosso ver, não há necessidade, mesmo no caso do título de crédito não mencionar a causa da relação jurídica subjacente, de o exequente – contrariamente ao que sustenta alguma doutrina e jurisprudência – alegar tal causa no requerimento executivo, até porque, nos termos do art.º 458.º n.º 1 do C. Civil, o credor está dispensado de provar a relação fundamental, cuja existência se presume até prova em contrário (a fazer pelo devedor). A eventual inexistência da obrigação causal poderá ser fundamento de oposição à execução, mas não torna, em nossa opinião, o título inexequível.
>
> Ac. da RC, de 12.06.2007 in www.dgsi.pt (proc. n.º 22/06.8TBSVV-A.C1)

I – Instaurada execução com base em título de crédito (cheque) prescrito do qual consta a ordem de pagamento da quantia nele indicada, não se pode considerar que a assinatura aposta no cheque (agora, quirógrafo) só por si, traduza reconhecimento de qualquer dívida pecuniária nos termos os artigo 458.º do Código Civil.

II – Tal cheque, agora mero documento particular por força da prescrição da obrigação cartular, desprovido de quaisquer menções indicadoras, não pode ser considerado título executivo nos termos do artigo 46.º,alínea c) do Código de Processo Civil.

III – Deverá o respectivo portador desse quirógrafo de cheque fazer uso da acção declarativa se quiser obter o cumprimento da obrigação subjacente.

Ac. da RL, de 20.03.2007 *in* www.dgsi.pt (proc. n.º 10789/2006-7)

I – Nos títulos de crédito prescritos, dos quais não conste a causa da obrigação (como é o caso dos cheques), se a obrigação a que se reportam emerge de negócio jurídico formal, o documento não pode constituir título executivo porque a causa do negócio é elemento essencial dele e não consta do título.

II – Mas, se a obrigação não emerge de negócio jurídico formal, a autonomia do título executivo, em face da obrigação exequenda, e o regime do reconhecimento unilateral da dívida (art. 458.º, n.º 1, do CC) levam a admitir o cheque prescrito, enquanto documento particular, como título executivo nos termos do art. 46.º, al. c) do CPC.

Ac. da RP de 06.03.2007 *in* CJ, Ano XXXII, Tomo II, p. 143

I – Existiu por parte do legislador do DL n.º 329-A/95, de 12/12, a vontade de alargar o âmbito dos títulos executivos, conforme é reconhecido no preâmbulo desse diploma, face ao que nada impede que um título cambiário que não possa valer como título executivo (como, p.ex., por a obrigação cambiária se mostrar prescrita) possa ter validade como documento particular assinado pelo devedor e, como tal, possa ser considerado título executivo nos termos do art.º 46.º, al. c), do CPC.

II – Isto é, pelo facto de um cheque não poder valer, face aos normativos da LUC, como título de crédito/executivo, não se vê qualquer razão para que esse cheque não possa valer como documento particular assinado pelo devedor, para os efeitos do disposto no art.º 46.º, al. c), do CPC.

III – Face a esta disposição legal, para que os documentos particulares possam ser títulos executivos, têm que ser assinados pelo devedor e que importem a constituição ou o reconhecimento de obrigações pecuniárias, sendo o seu montante determinado ou determinável por simples cálculo aritmético, nos termos do art.º 805.º do CPC.

IV – Na falta de referência à obrigação subjacente no cheque, deve ser seguido o entendimento de que essa componente se terá como preenchida se, no requerimento executivo, se mencionar a obrigação subjacente, a causa debendi, uma vez que o executado poderá impugnar a obrigação invocada.

Ac. da RC, de 21.11.2006 in www.dgsi.pt (proc. n.º 495/05.6TBILH-A.C1)

O portador de um cheque, prescrito, que o recebeu por endosso do tomador, não pode invocá-lo como título executivo, contra o sacador por ser estranho à relação extracartular.

Ac. da RP, de 10.01.2005 in www.dgsi.pt (proc. n.º 0456042)

1 – Um cheque de que não consta expressamente o motivo da sua emissão – como é normal que aconteça nos cheques – não implica, sem mais, quando fora das "malhas" da Lei Uniforme, a constituição ou reconhecimento de obrigação pecuniária, resultando dele, tão somente, a sua emissão.

2 – Quando o executado opõe em embargos a excepção da prescrição da obrigação cartular, o título de crédito em si, não vale, senão, como mero quirógrafo, sem que seja admissível qualquer inversão do ónus da prova, isto é, não será o executado quem terá de provar que o exequente pretende um locupletamento injusto, mas será ainda este quem tem de provar que a obrigação originária existe.

3 – Dada a estrutura dos embargos de executado, que comportam apenas dois articulados, será no requerimento executivo, que o credor cuidadoso, precavendo a possibilidade da arguição da prescrição, deverá completar a prova que decorre da emissão do cheque, com a alegação de factos que mostrem a existência da obrigação causal.

4 – Com base nessa alegação, discutir-se-á depois, nos embargos de executado, a real existência e subsistência dessa obrigação causal, de tal modo que, apenas na prova daquele existência e subsistência, se poderá atribuir àquele escrito, a que se reduz o cheque prescrito, o valor de título da obrigação a que se deva atribuir força executiva.

5 – *O que significa que se admite que a execução prossiga, condicionalmente, pois só com a decisão dos embargos é que se vem a saber se o escrito particular que a despoletou, é verdadeiro título executivo por implicar efectivamente o reconhecimento de uma obrigação.*
6 – *Embora o suprimento da ineptidão da petição inicial constante do n.º 3 do art 193.º do CPC, esteja concretamente previsto para quando o réu se defenda com a nulidade dela resultante, não se vê motivo para não se aplicar o que dessa norma resulta, às situações em que o juiz, face ao conhecimento oficioso da excepção dilatória que a nulidade em causa traduz, haja de reflectir a respeito da verificação ou não dessa excepção.*
7 – *Ora, o que do o preceito em causa resulta, em última análise, é que, destinando-se tal nulidade, numa 1.ª linha, a permitir uma eficaz defesa do R, se se constatar dessa defesa, não contrariada pelo A no articulado subsequente, que o R interpretou convenientemente a petição inicial, sempre aquela ininteligibilidade se há-de entender ultrapassada.*
8 – *Partilhando-se, com a 1.ª instância o entendimento de que a exequente/ embargada não intelegibilizou suficientemente a causa de pedir, pois lhe competiria invocar de forma mais precisa as "transacções comerciais" a que se refere, o facto é que se crê que, porque tal ininteligibilidade não impediu o embargado de se defender eficazmente, a execução não será susceptível de merecer o juízo de ineptidão, potenciando ainda a prossecução dos embargos para se apurar se aquelas transacções comerciais sempre existiram.*

Ac. da RG, de 07.07.2004 *in* www.dgsi.pt (proc. n.º 1216/04-2)

I – *Prescrita a acção cambiária, a ordem de pagamento constante do cheque – negócio puramente abstracto – não passa a valer, por força daquela prescrição, como uma declaração negocial concreta, nem se transmuda de "negócio abstracto" para "negócio com causa presumida".*
II – *Para que o cheque, enquanto quirógrafo duma obrigação, pudesse sobreviver como título executivo à prescrição da obrigação cartular (abstracta) que ele titula, necessário seria que esta nova qualidade derivasse dum "mais" que dele teria que constar.*
III – *A entender-se doutro modo, ficaria letra morta a questão da prescrição do cheque, decorrente da LUC.*
IV – *Por outro lado, não se vê razão para conferir ao credor que deixou prescrever a acção cambiária uma segunda oportunidade executiva,*

com base no mesmo título, lido doutra forma, bastando-lhe invocar no requerimento executivo a causa da obrigação.
V – Como decorre do art.º 45.º-1 do CPC, é pelo título que serve de base à execução que se determinam o fim e os limites da acção executiva (art.º 45.º do CPC). E não pelo requerimento executivo.

Ac. da RE, de 22.04.2004 in www.dgsi.pt (proc. n.º 70/04-3)

I – A ordem de pagamento dado ao Banco concretizada no cheque, implica, em princípio, o reconhecimento unilateral de dívida.
II – Um cheque prescrito pode valer como título executivo, sendo ao devedor que incumbe a prova da inexistência ou da cessação da respectiva causa – artigo 458 n.1 do Código Civil.
III – O cheque prescrito, valendo como quirógrafo da dívida causal, porque implícita uma declaração negocial e uma ordem de pagamento, cria a presunção da existência de relações negociais e extra-negociais (relação fundamental), sendo esta a concreta fonte da obrigação.
IV – O cheque prescrito exprime a existência de documento particular, assinado pelo devedor, cujas declarações fazem prova contra o subscritor; retrata-se como reconhecimento de dívida.
V – Assim, fica o credor dispensado de provar a existência da relação fundamental, por a existência desta se presumir, impendendo sobre o executado o ónus de provar a inexistência – originária ou superveniente – dessa relação fundamental.

Ac. da RP, de 15.05.2003 in www.dgsi.pt (proc. n.º 0330567)

Instaurado o procedimento criminal por emissão de cheque sem provisão, no qual foi deduzido pedido de indemnização cível, posteriormente arquivado na sequência de entrada em vigor do DL n.º 316//97, de 19.11, deve entender-se que não prescreve a acção cambiária, mantendo-se a exequibilidade do título executivo, podendo ser instaurada no prazo de seis meses a contar da data da notificação do arquivamento, desde que a acção cambiária não esteja prescrita, descontando o prazo de suspensão estabelecido no art. 3.º, n.º 2 do diploma referido.

Ac. do STJ, de 04.02.2003 in CJ, Ano XXVIII, Tomo I, p. 78

Prescrita a obrigação cambiária constante de um cheque, este, enquanto documento particular, vale como título executivo nos termos da alínea c) do art.º 46.º do CPC desde que o exequente alegue, no requerimento executivo, a relação causal.

Ac. da RL, de 03.12.2002 *in* www.dgsi.pt (proc. n.º 0073501)

I – Um documento particular constitui um título executivo, quer quando formaliza a constituição de uma obrigação, quer quando o devedor nele reconhece uma dívida preexistente.

II – Prescrita a obrigação cambiária decorrente de um cheque, este, enquanto documento particular (não cambiário) não pode valer como título executivo uma vez que contem uma ordem de pagamento e não a demonstração que se constituiu ou reconheceu uma obrigação pecuniária.

Ac. da RL, de 21.11.2002 *in* www.dgsi.pt (proc. n.º 0072098)

I – Prescrito um cheque, o portador perdeu o direito de acção cambiária, não podendo utilizá-lo, enquanto título de crédito, como título executivo.

II – Nos títulos de crédito prescritos dos quais não conste a causa da obrigação, há que distinguir consoante a obrigação a que se reportam emerge ou não de um negócio jurídico formal.

III – No primeiro caso, uma vez que a causa do negócio jurídico é um elemento essencial deste, o documento não poderá constituir título executivo.

IV – No segundo caso, a autonomia do título executivo em face da obrigação exequenda e a consideração do regime do reconhecimento unilateral da dívida previsto no art. 458.º, n.º 1, do Cód. Civil, leva a admitir o cheque prescrito, enquanto documento particular, como título executivo, ao abrigo do art. 46.º, al. c), do CPC, desde que a causa da obrigação tenha sido invocada no requerimento inicial da execução.

V – O que também se harmoniza com a distinção que urge estabelecer entre o título e a causa de pedir, pois o título executivo é o documento donde consta a obrigação cuja prestação se pretende obter por via coactiva, enquanto a causa de pedir é o facto que serve de fonte à pretensão processual.

VI – É de presumir a existência e validade da relação causal, invocada no requerimento executivo, como razão da ordem de pagamento que o cheque prescrito enuncia, sem prejuízo do executado poder afastar tal presunção, através de embargos, onde poderá alegar quaisquer factos que seria lícito deduzir como defesa no processo de declaração.

Ac. do STJ, de 29.01.2002 *in* CJ, Ano X, Tomo I, p. 64

Não pode reconhecer-se força de título executivo quanto à obrigação subjacente a um cheque que não foi apresentado a pagamento nos termos impostos pela Lei Uniforme.

Ac. do STJ, de 16.10.2001 *in* CJ, Ano IX, Tomo III, p. 89

Embora extinta a obrigação cartular, abrangida por prescrição, no âmbito das relações imediatas e para execução da respectiva obrigação subjacente, o cheque valerá como quirógrafo dessa obrigação, com a força de título executivo que lhe é dada pela alínea c) do artigo 46 do Código de Processo Civil, desde que o exequente alegue, no requerimento executivo, a relação causal.

Ac. da RP, de 06.07.2001 *in* www.dgsi.pt (proc. n.º 0150904)

I – Face à prescrição da obrigação cambiária, o prosseguimento da execução é possível, tendo como causa de pedir a relação subjacente e utilizando-se o título como documento particular – quirógrafo da obrigação emergente de tal relação.

II – In casu, e face á discrepância entre o aparente ou suposto titular do depósito e a pessoa emissora das ordens de pagamento a efectuar com base nele nos fundos constitutivos da respectiva provisão é de concluir pela impossibilidade de reputar os cheques em causa, como instrumentos de reconhecimento ou confissão de dívida por parte dos apelantes.

III – Não sendo possível considerar os cheques como escritos ou documentos recognitivos de dívida, é de concluir que a tais cheques não assiste, nessa qualidade, enquanto simples documentos particulares de natureza não cambiária, força executiva.

IV – Aos cheques em questão não quadra o regime do reconhecimento unilateral de dívida previsto no art.º 458.º n.º1 do C.Civil.

V – Não se encontrando devidamente identificada no requerimento executivo a causa da obrigação determinativa da emissão dos cheques, nem se achando enunciada é de a considerar como não eficaz ou relevantemente invocada

VI – *Não sendo viável o prosseguimento da execução com fundamento na relação jurídica subjacente aos cheques e, face à inexequibilidade de tais títulos por virtude da prescrição ocorrida no respectivo âmbito cambiário, impõem-se declarar extinta a execução.*

Ac. da RC, de 29.05.2001 *in* www.dgsi.pt (proc. n.º 260/2001)

I – *O endosso em branco dum cheque só releva enquanto cheque, por estar indissociavelmente a ele ligado.*
II – *Estando prescrito tal cheque, agora documento particular, também não é título executivo – art. 46.º c) do CPC.*

Ac. da RE, de 08.03.2001 *in* CJ, Ano XXVI, Tomo II, p. 249

I – *Prescrito um cheque á luz do artigo 52.º da LUC (prazo de seis meses), o portador perdeu o direito de acção cambiária fundado no mesmo, não podendo, pois, utilizá-lo já como título executivo.*
II – *O cheque prescrito apenas pode continuar a valer com título executivo enquanto documento particular consubstanciando a obrigação subjacente, desde que esta seja emergente de negócio formal e a sua causa seja invocada no requerimento da execução de modo a poder ser impugnada pelo executado.*
III – *De qualquer modo, o adquirente por endosso de cheque que haja prescrito não pode usá-lo, em qualquer caso, como título executivo, já que a sua qualidade de credor aferia-se apenas pela literalidade e abstracção do título e, tendo o mesmo perdido essa características, aquele não pode socorrer-se do reconhecimento unilateral da dívida, reconhecimento que só é válido nas relações "credor originário/ devedor originário".*

Ac. do STJ, de 18.01.2001 *in* CJ, Ano IX, Tomo I, p. 70

I – *Um título cambiário, que não possa valer como título executivo (v.g. por se mostrar prescrita a obrigação cambiária) pode ter validade como documento particular assinado pelo devedor e, como tal, pode ser considerado título executivo, nos termos do art. 46.º c) do CPC.*
II – *Porém, um cheque, só por si, não pode ser aceite como título executivo, apesar de enunciar uma ordem de pagamento a estabelecimento bancário a favor de terceiro, porque não reconhece uma obrigação pecuniária a favor deste.*

Ac. da RC, de 27.06.2000 *in* CJ, Ano XXV, Tomo III, p. 37

I – A invocação do cheque como quirógrafo significa que se utiliza o mesmo como documento particular, sem as características que são próprias dos títulos de crédito.
II – A ordem de pagamento dada ao banco e concretizada no cheque implica, em princípio, um reconhecimento unilateral de dívida.
III – É ao devedor que, nos termos do art. 458.º do CC, incumbe a prova da inexistência ou da cessação da respectiva causa.

Ac. STJ, de 11.05.99 *in* CJ, Ano VII, Tomo II, p. 88

I – Apesar de estar prescrito o direito de acção do cheque (latu sensu), ele, mantém a sua natureza de título executivo.
II – A prescrição do direito de accionar não é de conhecimento oficioso.

Ac. RC, de 03.12.98 *in* CJ, Ano XXIII, Tomo V, p. 33

I – Os cheques gozam de força executiva, desde que preencham o condicionalismo previsto no artigo 486.º, alínea c), do Código de Processo Civil (nova redacção).
II – A prescrição do direito do portador do cheque nada tem que ver com as qualidades do título em si, mas com o direito que se pretende exercitar.
III – Assim, nunca com base na prescrição do direito que, aliás, não é conhecimento oficioso, pode ser indeferido liminarmente o requerimento executivo que tenha por base aqueles títulos.

Ac. RC, de 03.12.98 *in* BMJ, 482, p. 306

I – Salvo caso de força maior, a fotocópia autenticada do cheque não pode servir de fundamento à execução.
II – Deve ser liminarmente indeferida a petição de acção executiva quando o exequente não juntar o original do cheque, se não tiver invocado a impossibilidade de o fazer.
III – A não invocação, na petição inicial, da impossibilidade de juntar o original do cheque não pode ser suprida em sede de alegação de recurso.

Ac. STJ, de 09.07.98 *in* BMJ, 479, p. 494

O prazo de prescrição fixado no artigo 52.º da Lei Uniforme sobre Cheques não começa a correr enquanto estiver pendente o processo crime, instaurado antes de decorrido aquele prazo, impeditivo da instauração em separado da acção cível, declarativa ou executiva.

Ac. RP, de 25.06.98 *in* BMJ, 487, p. 450.

Constitui título executivo fundado em documento particular assinado pelo executado a ordem de débito em conta (transferência bancária) pela qual o executado solicita ao banco que proceda à transferência para a conta do exequente de determinado montante.

Ac. RP, de 07.05.98 *in* BMJ, 477, p. 570

Para efeitos de contagem do prazo de prescrição da acção do portador do cheque, é relevante o momento da primeira apresentação do título a pagamento.

Ac. RP, de 09.12.96 *in* BMJ, 462, p. 486

Só o original do cheque pode servir de título executivo.

Ac. RL, de 02.05.96 *in* BMJ, 457, p. 429

O cheque continua a ser título executivo, mesmo na hipótese de constar no seu verso a declaração de recusa do pagamento por extravio.

Ac. RP, de 01.02.96 *in* BMJ, 454, p. 793

É responsável pelo pagamento de um cheque quem o assinou em representação de uma pessoa, sem poderes para o efeito, servindo o mesmo de título executivo.

Ac. RL, de 14.02.95 *in* BMJ, 444, p. 688

Diferentemente do que sucede com a letra, a cópia de um cheque não tem valor nem eficácia cambiária e, por isso, não se inclui no elenco dos títulos executivos enumerados na lei de processo.

Ac. RP, de 24.10.94 *in* BMJ, 440, p. 539

I – O prazo de prescrição do artigo 70 da Lei Uniforme Relativa às Letras e Livranças, é inaplicável aos cheques.

II – O prazo de prescrição destes é o consagrado no artigo 52 da Lei Uniforme Sobre Cheques, isto é, o prazo de seis meses.

Ac. da RP, de 05.07.93 *in* www.dgsi.pt (proc. n.º 9211040)

I – Na acção executiva, a causa de pedir não é título executivo mas, sim, o facto jurídico nuclear constitutivo de determinada obrigação, ainda que com raiz ou reflexo no título.

II – O contrato de abertura de crédito em causa, tal como foi regulamentado pelas partes, é de tipo preliminar, tendo a sua essência na circunstância de uma entidade (creditante) viabilizar, a outra (creditada), o subsequente fornecimento de soma ou somas de dinheiro, através de outra ou outras operações previstas naquele contrato e na medida dos fins da creditante; o contrato de abertura de crédito em apreço não é constitutivo de qualquer direito da creditada a um pagamento pela creditante.

III – Assim, é inviável acção executiva proposta pela creditada contra a creditante, pedindo o «pagamento» do valor do crédito aberto, com base em tal contrato e em hipoteca realizada pela creditada a favor da creditante.

Ac. STJ, de 08.06.93 *in* BMJ, 428, p. 521

Art. 53.º (Efeito da prescrição)

A interrupção da prescrição só produz efeito em relação à pessoa para a qual a interrupção foi feita.

CAPÍTULO X – Disposições gerais

Art. 54.º (Alcance da noção de banqueiro)

Na presente lei a palavra «banqueiro» compreende também as pessoas ou instituições assimiladas por lei aos banqueiros.

Art. 55.º (Prorrogação do prazo)

A apresentação e o protesto dum cheque só podem efectuar-se em dia útil.

Quando o último dia do prazo prescrito na lei para a realização dos actos relativos ao cheque, e principalmente para a sua apresentação ou estabelecimento do protesto ou dum acto equivalente, for feriado legal, esse prazo é prorrogado até ao primeiro dia útil que se seguir ao termo do mesmo. Os dias feriados intermédios não compreendidos na contagem do prazo.

Art. 56.º (Contagem do prazo)

Os prazos previstos na presente lei não compreendem o dia que marca o seu início.

Art. 57.º (Inadmissibilidade de dias de perdão)

Não são admitidos dias de perdão, quer legal quer judicial.

LETRAS E LIVRANÇAS

LEI UNIFORME SOBRE LETRAS E LIVRANÇAS[1]
(Carta de confirmação e ratificação de 07.06.1930)

Lei uniforme relativa às letras e livranças
[Anexo I à Convenção de Genebra de 07.06.1930]

TÍTULO I – DAS LETRAS

CAPÍTULO I – Da emissão e forma da letra

Art 1.º (Requisitos da letra)

A letra contém:
1. A palavra «letra» inserta no próprio texto do título e expressa na língua empregada para a redacção desse título;
2. O mandato puro e simples de pagar uma quantia determinada;
3. O nome daquele que deve pagar (sacado);
4. A época do pagamento;
5. A indicação do lugar em que se deve efectuar o pagamento;
6. O nome da pessoa a quem ou à ordem de quem deve ser paga;
7. A indicação da data em que e do lugar onde a letra é passada;
8. A assinatura de quem passa a letra (sacador).

---

[1] As epígrafes dos artigos não constam do texto oficial.
A Lei Uniforme Relativa ao Cheque, foi aprovada pelo Decreto-Lei n.º 23 721, de 29 de Março de 1934, e confirmada e ratificada pela Carta de 10 de Maio de 1934.

JURISPRUDÊNCIA:

I – Não produz efeito como letra aquela de que não conste o nome da pessoa a quem deve ser paga (art. 1.º, n.º 6 e 2.º da LULL); a falta desta menção não pode ser suprida mediante invocação subjacente.

II – Tal letra não importa, nos seus precisos termos, a constituição ou o reconhecimento de uma obrigação pecuniária, nos termos do art. 46.º, c) do CPC, sendo inexequível.

III – A execução iniciada com base em letra de câmbio não pode prosseguir com fundamento em documento relativo à relação jurídica subjacente àquele título de crédito, o que importaria irregular alteração da causa de pedir.

Ac. do STJ, de 18.06.2002 *in* CJ, Ano X, Tomo II, p. 113

I – A falta da assinatura do sacador, não significa que uma letra não produza efeitos como tal, por virtude de ela poder ser aposta até à data do seu vencimento.

II – Assim, apresentada a desconto uma letra com essas características, deve ser devolvida pela instituição bancária ao apresentador, caso o financiamento não seja conseguido.

III – A violação desse dever e a sua entrega a outrem implica responsabilidade civil extracontratual pelos prejuízos sofridos pelo apresentador da letra.

IV – Ao apresentador cabe fazer a prova de que a falta de restituição do título lhe causou prejuízos por ter tido dificuldades na cobrança do crédito, devendo ainda invocar que reclamou a sua restituição, sem êxito, à pessoa a quem foi entregue.

Ac. do STJ, de 08.11.2001 *in* CJ, Ano IX, Tomo III, p. 106

I – Deve ter-se como lugar de emissão do título o local designado ao lado do nome do sacador.

II – Não há falta de indicação do tomador se do título decorre que coincide com o sacador.

Ac. da RP, de 23.05.2000 *in* CJ, Ano XXV, Tomo III, p. 194

I – A não aposição do carimbo respectivo, sobre os dizeres manuscritos identificadores da sociedade a que se segue a assinatura do seu gerente, não obsta se considere validamente aceite a letra em que tais dizeres foram escritos.

II – A falta de indicação do tomador, obsta a que o respectivo escrito, se possa considerar como "letra", por omissão de um dos seus requisitos essenciais.

III – Nesta hipótese tal escrito não pode funcionar como título executivo.

Ac. RL, de 18.01.96 *in* CJ, Ano XXI, Tomo I, p. 98.

I – Se por convenção expressa, se estipula que o lugar de pagamento da letra é no estrangeiro, os tribunais portugueses são incompetentes para a execução.

II – É matéria de direito processual a convenção pela qual as partes escolhem o lugar de cumprimento da obrigação.

Ac. STJ, de 06.12.93 *in* BMJ, 432, p. 176

Art. 2.º (Falta de algum dos requisitos)

O escrito em que faltar algum dos requisitos indicados no artigo anterior não produzirá efeito como letra, salvo nos casos determinados nas alíneas seguintes:

A letra em que se não indique a época do pagamento entende--se pagável à vista.

Na falta de indicação especial, o lugar designado ao lado do nome do sacado considera-se como sendo o lugar do pagamento, e, ao mesmo tempo, o lugar do domicílio do sacado.

A letra sem indicação do lugar onde foi passada considera-se como tendo-o sido no lugar designado ao lado do nome do sacador.

JURISPRUDÊNCIA:

I – Significando o princípio da literalidade que o direito incorporado no título é definido nos termos precisos que dele constam, só os dizeres constantes do documento podendo servir para definir e delimitar o conteúdo daquele direito, a literalidade dos títulos de crédito não deve ser tida como uma regra de interpretação literal dos dizeres nele expressos, reportando-se o seu limite à declaração interpretada e não ao modo de interpretá-la.

II – A circunstância de, por manifesto erro de impressão traduzido num "r" a mais – erro ostensivo – se fazer menção a «sacador» e não a «sacado», não implica qualquer invalidade, podendo o documento dado à execução valer como letra de câmbio.

Ac. da RL, de 29.03.2007 in www.dgsi.pt (proc. n.º 693/07-2)

I – Sendo a letra de câmbio dada à execução nula, por falta de indicação do lugar de pagamento, não pode a mesma valer como documento particular de reconhecimento de uma obrigação pecuniária e, desse modo, constituir título executivo.
II – A letra exequenda não vale como quirógrafo.

Ac. da RP, de 21.10.2003 in CJ, Ano XXVIII, Tomo IV, p. 186

I – Se a uma letra de câmbio faltar a indicação da data em que foi passada não pode ela servir de título executivo.
II – Nas letras, livranças e cheques não há que atender à natureza da relação subjacente para a determinação da taxa de juros moratórios aplicável; ela é sempre a taxa legal geral, ou seja, a civil, prevista no artigo 559 do Código Civil.

Ac. da RP, de 27.01.98 in www.dgsi.pt (proc. n.º 9720339)

I – Com as Portarias ns. 142/88 de 4/03; n. 545/88 de 12/08 e n. 233/89 de 27/03, foram criados modelos para as letras e livranças, estabelecendo as características técnicas dos respectivos impressos;
II – Contudo, o desrespeito das regras sobre o formato e modelo das letras e das livranças não põe em causa a sua validade, uma vez que a forma das letras e livranças está contida na LULL, devendo considerar-se que os impressos criados pelas mencionadas Portarias são uma formalidade fiscal. Tais modelos uniformes, criados pelas Portarias, não constituem elementos essenciais da letra ou da livrança, nem o seu desrespeito acarreta as sanções dos arts. 2 e 76 da LULL.
III – A admitir-se o contrário, teríamos então que as Portarias teriam criado novos requisitos essenciais das letras e das livranças para além dos previstos na lei Uniforme, o que é insustentável por se tratar de uma Convenção Internacional que vincula o Estado Português.

Ac. da RL, de 27.01.98 in www.dgsi.pt (proc. n.º 0010741)

I – Constando determinada data como sendo da emissão da letra, não pode o sacador, a quem a letra foi entregue pelo sacado em data *anterior, apresentá-la antes daquela data a uma instituição bancária para, através do desconto, obter um financiamento.*

II – Se a instituição bancária efectuou a operação de desconto inadvertidamente, terá de sofrer as inerentes consequências, não tendo legitimidade para accionar o aceitante, por não poder ser considerada portadora legítima da letra.

Ac. RP, de 24.09.98, in BMJ, 479, p. 715

I – A data de emissão de uma letra é elemento essencial e tem de constar do documento dito letra, pelo menos quando é accionado.

II – Um aval «ao subscritor» numa letra (não livrança) tem de fazer concluir que, avalizado, foi o sacador.

Ac. STJ, de 05.02.98 in BMJ, 474, p. 497

I – As letras a que falte a indicação da data da emissão estão feridas de nulidade por falta de um elemento essencial, não podendo valer como letras de câmbio em sentido jurídico e, portanto, como títulos executivos.

II – O avalista, em embargos, pode opor essa nulidade ao exequente, portador do título, visto o vício não residir numa qualquer obrigação cambiária, mas na própria formação do documento que a titula.

Ac. RP, de 27.01.98 in BMJ, 473, p. 563

I – Tendo sido usada apenas a firma social no saque e endosso de uma letra por sociedade por quotas, esse saque e endosso não a vinculam.

II – Mas a irregularidade do saque e do endosso não afectam a validade da obrigação do sacado.

III – A este competia a prova de que o portador da letra a tinha adquirido agindo com má fé ou com culpa grave.

Ac. RP, de 08.07.94 in CJ, Ano XIX, T. IV, p. 177

Art. 3.º (Modalidades do saque)

A letra pode ser à ordem do próprio sacador.
Pode ser sacada sobre o próprio sacador.
Pode ser sacada por ordem e conta de terceiro.

Art. 4.º (Pagamento no domicílio de terceiro)

A letra pode ser pagável no domicílio de terceiro, quer na localidade onde o sacado tem o seu domicílio, quer noutra localidade.

Art. 5.º (Estipulação de juros)

Numa letra pagável à vista ou a um certo termo de vista pode o sacador estipular que a sua importância vencerá juros. Em qualquer outra espécie de letra a estipulação de juros será considerada como não escrita.
A taxa de juro deve ser indicada na letra; na falta de indicação, a cláusula de juros é considerada como não escrita.
Os juros contam-se da data da letra, se outra data não for indicada.

Art. 6.º (Divergências na indicação do montante)

Se na letra a indicação da quantia a satisfazer se achar feita por extenso e em algarismos, e houver divergência entre uma e outra, prevalece a que estiver feita por extenso.
Se na letra a indicação da quantia a satisfazer se achar feita por mais de uma vez, quer por extenso, quer em algarismos, e houver divergências entre as diversas indicações, prevalecerá a que se achar feita pela quantia inferior.

Art. 7.º (Independência das assinaturas válidas)

Se a letra contém assinaturas de pessoas incapazes de se obrigarem por letras, assinaturas falsas, assinaturas de pessoas fictícias ou assinaturas que por qualquer outra razão não poderiam obrigar as pessoas que assinaram a letra, ou em nome das quais ela foi assinada, as obrigações dos outros signatários nem por isso deixam de ser válidas.

Art. 8.º (Representação sem poderes ou com excesso de poder)

Todo aquele que apuser a sua assinatura numa letra, como representante duma pessoa, para representar a qual não tinha de facto poderes, fica obrigado em virtude da letra e, se a pagar, tem os mesmos direitos que o pretendido representado. A mesma regra se aplica ao representante que tenha excedido os seus poderes.

Art. 9.º (Responsabilidade do sacador)

O sacador é garante tanto da aceitação como do pagamento da letra.

O sacador pode exonerar-se da garantia da aceitação; toda e qualquer cláusula pela qual ele se exonere da garantia do pagamento considera-se como não escrita.

Art. 10.º (Violação do acordo de preenchimento)

Se uma letra incompleta no momento de ser passada tiver sido completada contrariamente aos acordos realizados, não pode a inobservância desses acordos ser motivo de oposição ao portador, salvo se este tiver adquirido a letra de má fé ou, adquirindo-a, tenha cometido uma falta grave.

JURISPRUDÊNCIA:

> I – Uma "letra em branco" é uma letra incompleta, em que falta algum dos requisitos essenciais, mas onde existe, pelo menos, a assinatura de um obrigado cambiário – art.º 10.º da LULL.
> II – A letra em branco, pese embora possa já ser um título de crédito endossável, enquanto lhe faltar qualquer elemento essencial não é uma letra com plena eficácia. Só adquirirá essa eficiência quando, ulteriormente, for preenchida com as indicações em falta.
> III – A letra em branco deverá ser entregue pelo subscritor ao credor, dando-lhe a autorização para a preencher, o que deverá ser efectuado segundo o acordo ou contrato de preenchimento estabelecido (letra em formação sucessiva).

IV – *A entrega da letra sem que o respectivo subscritor dê autorização ao credor para a preencher dá origem a uma letra incompleta mas já não a uma letra em branco. Esta letra é um título nulo.*
V – *No caso de preenchimento da "letra" pelo primeiro adquirente e sendo este quem reclama o seu pagamento, pode-lhe ser oposta a excepção do preenchimento abusivo por parte do subscritor.*
VI – *Se é um terceiro que reclama o pagamento do letra mas que a recebeu por endosso e já preenchida, caso esteja de boa fé e não lhe seja imputável culpa grave na respectiva aquisição, não será possível ao subscritor opor a dita excepção.*

Ac. da RC, de 26.06.2007 *in* www.dgsi.pt (proc. n.º 2287/05.3TBCBR--B.C1)

I – *O facto de a letra (livrança) ser um título formal, cuja eficácia está dependente do preenchimento de certos requisitos, não torna o acordo de preenchimento também um negócio formal.*
II – *No domínio das relações imediatas, se a livrança foi preenchida pelo primeiro adquirente e é este que reclama o pagamento, pode-lhe ser oposta a excepção de preenchimento abusivo.*

Ac. da RP, de 14.11.2006 *in* www.dgsi.pt (proc. n.º 0622843)

I – *O acordo de preenchimento de livrança concluído entre o subscritor e o portador impõe-se ao avalista, independentemente de este ter ou não intervindo na celebração do pacto de preenchimento.*
II – *Se a livrança for assinada pelo avalista sem indicação de qualquer importância ou da data do vencimento, o aval não enferma da nulidade prevista no n.º 1 do art.º 280.º do Código Civil, na medida em que a obrigação assumida seja determinável, nos termos do pacto de preenchimento.*

Ac. da RL, de 12.07.2006 *in* www.dgsi.pt (proc. n.º 3824/2006-2)

Importa distinguir a questão da existência ou da validade do pacto de preenchimento do título (livrança, no caso) do abuso de preenchimento, verificando-se este se o título é preenchido com montante diverso daquele que era devido à data do preenchimento do título

Ac. da RL, de 06.06.2006 *in* www.dgsi.pt (proc. n.º 3861/2006-7)

I – *O ónus da prova do pacto de preenchimento da letra cabe ao devedor/ embargante.*
II – *No caso de exequente e executado após a emissão de letra em branco terem firmado acordo de regularização de dívida, que foi observado pelo devedor, não pode o embargado/sacador preencher o título para se ressarcir dos débitos considerados no acordo de regularização que não estejam vencidos.*
III – *Se ocorrer circunstância imprevisível que preencha a previsão do artigo 437.º do Código Civil (será porventura o facto de, relativamente aos valores em débito, a sociedade factoring com a qual todos operavam se recusar a aceitar e, portanto, a liquidar ao credor os débitos pré-existentes do embargante/aceitante da letra para com o sacador/embargado) deve esta ser invocada só depois se justificando, se fosse o caso, o preenchimento da letra aceite em branco.*

Ac. da RL, de 30.06.2005 *in* www.dgsi.pt (proc. n.º 4139/2005-8)

I. *Não constando de uma letra de câmbio a menção de que quem a subscreveu interveio na qualidade de gerente de uma sociedade, não pode tal qualidade presumir-se quando a gerência de facto da sociedade é feita por pessoa que no registo comercial não se encontra inscrita como gerente.*
II. *A nomeação de gerente de uma sociedade não é oponível ao exequente portador da letra de câmbio enquanto não for objecto de registo.*
III. *Não constitui violação de pacto de preenchimento quanto à qualidade em que os obrigados intervêm (aceitantes ou avalistas), o posterior e integral preenchimento de uma letra de câmbio com a data de vencimento e a indicação da quantia em dívida, tendo a letra sido entregue apenas com as assinaturas dos obrigados apostas na parte anterior da letra no local usualmente destinado aos aceitantes.*

Ac. da RL, de 19.05.2005 *in* www.dgsi.pt (proc. n.º 1165/2005-6)

I – *Na conformidade do art. 3.º do Regulamento (CE) n.º 1.103/97 do Conselho, de 17/06/97, a estabilidade dos contratos e outros instrumentos jurídicos não foi prejudicada pela introdução de uma nova moeda.*
II – *Por isso, e consoante art. 14.º do Regulamento (CE) n.º 974/98, de 03/05/98, as referências às unidades monetárias nacionais em instrumentos jurídicos existentes no final do período de transição são consideradas referências à unidade euro, aplicando-se as respectivas taxas de conversão.*

III – *Visto que constituem* instrumentos de pagamento, *as livranças integram, segundo o art. 1.º do Regulamento (CE) n.º 1.103/97 do Conselho, de 17/06/97, os* instrumentos jurídicos *considerados no predito art. 14.º do Regulamento (CE) n.º 974/98, de 03/05/98.*

IV – *Sem mais, podendo entrar, então, em circulação através de endosso, a emissão dum título de crédito subscrito em branco, isto é, antes de preenchido, ocorre com a sua assinatura e entrega por quem nele assim se obriga.*

V – *Assegurada que é pelo art. 10.º da LULL, aplicável às livranças por força do disposto no seu art. 77.º, a* existência *da obrigação cambiária que o título em branco incorpora, o que diversamente resulta dos arts. 2.º a 76.º da LU é apenas condição da* eficácia *do título cambiário enquanto tal: a obrigação cambiária surge logo no momento da emissão do título em branco, isto é, logo que o documento subscrito – incompleto, embora – é entregue ao tomador, que pode endossá-lo; e não apenas quando este, ou terceiro, o preenche.*

Ac. do STJ, de 13.07.2004 *in* CJ, Ano XII, Tomo II, p. 160

I. *A letra em branco, desde que posteriormente preenchida nos termos fixados no art° 1° da LULL, passa a produzir todos os efeitos próprios de letra.*

II. *A obrigação cambiária surge no preciso momento da emissão e entrega do título ao credor do respectivo subscritor, entrando de imediato em circulação.*

III. *Se uma letra, incompleta no momento de ser passada, tiver sido completada contrariamente aos pactos realizados, não pode a inobservância desses acordos ser motivo de oposição ao portador, salvo se este a tiver adquirido de má-fé, ou, adquirindo-a, tenha cometido uma falta grave.*

IV. *Constituindo o preenchimento abusivo da letra uma excepção que pode ser oposta ao credor/tomador, sobre o devedor/aceitante recairá o ónus da prova dos factos integradores dessa excepção.*

V. *O que releva, para efeitos de vinculação da sociedade/aceitante é a assinatura do respectivo representante (gerente), ao tempo da "emissão" da letra, tornando-se irrelevantes quaisquer alterações na titularidade da gerência subsequentemente ocorridas.*

VI. *Os actos praticados pelos gerentes, em nome da sociedade e dentro dos poderes que a lei lhes confere, vinculam-na para com terceiros, não obstante as limitações constantes do contrato social ou resultantes de deliberação dos sócios.*

VII. *A responsabilidade do avalista não é subsidiária da do avalizado, mas solidária, pelo que o avalista não goza do benefício da excussão prévia.*
VIII. *O aval representa um acto cambiário que desencadeia uma obrigação independente e autónoma de honrar o título, ainda que só caucione outro co-subscritor do mesmo – princípio da independência do aval (art.º 32.º da LULL).*
IX. *Vício de forma do título é apenas aquele que prejudica a respectiva aparência formal.*

Ac. do STJ, de 20.05.2004 *in* www.dgsi.pt (proc. n.º 04B1522)

1. *A letra em branco, desde que posteriormente preenchida, passa a produzir todos os efeitos próprios da letra. Sendo o momento decisivo para que tal suceda, não o momento da sua emissão, mas o do seu vencimento, desde que então tal título se encontre preenchido.*
2. *O subsequente contrato de preenchimento não pode ser arbitrário, havendo de processar-se segundo a maneira costumada do tráfico e nas modalidades usuais e típicas, devendo ser feito segundo o direito que resulte do contrato fundamental.*
3. *O ónus da prova do facto impeditivo do exercício do direito do alegado credor cabe ao obrigado cambiário, que deverá alegar e provar o preenchimento abusivo ou desconforme em embargos de executado.*

Ac. da RC, de 27.04.2004 *in* www.dgsi.pt (proc. n.º 721/04)

1. *A desconformidade do completamento da livrança em branco com o respectivo pacto de preenchimento acordado, porque constitui facto modificativo ou extintivo do direito do portador, deve ser alegada e provada pelo embargante, seu subscritor ou avalista.*
2. *A garantia de obrigações futuras, de conteúdo à partida indeterminado, só será válida quando haja elementos que permitam a sua determinação, ou seja, se no momento da constituição o seu objecto for determinável.*
3. *Enquanto no caso da fiança, garantia pessoal, a mera descrição exemplificada de algumas fontes das obrigações garantidas e a remissão genérica para todas as operações permitidas em direito não pode constituir critério de determinação da obrigação garantida, já o mesmo se não passa certamente no aval, garantia cambiária, cuja responsabilidade é determinada, antes de mais, pelo próprio título e, se tal for o caso, pelo pacto de preenchimento acordado pelas partes.*

4. Tendo em vista o estabelecimento de critérios objectivos de determinação, para além da natureza da dívida, a fixação de um limite máximo do valor a garantir (tecto ou plafond), surge como a maior garantia de protecção contra a leviandade ou voluntarismo por parte dos obrigados.
5. É válida, por susceptível de determinação, a obrigação de aval prestada numa letra em branco, se no acordo de preenchimento se afirma que a mesma serve "para garantia de todas e quaisquer responsabilidades por nós contraídas ou a contrair perante o banco, até ao limite de 18.000.000$00, provenientes de qualquer operação ou título em direito permitidos, designadamente de empréstimos, saldos devedores em contas de qualquer natureza, garantias ou avales, créditos em moeda nacional ou estrangeira, desconto de títulos de crédito, letras ou livranças, incluindo capital, juros, comissões e demais encargos" e que tal garantia cessa, sendo o título entregue pelo portador, logo que estejam pagas todas as obrigações.

Ac. do STJ, de 16.10.2003 in www.dgsi.pt (proc. n.º 03B2506)

Atento o princípio da continuidade dos contratos consagrado no art. 3.º, do Reg. da CE n.º 1.103/97, de 17/06, bem como o princípio nominalista consagrado no art. 550.º do Cód. Civil, não é nula uma livrança preenchida em escudos, mesmo depois da retirada de circulação desta moeda, desde que tal preenchimento seja conforme ao acordo de preenchimento do título, anteriormente celebrado.

Ac. da RG, de 18.06.2003 in CJ, Ano XXVIII, Tomo III, p. 292

I – No domínio das relações imediatas, e por interpretação da vontade das partes, vale como livrança o modelo próprio para letra onde consta que «no seu vencimento pagará(ão) V. Exa.(s) por esta única via de letra, aliás livrança, a quantia de...» assinado, sob a menção o gerente, no local destinado ao nome e morada do sacado, sem qualquer assinatura sob a menção Aceite e tendo no verso várias assinaturas sob a menção «por aval à firma subscritora».
II – A irregularidade de utilização para livrança de um impresso próprio das letras não afecta a sua validade como tal, pois com a adaptação do modelo uniforme de livranças visou-se a normalização para facilitar o tratamento informático e por exigências de carácter fiscal.
III – Se a subscritora da livrança e os seus avalistas remeteram à portadora a livrança incompleta, acompanhada de carta onde, além do mais,

autorizavam a preenchê-la pelo valor que em tal ocasião estivesse em dívida, a portadora, escrevendo esse valor, não infringiu o pacto de preenchimento.

IV – *Ainda que os avalistas tivessem a expectativa de que seria emitida letra em vez de livrança, ela seria irrelevante para excluir a sua responsabilidade cambiária.*

Ac. do STJ, de 27.05.2003 *in* CJ, Ano XI, Tomo II, p. 74

Ao apor na livrança a data de 28/10/98, o Banco antecipou indevidamente a data de vencimento da dívida por forma a cobrar do devedor juros de mora a que não tem direito, o que constitui abuso de preenchimento, de que resulta, tão-só, a consequência de se ter como não escrita na livrança a data de vencimento aposta, nela passando a vigorar aquela em que a dívida efectivamente se venceu, ou seja, 5 de Janeiro de 1999.

Ac. do STJ, de 07.11.2002 *in* CJ, Ano X, Tomo III, p. 127

I – *É legalmente admissível a livrança em branco.*
II – *O contrato de preenchimento pode ser expresso ou tácito.*
III – *O acordo tácito tem o seu conteúdo balizado pelos termos da relação fundamental.*
IV – *A assinatura em branco faz presumir a vontade de fazer seu o texto que na livrança vier a ser escrito – vontade confessória – e de tal presunção beneficia o apresentante do título, cabendo ao subscritor demandado, provar que o preenchimento do mesmo não se acha em conformidade com o ajustado.*
V – *O imposto de selo sobre os juros, vencidos e vincendos, constitui encargo do devedor em operação bancária.*
VI – *Não distinguindo a lei – art. 120.º-A da TGIS – é de entender que o imposto de selo aí previsto incide sobre os juros de qualquer espécie – moratórios ou remuneratórios.*

Ac. da RP, de 17.09.2001 *in* CJ, Ano XXVI, Tomo IV, p. 179

I – *O aval torna-se irrevogável a partir do momento em que o título entra na posse do legítimo portador.*
II – *É irrelevante que o Banco, tomador de livrança em branco, a tenha preenchido quando ao avalista já não era sócio da sociedade subscritora.*

III – *Não constitui abuso de direito o facto de o Banco continuar a conceder crédito à subscritora da livrança quando eram visíveis as suas dificuldades e preencher a livrança quando o avalista já não era sócio da subscritora.*

Ac. da RC, de 14.11.2000 *in* CJ, Ano XXV, Tomo V, p. 16

I – *Não é legítima portadora de letra a exequente que a detém por lhe ter sido entregue em mão pelo aceitante que a tinha previamente pago ao Banco a quem fora endossada pela sacadadora-tomadora.*
II – *A exequente detentora de letra com endosso em branco é sua portadora legítima mas só se torna credora se preencher o endosso a seu favor ou praticar acto que suponha e revele a qualidade de endossada.*
III – *O facto de a executada ter tido conhecimento da entrega das letras à exequente e concordado em pagar-lhe o seu montante não a transforma em título executivo contra ela.*

Ac. da RP, de 27.06.2000 *in* CJ, Ano XXV, Tomo III, p. 217

I – *Tendo o sacador, os aceitantes e o avalista da letra accionada convencionado, por escrito, estender ao contrato de preenchimento desta o pacto privativo de jurisdição – foro da Comarca de Lisboa – estabelecido no contrato de locação financeira cujo cumprimento das obrigações de destinava a garantir, é irrelevante a não referência expressa, no contrato de preenchimento, ao lugar do pagamento da letra, não se tornando necessário lançar mão da lei cambiária supletiva, nem das regras do processo que estabelecem a competência territorial para acção executiva.*
II – *Nestas circunstâncias, não é abusiva a indicação feita pela exequente, na letra, de Lisboa como o seu local de pagamento.*

Ac. da RL, de 17.02.2000 *in* CJ, Ano XXV, Tomo I, p. 115

I – *O preenchimento de título cambiário em branco com violação do pacto de preenchimento configura uma falsidade material, determinante da perda de eficácia probatória do documento no que respeita à parte falsificada.*
II – *Demonstrando-se, em embargos de executado, apenas o preenchimento abusivo parcial da livrança, o subscritor continua a responder na medida da responsabilidade apurada.*

Ac. STJ, de 09.11.99 in CJ, A. VII, Tomo III, p. 84).

I – O preenchimento abusivo da letra em branco na qual se funda a acção executiva constitui facto impeditivo do direito do portador exequente, cuja prova, nos termos do artigo 342.º, n.º 2, do Código Civil, compete ao executado embargante.

II – O artigo 53.º da Lei Uniforme sobre Letras e Livranças deve ser interpretado no sentido de que a dispensa de protesto por falta de pagamento relativamente ao aceitante vale igualmente em relação ao seu avalista (cfr. também o artigo 32.º da mesma Lei Uniforme).

Ac. STJ, de 01.10.98 *in* BMJ, 480, p. 482

O avalista de uma letra só pode opor a excepção do abuso de preenchimento, no domínio das relações imediatas, se, juntamente com o sacador e o aceitante, tiver sido parte no facto de preenchimento.

Ac. RP, de 07.07.98 *in* BMJ, 479, p. 715

I – Quem assina uma letra em branco atribui àquele a quem a entrega o direito de a preencher nos termos acordados.

II – Quem dá aval a uma letra em branco fica vinculado ao acordo de preenchimento havido entre os intervenientes iniciais.

III – As palavras "por aval ao subscritor" podem ser escritas por pessoa diferente do avalista.

IV – Não é necessário protesto para ser accionado o avalista do aceitante.

Ac. RL, de 02.04.98 *in* CJ, Ano XXIII, Tomo II, p. 124

I – Antes da publicação da Portaria n.º 142/88, de 04/03, não havia um modelo oficial de impresso para livranças e o art.º 118.º do Regulamento do Imposto do Selo prescrevia que as livranças eram passadas no papel para letras, adiantando-se a expressão "aliás livrança" à palavra "letra".

II – O portador de uma livrança não necessita de efectuar o protesto por falta de pagamento para accionar o avalista do subscritor.

III – A LULL não fixa prazo dentro do qual deva ser preenchida a letra ou livrança em branco, nem a nossa legislação cominou um prazo para o preenchimento do vencimento em branco.

IV – Na livrança incompleta ou em branco a prescrição corre desde o dia do vencimento aposto pelo portador, salvo se tiver sido excepcionado e provado abuso de preenchimento.

Ac. da RL, de 26.02.98 *in* www.dgsi.pt (proc. n.º 0074612)

O facto de o exequente inscrever, abusivamente, em livrança em branco, importância superior à quantia em dívida, não inutiliza a livrança nem a faz perder o carácter de título executivo, apenas originando a redução da quantia exequenda ao valor de que, efectivamente, o tomador era credor no momento do vencimento do título.

Ac. RE, de 18.09.97 *in* BMJ, 469, p. 676

No domínio das relações imediatas, o preenchimento de uma livrança por montante superior ao que resulta da relação subjacente não torna a livrança nula, mantendo-se a sua validade pelo montante decorrente da relação subjacente.

Ac. RP, de 08.04.97 *in* BMJ, 466, p. 589

I – Os direitos cambiários emergentes da letra de câmbio, nos casos em que o tomador seja pessoa diferente do sacador, pertencem originária e incondicionalmente ao seu tomador, sem antes disso terem pertencido a outra pessoa designadamente ao sacador da letra.
II – Não pode entender-se, ao nível dos direitos cambiários, que o tomador de uma letra esteja a agir como procurador do sacador.
III – A chamada "letra em branco", referida no art. 10 da LULL é apenas aquela a que falta algum dos requisitos essenciais, referidos no seu art. 1 e nada tem a ver com a menção ou carimbo aposto no título pelo seu tomador.

Ac. da RL, de 20.02.97 *in* www.dgsi.pt (proc. n.º 0004862)

I – A letra em branco deve ser preenchida de harmonia com os termos convencionados pelas partes (acordo expresso) ou com as cláusulas do negócio determinante da sua emissão (acordo tácito).
II – No domínio das relações imediatas, é livremente oponível ao portador da letra a inobservância de algum daqueles acordos, mas o respectivo ónus da prova cabe ao obrigado cambiário (artigo 342.º, n.º 2, do Código Civil).
III – Na acção executiva, a alegação e prova dos factos respeitantes ao preenchimento abusivo da letra deve ser feita nos embargos de executado (artigos 812.º e seguintes do Código de Processo Civil).

Ac. STJ, de 28.05.96 *in* BMJ, 457, p. 401

I – Pode existir letra em branco sem ter havido contrato de preenchimento além de que, a existir, não precisa de ser expresso.
II – O momento decisivo para se verificar se o terceiro adquirente da letra procedeu conscientemente em detrimento do devedor, é o da aquisição da letra ao portador.

Ac. RL, de 16.05.96 *in* CJ, Ano XXI, Tomo III, p. 92

O valor probatório da letra terá de ser ilidido por aquele a quem se exige o cumprimento da obrigação, mostrando este que essa letra, que foi assinada quando o título estava em branco, não se acha preenchida em conformidade com o ajustado entre o sacador e o aceitante.

Ac. RP, de 14.06.94 *in* BMJ, 438, p. 552

Recai sobre o devedor o ónus da alegação e prova relativamente ao abuso do preenchimento.

Ac. RP, de 14.06.94 *in* CJ, Ano XIX, T. III, p. 232

I – No domínio das relações imediatas o preenchimento de uma livrança feito pelo tomador por valor superior ao resultante do contrato de preenchimento não torna a livrança nula mantendo a sua validade relativamente ao montante resultante do mesmo contrato, quer quanto ao tomador, quer quanto o subscritor e respectivo avalista.
II – A excepção de preenchimento abusivo não interfere na totalidade da dívida, confinando-se aos limites desse preenchimento.
III – Se o subscritor inicial entregou a livrança em branco de quantia e o detentor imediato a preencher por quantia superior ao convencionado, a livrança vale segundo a quantia inferior, aproveitando-se os actos jurídicos praticados.
IV – É que a obrigação cartular está sujeita ao regime comum das obrigações e a nossa lei estabelece no artigo 292.º do Código Civil que a nulidade ou anulação parcial não determina a invalidade de todo o negócio, salvo quando se mostre que este não teria sido concluído sem a parte viciada, excepção que não se verifica no caso dos autos.
V – De resto, mesmo no domínio das relações mediatas, segundo o artigo 10.º da Lei Uniforme aplicável à livrança por força do artigo 77.º, se uma letra incompleta no momento de ser passada tiver sido completada contrariamente aos acordos realizados, é certo que não

pode a inobservância desses acordos ser motivo de oposição do portador, mas ressalvando a hipótese de ter adquirido a letra de má fé ou, ao adquiri-la, ter cometido falta grave.

Ac. STJ, de 17.12.92 in BMJ, 422, p. 398

I – A letra em branco, reconhecida pela LULL, constitui como que um princípio de obrigação cambiária, mas este só surge como tal depois de preenchido com todos os requisitos essenciais; e, assim não pode exigir-se o cumprimento de uma obrigação cambiária enquanto a letra não satisfizer os requisitos essenciais à sua eficácia.

II – Sem a ordem de pagamento exarada na letra (ou livrança) e a sua entrega, não se verificam os efeitos constitutivos e translativos do endosso, como não se dá a legitimação do portador, condição indispensável para o exercício do direito de crédito.

Ac. da RL, de 31.01.91 in www.dgsi.pt (proc. n.º 0022506)

CAPÍTULO II – **Do endosso**

Art. 11.º (Formas de transmissão)

Toda a letra de câmbio, mesmo que não envolva expressamente a cláusula à ordem, é transmissível por via de endosso.

Quando o sacador tiver inserido na letra as palavras «não à ordem», ou uma expressão equivalente, a letra só é transmissível pela forma e com os efeitos de uma cessão ordinária de créditos.

O endosso pode ser feito mesmo a favor do sacado, aceitante ou não, do sacador, ou de qualquer outro co-obrigado. Estas pessoas podem endossar novamente a letra.

JURISPRUDÊNCIA:

As letras de câmbio e as livranças, independentemente da declaração de endosso, podem ser transmitidas por outro meio, designadamente por trepasse do estabelecimento no qual se inclui todo o seu activo e, portanto, a respectiva carteira de títulos.

Assim o novo portador dos títulos em consequência de trepasse, como legítimo portador, tem legitimidade para requerer a execução com base nos mesmos, os quais constituem também títulos executivos.

Ac. da RL, de 02.07.2002 *in* www.dgsi.pt (proc. n.º 0018501)

I – A menção «valor à cobrança» aposta no verso de uma livrança em seguida à indicação dum estabelecimento bancário constitui um endosso impróprio, traduzindo um simples negócio jurídico-cambiário de procuração, pelo que não transmite ao banco endossado a propriedade do título do crédito, nem os direitos a ele inerentes.
II – O endossante, no caso de a livrança não ter sido paga, é legítimo portador do título para efeitos de execução.

Ac. RP, de 05.06.97 *in* BMJ, 468, p. 478

I – O endosso pignoratício não atribui ao endossado a propriedade da letra, isto é, a titularidade do crédito cambiário, reduzindo-se, tão só, a um endosso para cobrança.
II – Se o credor endossado, sendo um simples possuidor do título para cobrança, não obtiver o pagamento de qualquer dos responsáveis signatários da letra, mantém-se intacto o seu direito de crédito contra o endossante, podendo efectivá-lo em qualquer outro bem que se encontre no património do endossante.
III – Mesmo que as letras tivessem sido endossadas para pagamento da dívida financiada e consubstanciada na livrança só o pagamento da letra teria efeito extintivo da obrigação dos endossantes.

Ac. da RL, de 03.06.93 *in* www.dgsi.pt (proc. n.º 0052086)

Art. 12.º (Modalidades do endosso)

O endosso deve ser puro e simples. Qualquer condição a que ele seja subordinado considera-se como não escrita.
O endosso parcial é nulo.
O endosso ao portador vale como endosso em branco.

Art. 13.º (Forma do endosso)

O endosso deve ser escrito na letra ou numa folha ligada a esta (anexo). Deve ser assinado pelo endossante.

O endosso pode não designar o beneficiário, ou consistir simplesmente na assinatura do endossante (endosso em branco). Neste último caso, o endosso para ser válido deve ser escrito no verso da letra ou na folha anexa.

JURISPRUDÊNCIA:

I, II – (...)
III – Uma carta que não está ligada, por cola, à livrança, não constitui folha anexa ou allongue da mesma.

Ac. RL, de 10.11.98 *in* CJ, Ano XXIII, Tomo V, p. 87

Art. 14.º (Efeitos do endosso. Endosso em branco)

O endosso transmite todos os direitos emergentes da letra.
Se o endosso for em branco, o portador pode:

1.º Preencher o espaço em branco, quer com o seu nome, quer com o nome de outra pessoa;
2.º Endossar de novo a letra em branco ou a favor de outra pessoa;
3.º Remeter a letra a um terceiro, sem preencher o espaço em branco e sem a endossar.

JURISPRUDÊNCIA:

I – O favor consiste em assumir posição semelhante à do fiador ou garante, dada a falta de relação subjacente da obrigação cambiária.
II – A excepção de favor é oponível ao favorecido.
III – Tendo o sacador endossado em branco a letra ao banco e não tendo este preenchido o endosso, feito o pagamento dela pelo sacador ao banco, que lha restituiu, passou a letra a circular como título ao portador no domínio das relações imediatas.

IV – Nestas condições pode o sacador exigir do aceitante o pagamento.

Ac. da RC, de 10.12.2002 *in* CJ, Ano XXVII, Tomo V, p. 28

I – Uma letra endossada em branco mantém todas as virtualidades de qualquer outro título ao portador.
II – O seu portador legítimo pode, por isso, dá-la à execução sem necessidade de previamente a preencher em seu favor.

Ac. da RP, de 16.09.2002 *in* CJ, Ano XXVII, Tomo IV, p. 176

I – A um endosso em branco pode seguir-se um outro também em branco, sucedendo isto quando o adquirente de uma letra por endosso em branco, a endossa a outrem, sem indicação do beneficiário e sem preencher o endosso anterior a seu favor.
II – Neste caso o último endossatário em branco não deixará de poder justificar ser o legítimo portador do título através dos diversos endossos anteriores, ainda que em branco.

Ac. R.C., de 13.04.99 *in* BMJ, 486, p. 371

Art. 15.º (Responsabilidade do endossante)

O endossante, salvo cláusula em contrário, é garante tanto da aceitação como do pagamento da letra.

O endossante pode proibir um novo endosso, e, neste caso, não garante o pagamento às pessoas a quem a letra for posteriormente endossada.

Art. 16.º (Requisitos da legitimidade do portador)

O detentor de uma letra é considerado portador legítimo se justifica o seu direito por uma série ininterrupta de endossos, mesmo se o último for em branco. Os endossos riscados consideram-se, para este efeito, como não escritos. Quando um endosso em branco é seguido de um outro endosso, presume-se que o signatário deste adquiriu a letra pelo endosso em branco.

Se uma pessoa foi por qualquer maneira desapossada de uma letra, o portador dela, desde que justifique o seu direito pela maneira indicada na alínea precedente, não é obrigado a restituí-la, salvo se a adquiriu de má fé ou se, adquirindo-a, cometeu uma falta grave.

JURISPRUDÊNCIA:

I – Se uma pessoa foi de qualquer maneira desapossada de uma letra, o portador dela, desde que justifique o seu direito por uma série ininterrupta de endossos, mesmo que o último seja em branco.
II – Nesse caso não será obrigado a restituí-la, salvo se a adquiriu de má fé ou se adquirindo-a cometeu uma falta grave.
III – É o caso de um banco adquirir uma letra já depois da data que devia ter sido paga e não indaga a proveniência da mesma ou a justificação da titularidade do apresentante, sendo que afinal a letra já havia sido reformada e paga.

Ac. da RP, de 27.01.2004 in www.dgsi.pt (proc. n.º 0222869)

I – Se o sacador recebeu letra de câmbio do endossante por não ter sido pago, pode instaurar a execução, desde que alegue na petição executiva os factos constitutivos da execução, que justificam a detenção do título de crédito.
II – Provados estes factos fica demonstrada a sua legitimidade.

Ac. STJ, de 09.12.93 in CJ, Ano I, T. II, p. 178

Art. 17.º (Excepções inoponíveis ao portador)

As pessoas accionadas em virtude de uma letra não podem opor ao portador as excepções fundadas sobre as relações pessoais delas com o sacador ou com os portadores anteriores, a menos que o portador, ao adquirir a letra, tenha procedido conscientemente em detrimento do devedor.

JURISPRUDÊNCIA:

O conhecimento por parte do portador a favor de quem a letra foi endossada, de que, com a sua emissão, houve um favor do aceitante ao sacador, não faz incorrer o portador na previsão constante do artigo 17.º da Lei Uniforme sobre letras e Livranças e não altera a qualidade de terceiro desse portador.

Ac. da RL, de 10.05.2007 *in* www.dgsi.pt (proc. n.º 3405/ /2007-8)

Uma vez posto em circulação um título de crédito, dadas as características de literalidade, abstracção e autonomia, perde a sua ligação ao negócio subjacente, sem prejuízo dela poder ser invocada nas relações imediatas.

Ac. da RE, de 29.03.2007 *in* www.dgsi.pt (proc. n.º 2749/06-2)

I – *Numa letra de favor, há alguém que assina a letra sem ter para com o sacador ou tomador qualquer responsabilidade anterior.*
II – *A assinatura aposta na letra é derivada de um acordo entre o autor do favor e o favorecido, para facilitar a circulação do título.*
III – *Quem aceita de favor contrai uma obrigação cambiária.*
IV – *Sendo o favor a causa da obrigação cambiária, quem o prestou não fica isento de responder por ela, pois o favor não é fazer uma assinatura, mas honrá-la, cumprindo as obrigações dela emergentes.*
V – *O favor constitui causa válida e eficaz de obrigação cartular para com o portador da letra, excepto se este for o favorecido.*
VI – *São letras de favor as letras aceites pela embargante, a pedido de uma filha, que não tinha crédito bancário e que foram assinadas para obter financiamento bancário, devido ao facto da embargante ter bens.*

Ac. do STJ, de 22.03.2007 *in* CJ, Ano XV, Tomo I, p. 142

1. *O desconto é uma convenção sobre uma operação bancária mediante a qual um banco (descontador) paga, antecipadamente, a quem lhe endossa um título de crédito (descontário), e por causa desse endosso, o quantitativo inscrito no título, subtraído do juro correspondente àquela quantia relativo ao período que vai desde o pagamento até ao vencimento do título, e de outras somas respeitantes a encargos bancários.*
2. *Do ponto de vista jurídico, o desconto é um contrato misto de mútuo mercantil (arts. 1142.º, CC, 2.º, 13.º CCom. Código Comercial) e de dação "pro solvendo" (art. 840.º, n.ᵒˢ 1 e 2, CC), tendo em conta que, de acordo com o perfil económico do negócio, o descontador,*

emprestando a quantia descontada, fica investido, por causa do endosso, na posse legítima de um título de crédito sobre terceiro, sem perder, porém, o direito de acção sobre o próprio descontário.
3. A responsabilidade do comitente só existe se o facto danoso for praticado pelo comissário no exercício da função que lhe foi confiada, ainda que intencionalmente ou contra as intenções daquele, assim se pretendendo afastar da responsabilidade do comitente, os actos que apenas têm um nexo temporal ou local com a comissão.
4. Não basta um mero nexo local ou cronológico, incidental, entre o facto e a comissão, sendo necessária uma relação directa, causal. São, portanto, da responsabilidade do comitente os actos praticados com abuso de funções, isto é, os actos for-malmente compreendidos no âmbito da comissão, mas praticados com um fim estranho a ela.
Ac. da RL, de 12.07.2006 in www.dgsi.pt (proc. n.º 5168/2006

De acordo com o disposto no art.º 17.º da Lei Uniforme s/ Letras e Livranças, para que as excepções sejam inoponíveis ao devedor é necessário que o portador, ao adquirir a letra, tenha procedido conscientemente em detrimento do devedor.
A doutrina tem entendido que não basta a simples má fé, sendo ainda necessário que o portador tenha agido com a consciência de estar a causar um prejuízo ao devedor, o que se verifica quando o portador tenha tido conhecimento da existência e legitimidade das excepções que o devedor poderia opor ao endossante dele, portador. A jurisprudência do S.T.J. tem sido mais no sentido de que basta a consciência do prejuízo do devedor, não sendo de exigir a intenção de prejudicar.

Ac. da RC, de 10.01.2006 *in* www.dgsi.pt (proc. n.º 2352/05)

1. Ao sacador com quem contratou, com quem está nas relações imediatas, pode o aceitante opor a mais lata defesa; mas a terceiro, como é o Banco descontador e endossado, com quem está nas relações mediatas, não pode opor as excepções fundadas nas relações pessoais com o sacador/endossante, a menos que o portador, ao adquirir a letra, tenha procedido conscientemente em detrimento do devedor (art. 17.º da LULL).
2. O direito de crédito não se extingue com o pagamento se o título continuar em circulação; pagando o aceitante ao portador, mas deixando a letra nas mãos deste, pode ser compelido a pagar segunda

vez – a pagar a um terceiro de boa-fé a quem esse portador tenha endossado a letra.

Ac. da RL, de 22.09.2005 *in* www.dgsi.pt (proc. n.º 6155/ /2005-6)

1 – O art. 17.º da LULL considera os interesses envolvidos na circulação do crédito cambiário e a imunidade das excepções respeitantes às relações subjacentes, que não pode ser neutralizada com o mero conhecimento do adquirente da letra da existência e legitimidade das excepções que o devedor poderia opor ao sacador ou portadores antecedentes.
2 – Sendo o aval uma obrigação independente e autónoma – art. 32.º, II, da LULL-, o avalista não pode opor ao portador excepções pessoais do seu avalizado, salvo a do pagamento que este lhe tenha feito ou a de outra causa extintiva da obrigação ocorrida nas relações entre ambos.

Ac. do STJ, de 27.05.2004 *in* www.dgsi.pt (proc. n.º 04A1518)

I – A aceitação de uma letra a pedido do devedor e a favor do credor deste, que surge como sacador, significa que o aceitante assumiu expressamente o pagamento dessa mesma dívida.
II – O credor ratifica tacitamente esse acordo entre o novo e o antigo credor, ao receber deste a respectiva letra de câmbio como meio de pagamento e ao accionar aquele, mediante a execução dessa mesma letra.
III – Ao reformar-se uma letra, mediante a substituição de uma letra vencida e não paga (letra reformada), por outra de valor igual ou inferior para novo prazo de vencimento (letra de reforma), tudo se passa como se o devedor pagasse efectivamente a primeira letra, obrigando-se em seguida a uma prestação cambiária idêntica, mas sem que isso implique a extinção, por novação, da primitiva obrigação cambiária.
IV – Para existir novação da obrigação cambiária é necessário que se tenha manifestado expressa e inequivocamente a vontade de se contrair uma nova obrigação em substituição da antiga.

Ac. da RP, de 02.12.2003 *in* CJ, Ano XXVIII, Tomo III, p. 205

I – O favorecente não pode opor ao possuidor do título a convenção de favor (artigo 17 LULL); a sua intenção de não vir a desembolsar o montante da letra só vale contra o favorecido, mas é de todo irrelevante quanto aos de mais portadores.

II – A presunção de cumprimento que resulta da entrega voluntária, feita pelo credor ao devedor, do título original do crédito (artigo 786 n.º3 do CCIV), com a consequência da inversão do ónus probandi do cumprimento em benefício do devedor, não invalida que este possa fazer a prova do cumprimento da sua obrigação quando não tem em seu poder esse título.

III – Com o pagamento das letras exequendas foi satisfeito o interesse da exequente credora, extinguindo-se o vínculo obrigacional em relação à exequente dos seus subscritores.

Ac. da RL, de 09.12.99 in www.dgsi.pt (proc. n.º 0072046)

I – Tendo o executado/aceitante oposto embargos à execução contra si movida afirmando a falsidade das assinaturas do aceite das letras executadas, é sobre o embargado/exequente que recai o ónus de provar a autenticidade daquelas assinaturas, por ter sido quem apresentou as letras em juízo e estas serem documentos particulares.

II – Tendo o único quesito que constituía o questionário sido formulado sem ter em conta aquele ónus da prova, quanto às assinaturas apostas nos aceites das letras executadas, há que anular o julgamento e subsequentes actos, incluindo a sentença, formular-se novo quesito respeitando o apontado ónus da prova e seguirem-se os ulteriores termos do processo até ser produzida nova sentença.

Ac. RL, de 23.11.99 in CJ, A. XXIV, Tomo V, p. 98

I – A factualidade essencial reflectida em formal título executivo integra a causa de pedir executiva.

II – Se duas livranças explicitam que se reportam a contratos de empréstimo, o significado destas integra-se no entendimento daquelas, como é o caso, no plano das relações imediatas.

III – A data do vencimento aposta em livrança é facto; o enquadramento e alcance da exigibilidade é Direito; distinção clara à luz da relevância jurídica de uma condição suspensiva.

IV – Convencionando-se que haveria exigibilidade se a mutuária deixasse de ser funcionária da mutuante tal exigibilidade ocorre logo que a referida mutuária, ao propor acção laboral contra o empregador, declara que não quer ser reintegrada, já que faz cessar o pressuposto de que dependia contratualmente a não exigibilidade.

V – *Sobre a executada embargante incide o ónus da prova do prematuro preenchimento das datas dos vencimentos.*
VI – *Se as datas de vencimento dos títulos executivos forem posteriores à cessação do pressuposto referido em IV, não são prematuras.*

Ac. STJ, de 27.01.98 *in* CJ, Ano VI, Tomo I, p. 40

O carácter de favor do aceite pode ser invocado pelo firmante nas relações imediatas relativamente ao favorecimento.

Ac. RL, de 21.10.97 *in* BMJ, 470, p. 665

I – *O princípio cartular da literalidade não rege os deveres e ónus processuais dos interessados, mas sim as soluções substantivas.*
II – *Havendo algum facto deficientemente articulado em petição inicial executiva, não tendo havido indeferimento liminar desta nem convite ao seu aperfeiçoamento, mas tendo ocorrido uma clarificação da factualidade causal, na contestação dos embargos à execução, a acção executiva deve prosseguir para comprovação factual relevante para a decisão daqueles embargos.*

Ac. STJ, de 30.09.97 *in* BMJ, 469, p. 611

I – *Nas acções que têm como causa de pedir a letra em obrigação cambiária resultante do título há que distinguir o campo das relações imediatas do campo das relações mediatas.*
II – *No primeiro, a letra não entrou ainda em circulação e as partes são os subscritores da letra, não havendo interesses de terceiros a proteger.*
III – *No segundo, o título entrou em circulação e o portador da letra não é o sujeito da relação cartular.*
IV – *Por sua vez, o endosso é um acto jurídico unilateral mediante o qual o seu autor emite uma declaração de vontade dirigida ao sacado, ordenando-lhe um pagamento em termos idênticos à ordem enunciada pelo sacador emitente do título – cfr. acórdão do Supremo Tribunal de Justiça de 16 de Dezembro de 1996, Boletim do Ministério da Justiça, n.º 362, pág. 568.*
V – *O endosso transfere para o endossante o direito de crédito ao pagamento do montante da letra e o de dispor do crédito cambiário a qualquer título, sendo os direitos cambiários transmitidos com autonomia, adquirindo-os o endossado independentemente das excepções derivadas das convenções extracartulares em geral, das excepções causais acaso oponíveis a um titular anterior e do facto de não ser*

titular do crédito um dos sujeitos da cadeia cambiária, conforme resulta do disposto nos artigos 16.º e 17.º da Lei Uniforme sobre Letras e Livranças, ficando o portador da letra colocado na posição de credor originário – cfr. Prof. A. Vaz Serra, Revista de Legislação e de Jurisprudência, ano 11.º, págs. 54 e 55.

Ac. RL, de 24.06.97 *in* BMJ, 468, p. 458

I – Podendo as letras ser assinadas por procuradores ou gerentes, isto é, por representantes de outrem, quem o fizer deve declarar a qualidade em que o faz, indicando a pessoa do representado, ou seja, a pessoa em cuja esfera jurídica se irão produzir as consequências do acto de aposição dessas assinaturas; se o não fizer, é ele mesmo quem fica pessoalmente vinculado por essas assinatura ou, mais concretamente, é ele que fica cambiariamente obrigado com a colaboração da sua assinatura no título.
II – Por isso deve considerar-se parte legítima numa execução fundada em letra de câmbio em que figure como sacada uma sociedade comercial quem assina no lugar do aceite sem qualquer indicação de qualidade e da relação com a sociedade sacada.

Ac. RE, de 12.06.97 *in* BMJ, 468, p. 496

I – O aceitante pode opôr ao Banco a quem o tomador endossou as letras aceites para cobrança, excepções fundadas sobre relações pessoais aceitante-tomador.
II – Já não podem ser opostas essas excepções se a letra foi endossada como garantia.

Ac. RL, de 17.04.97 *in* CJ, Ano XXII, Tomo II, p. 108

No caso de a execução, quanto ao aceitante/ /executado/embargante, vier a ser extinta, nomeadamente por o embargado não fazer prova da autenticidade da sua assinatura, a obrigação não deixa de ser válida quanto aos demais signatários da letra.

Ac. RE, de 14.11.96 *in* BMJ, 461, p. 543

A mera invocação pela embargante, na petição de embargos, de que "a embargada é conhecedora de toda a situação acabada de descrever" é irrelevante para efeitos de integração da excepção prevista na parte final do artigo 17 da LULL, pois que dela não pode concluir-se que a embargada, ao adquirir as letras, procedeu conscientemente em detrimento do embargante.

Ac. da RL, de 31.10.96 *in* www.dgsi.pt (proc. n.º 0010346)

I – Em execução instaurada, com base em letra de câmbio, pelo sacador contra o aceitante, pode este deduzir, por embargos à execução, como sua defesa, excepções fundadas nas suas relações pessoais para provar não ter o título correspondência com um débito real.

II – Como facto extintivo do direito cambiário do portador do título é sobre o executado que incide o ónus de alegar e provar a inexistência de causa justificativa da aposição da sua assinatura no lugar destinado ao aceite.

III – A alegação feita pelo sacador – exequente, no requerimento inicial da acção executiva instaurada contra o aceitante, de que a letra tem subjacente uma «transacção comercial» e a inserção desta expressão no rosto do título são irrelevantes para efeitos executivos, tendo apenas efeitos fiscais.

Ac. RP, de 21.10.96 *in* CJ, Ano XXI, Tomo V, p. 183

I – É entendimento pacífico que o carácter autónomo e literal das letras só produz efeitos após o título entrar em circulação e se encontrar na posse de terceiros. Nas relações imediatas (sacador-tomador; sacador-sacado) tudo se passa como se a obrigação cambiária deixasse de ser literal e abstracta. É o que resulta, além do mais, dos arts. 1 n. 2 e 17 da LULL.

II – As excepções previstas no art. 17 da LULL são aquelas que não derivam da relação cambiária em si mesma, mas sim das relações estranhas à letra.

Ac. da RL, de 11.07.96 *in* www.dgsi.pt (proc. n.º 0013381)

I – Em matéria de título cambiário – letra – a parte final do art. 17 da LULL mais não é do que uma aplicação da teoria do abuso de direito e o momento decisivo para determinar a existência desse "abuso de direito" é o da aquisição da letra pelo portador.

II – Improcedem os embargos se na petição não foram alegados quaisquer factos integrativos da excepção contida na parte final do art. 17 da LULL que pudessem denunciar que a embargada, no momento da aquisição das letras tinha conhecimento das excepções que a embargante poderia opôr à sacadora das mesmas; nem foram alegados factos denunciadores de comportamento consciente da embargada em detrimento da embargante, no momento da aquisição das letras.

Ac. da RL, de 11.07.96 *in* www.dgsi.pt (proc. n.º 0006431)

Nas relações imediatas, nas quais os sujeitos cambiários o são concomitantemente das convenções extra-cartulares tudo se passa como se a obrigação cambiária deixasse de ser literal e abstracta, ficando sujeita às excepções que nessas relações pessoais se fundamentam.

Ac. da RL, de 27.06.96 *in* www.dgsi.pt (proc. n.º 0016226)

I – Pode considerar-se como uma garantia de subscrição do favor; dada a literalidade dos títulos de crédito, nenhuma imposição existe, porém, de expressamente se fazer declaração nesse sentido.
II – O facto de uma assinatura de favor não traduzir uma responsabilidade do favorecente para com o favorecido não implicará uma excepção invocável por aquele contra terceiro portador que não tenha tido qualquer tipo de intervenção no acordo de favorecimento, embora tenha conhecimento da situação existente.
III – É legítimo, portanto, concluir-se que, ainda que terceiros conheçam a convenção extracambiária entre o firmante de favor e o favorecido, podem sempre exigir àquele o pagamento da letra, porque não devem ser considerados, só por esse motivo, possuidores de má fé.

Ac. STJ, de 28.05.96 *in* BMJ, 457, p. 393

Havendo as letras sido endossadas "em garantia" não é lícito aos co-obrigados invocar contra o portador as excepções fundadas nas suas relações pessoais com o endossante.

Ac. da RL, de 29.02.96 *in* www.dgsi.pt (proc. n.º 0011086)

I – Não constituem causa de demora na citação imputáveis ao exequente os factos de o requerimento ter sido apresentado no dia 18 de Dezembro, dois dias antes do encerramento dos Tribunais para férias judiciais, e de não ter pago o preparo inicial no primeiro dia do prazo do pagamento;
II – O executado, accionado como aceitante das letras que servem de base à execução, não pode opor ao exequente-portador excepção fundada sobre as relações entre ele e o sacador.

Ac. da RL, de 30.11.95 *in* www.dgsi.pt (proc. n.º 0008856)

I – No direito cambiário há a distinguir as relações imediatas, – que são as que se estabelecem entre os subscritores originários de um título de crédito -, das relações mediatas, – que são as que se verificam quando o título está na posse de pessoa estranha à convenção extracartular.
II – Nestas últimas, há interesses de terceiros em jogo, os quais é necessário proteger, o que torna a relação cambiária independentemente da causa que lhe deu origem.
III – É por isso que os subscritores do título não podem discutir com terceiros a convenção extracartular, a não ser que se verifique a situação prevista no art. 17 da LULL, ou no seu art. 19, parte final.
IV – Em matéria de letras de câmbios, o abuso de direito está previsto no art. 17 da LULL.

Ac. da RL, de 19.10.95 *in* www.dgsi.pt (proc. n.º 0084196)

I – A nulidade por falta de forma de contrato de mútuo, subjacente à subscrição de livrança, não afecta, mesmo no domínio das relações imediatas, a obrigação cambiária.
II – O prazo de prescrição da obrigação cambiária titulada por livrança emitida em branco quanto à época de pagamento conta-se a partir da data posteriormente nela aposta pelo tomador, conforme o acordo firmado com os subscritores.

Ac. RL, de 13.07.95 *in* BMJ, 449, p. 429

I – Verifica-se a nulidade prevista na alínea c) do n.º 1 do artigo 668.º do Código de Processo Civil, quando os fundamentos invocados pelo julgador deveriam conduzir a resultado oposto ao da sentença.
II – A subscrição cambiária de favor tem uma função de garantia atípica, normalmente precedida de uma convenção.
III – Nesta convenção de favor são partes aquela que assume o compromisso de subscrever o título (favorecente) e aquela a quem a subscrição aproveita (favorecido).
IV – O favorecente não pretende obrigar-se perante o favorecido, a quem nada deve, mas tão-só perante terceiro portador do título.
V – Resulta como efeito natural da convenção de favor, entre o favorecente e terceiro, a posição de um obrigado cambiário.
VI – A manifestação mais simples e habitual da subscrição de favor é aquela em que a subscrição cambiária do favorecente se destina à

obtenção pelo favorecido de crédito em operação de desconto do título.

Ac. STJ, de 26.04.95 *in* BMJ, 446, p. 296

I – *O exequente de uma livrança é legitimado por ser o seu portador, conforme os artigos 46.º e 77.º da Lei Uniforme sobre Letras, Livranças e Cheques. Ou seja,*
II – *A circunstância de ser portador jurídico de uma livrança deve traduzir--se pelo uso dessa mesma livrança, oferecendo-a à execução.*
III – *Caso contrário – usando uma cópia – e de acordo com o princípio da boa fé e da confiança jurídica, o executado não só se exporia a nova execução, como provavelmente, não receberia, pagando, o próprio título a que teria direito, inclusive para o eventual exercício do direito de regresso, segundo os artigos 49.º, 50.º e 77.º da Lei Uniforme. Donde, no caso do processo.*
IV – *Salvo ocorrência de caso de força maior, não pode ser reconhecida exequibilidade a fotocópias de livranças, ainda que autenticadas.*

Ac. STJ, de 27.09.94 *in* BMJ, 439, p. 605

No domínio das relações imediatas, pode invocar-se a obrigação causal da emissão de livrança dada à execução, mesmo que as cláusulas estipuladas não constem do título e colidam com os preceitos privativos do direito cambiário.

Ac. RL, de 03.06.93 *in* BMJ, 428, p. 668

I – *No regime do art. 17.º do L.U.L.L. não se incluiu a invocação da falsidade da assinatura do executado.*
II – *Trata-se de uma excepção in rem relativa que pode ser oposta, por aquele a quem é atribuída a assinatura, a qualquer possuidor do título, esteja ou não de boa fé.*

Ac. RC, de 11.05.93 *in* CJ, Ano XVIII, Tomo III, p. 33

Art. 18.º (Endosso por procuração)

Quando o endosso contém a menção «valor a cobrar» (*valeur en recouvrement*), «para cobrança» (*pour encaissement*), «por procuração» (*par procuration*), ou qualquer outra menção que implique um simples

mandato, o portador pode exercer todos os direitos emergentes da letra, mas só pode endossá-la na qualidade de procurador.

Os co-obrigados, neste caso, só podem invocar contra o portador as excepções que eram oponíveis ao endossante.

O mandato que resulta de um endosso por procuração não se extingue por morte ou sobrevinda incapacidade legal do mandatário.

JURISPRUDÊNCIA:

> I – O endosso por procuração ou para cobrança deve transparecer do próprio título, não podendo ser considerado com tal o endosso realizado no âmbito de um contrato de desconto bancário de que resultou a entrega ao sacador do montante inscrito na letra.
> II – A excepção de cumprimento feito ao sacador da letra é inoponível ao seu legítimo portador.
> III – Constando das letras como local de pagamento um da terminada agência bancária e aí que as letras devem ser apresentadas a pagamento.

Ac. da RE, de 11.10.2001 in CJ, Ano XXVI, Tomo IV, p. 268

> I – A menção «valor à cobrança» aposta no verso de uma livrança em seguida à indicação dum estabelecimento bancário constitui um endosso impróprio, traduzindo um simples negócio jurídico-cambiário de procuração, pelo que não transmite ao banco endossado a propriedade do título de crédito, nem os direitos a ele inerentes.
> II – O endossante, no caso de a livrança não ter sido paga, é legítimo portador do título para efeitos de execução.

Ac. RP, de 05.06.97 in BMJ, 468, p. 478

Art. 19.º (Endosso em garantia)

Quando o endosso contém a menção «valor em garantia», «valor em penhor» ou qualquer outra menção que implique uma caução, o portador pode exercer todos os direitos emergentes da letra, mas um endosso feito por ele só vale como endosso a título de procuração.

Os co-obrigados não podem invocar contra o portador as excepções fundadas sobre as relações pessoais deles com o endossante, a menos que o portador, ao receber a letra, tenha procedido conscientemente em detrimento do devedor.

Art. 20.º (Endosso posterior ao vencimento)

O endosso posterior ao vencimento tem os mesmos efeitos que o endosso anterior. Todavia, o endosso posterior ao protesto por falta de pagamento, ou feito depois de expirado o prazo fixado para se fazer o protesto, produz apenas os efeitos de uma cessão ordinária de créditos.

Salvo prova em contrário, presume-se que um endosso sem data foi feito antes de expirado o prazo fixado para se fazer o protesto.

JURISPRUDÊNCIA

1. *Vencendo-se um letra em certa data fixa, e decorridos que sejam dois dias úteis sobre o vencimento, o seu posterior endosso vale como cessão do crédito que a letra incorpora, conforme estabelece o artigo 20.º,1.º § da LULL.*
2. *Na situação configurada na conclusão antecedente, o exequente, detentor da letra, fica sujeito às excepções – mesmo que as ignorasse – que o executado/aceitante, lhe possa opor, conforme dispõe o artigo 585.º do Código Civil, relativo à cessão de créditos.*
3. *Consequentemente, é – lhe oponível, sendo caso, a natureza de favor do aceite.*

Ac. do STJ, de 04.03.2004 *in* www.dgsi.pt (proc. n.º 03B4454)

CAPÍTULO III – Do aceite

Art. 21.º (Apresentação ao aceite)

A letra pode ser apresentada, até ao vencimento, ao aceite do sacado, no seu domicílio, pelo portador ou até por um simples detentor.

JURISPRUDÊNCIA:

I – Numa letra de favor, há alguém que assina a letra sem ter para com o sacador ou tomador qualquer responsabilidade anterior .
II – A assinatura aposta na letra é derivada de um acordo entre o autor do favor e o favorecido, para facilitar a circulação do título .
III – Quem aceita de favor contrai uma obrigação cambiária.
IV – Sendo o favor a causa da obrigação cambiária, quem o prestou não fica isento de responder por ela, pois o favor não é fazer uma assinatura, mas honrá-la, cumprindo as obrigações dela emergentes.
V – O favor constitui causa válida e eficaz de obrigação cartular para com o portador da letra, excepto se este for o favorecido .
VI – São letras de favor as letras aceites pela embargante, a pedido de uma filha, que não tinha crédito bancário e que foram assinadas para obter financiamento bancário, devido ao facto da embargante ter bens.

Ac. do STJ, de 22.03.2007 *in* www.dgsi.pt (proc. n.º 07A399)

A indicação da qualidade de gerente relativamente às assinaturas apostas nas letras pode ser deduzida de factos que com toda a probabilidade a revelem, o que se mostra hoje inequívoco face à doutrina fixada pelo Acórdão uniformizador de jurisprudência n.º 01/2002, de 6 de Dezembro de 2001.

Ac. da RL, de 28.05.2002 *in* www.dgsi.pt (proc. n.º 00107901)

É do domínio corrente, designadamente do circuito comercial bancário que, quando se pretende aludir a letras submetidas a desconto numa instituição bancária, se usa uniformemente a expressão «letras descontadas», que já não letras aceites.

Ac. da RP, de 17.09.2001 *in* CJ, Ano XXVI, Tomo IV, p. 175

I – Ainda que conste do pacto social a necessidade de duas assinaturas para obrigar a sociedade, se as letras que servem de base à execução forem assinadas apenas por um dos gerentes, que as assinou em nome da executada e dentro dos poderes que a lei lhe confere, tal acto vincula plenamente a sociedade, uma vez que se está no domínio das relações para com terceiros.

Ac. da RC, de 26.06.2001 *in* www.dgsi.pt (proc. n.º 1445-2001)

A mera assinatura do gerente, aposta no lugar do aceite de uma letra de câmbio, sem qualquer indicação dessa qualidade, ou respeitante à especificação da sociedade, não é susceptível de vincular esta; devendo-se entender que a subscrição da letra se fez a título meramente individual.

Ac. STJ, de 22.06.99 *in* CJ, Ano VII, Tomo II, p. 159

I – *Presume-se ser aceite do sacado a simples assinatura aposta em sentido transversal, na parte anterior da letra.*
II – *A aposição de duas assinaturas sobre a firma social da sociedade sacada, no local destinado ao aceite, vincula aquela como aceitante, ainda que sem a menção da qualidade de gerentes.*

Ac. RC, de 18.05.99 *in* BM, 487, p. 371

No domínio das relações imediatas, obriga a sociedade o aceite aposto pelo seu representante, sem menção desta qualidade, desde que a sacada seja a sociedade.

Ac. RL, de 03.12.98 *in* CJ, Ano XXIII, Tomo V, p. 112

Está bem posta uma execução contra as pessoas que se apresentam a subscrever uma letra como aceitantes, mesmo que o sacado seja outro.

Ac. RP, de 24.11.98 *in* CJ, Ano XXIII, Tomo V, p. 201

I – *Em actos escritos, incluindo uma letra de câmbio, o gerente de uma sociedade por quotas só vincula a sociedade, apondo a sua assinatura com a indicação dessa qualidade.*
II – *Não há incompatibilidade entre a exigência de forma para a declaração negocial e a possibilidade da respectiva declaração se fazer tacitamente, desde que a forma tenha sido observada quanto aos factos de que a declaração se deduz.*
III – *Uma assinatura numa letra, no lugar destinado ao aceite, sobreposta com o carimbo de uma sociedade por quotas, acompanhada pela identificação dessa sociedade pela sua firma social, sede, telefone e número de contribuinte, é bastante para se considerar tacitamente declarado que o assinante interveio na qualidade de gerente, em representação da mesma sociedade.*

IV – *No regime do art. 17.º da L.U. não se inclui a invocação da falsidade dessa assinatura.*

V – *Por ser uma excepção «in rem» relativa, pode ser oposta a qualquer possuidor do título, esteja ou não de boa fé, por aquele a quem é atribuída a assinatura.*

Ac. RP, de 09.11.98 *in* CJ, Ano XXIII, Tomo V, p. 179

I – *Uma sociedade por quotas só ficará vinculada, nos termos do artigo 260.º, n.º 4, do Código das Sociedades Comerciais, quando os gerentes, em actos escritos, apõem a sua assinatura com a indicação dessa qualidade.*

II – *A obrigação do avalista mantém-se no caso de a obrigação do avalizado ser nula por qualquer razão que não seja um vício de forma.*

III – *A inexistência da obrigação do avalizado não é um vício de forma para os efeitos do artigo 32.º, § 2.º, da Lei Uniforme sobre Letras e Livranças.*

Ac. STJ, de 26.03.98 *in* BMJ, 475, p. 718

O aceite de uma letra por uma sociedade tem de ser antecedido da qualidade de quem a representa para ser transmissível e ter força de título executivo.

Ac. RP, de 03.03.98 *in* BMJ, 475, p. 772

I – *Tratando-se de actos escritos, incluindo os títulos de crédito, uma sociedade comercial por quotas, só fica vinculada, se o gerente ou gerentes fizerem acompanhar a aposição da sua assinatura com a menção dessa qualidade.*

II – *Uma assinatura em título de crédito sobre o carimbo de uma sociedade comercial, acompanhada da identificação manuscrita dessa sociedade (nome morada) estabelece a presunção, clara, de que a assinatura pertence ao gerente dessa mesma sociedade.*

III – *Neste caso, não existe razão para indeferimento liminar da petição inicial, no que respeita a tal sociedade, quando demandada.*

Ac. RL, de 20.11.97 *in* CJ, Ano XXII, Tomo V, p. 93

I – *A vinculação de uma sociedade em certos escritos, como é o caso das livranças, pressupõe a referência à sociedade representada feita de modo inequívoco e a assinatura do(s) gerente(s) com a indicação dessa qualidade.*

II – Não resultando da livrança que a mesma tenha sido subscrita pela sociedade que foi demandada na acção executiva, não tem valor de executivo quanto à sociedade por não consubstanciar nenhuma obrigação cambiária por si assumida.

Ac. RP, de 05.06.97 *in* BMJ, 468, p. 470

I – A assinatura dum gerente duma sociedade por quotas aposta na folha anterior duma letra, no lugar do aceite, sem se dizer a qualidade em que o faz, não vincula a sociedade, em virtude da menção dessa qualidade ser intrínseca à própria validade do documento, sendo, por isso, o aceite nulo.

II – Ocorrendo tal situação, não pode, todavia, o gerente ser pessoalmente obrigado, por o sacado não ser ele, mas a sociedade por quotas.

Ac. RP, de 05.05.97 *in* BMJ, 467, p. 635

I – Para a sociedade ficar vinculada, em actos escritos, mediante assinatura do gerente, tem este de indicar expressamente essa qualidade.

II – Constando da face das letras, no lugar destinado ao aceite, uma assinatura sem indicação da qualidade de gerente da sociedade sacada, não é ela susceptível de vincular tal sociedade, por vício de forma que determina nulidade do aceite.

III – Tal nulidade repercute-se no aval dado à sacada, que, consequentemente, não pode subsistir.

Ac. da RL, de 29.10.96 *in* www.dgsi.pt (proc. n.º 0006441)

Sendo a sacada uma sociedade e vindo a letra a ser assinada no lugar do aceite por subscritor que, ainda que representante daquela, não indica a qualidade (de representante) em que a subscreve e que não lhe acrescenta a palavra aceite ou outra equivalente, é o aceite nulo por falta de forma e não ficam vinculados ao pagamento nem a sociedade sacada nem quem assinou a letra.

Ac. RL, de 14.12.95 *in* BMJ, 452, p. 480

I – Após a vigência do Código das Sociedades Comerciais a «assinatura da firma social» não é susceptível de vincular a sociedade às obrigações do aceite, que, por isso, é nulo.

II – Sendo nulo, por vício de forma, a obrigação do aceitante, não pode subsistir a obrigação dos avalistas.

Ac. STJ, de 03.05.95 *in* BMJ, 447, p. 515

A assinatura dos gerentes de uma sociedade por quotas – ainda que sem a menção de tal qualidade – apostas numa letra, no lugar do aceite e sob o carimbo da firma, vincula aquela como aceitante.

Ac. RL, de 26.04.95 *in* BMJ, 446, p. 342

I – Não tem força executiva contra a sociedade uma livrança subscrita pelo seu gerente sem menção dessa qualidade.
II – Não obstante, esse facto não invalida a obrigação do avalista da executada, já que a obrigação deste funciona como obrigação autónoma em relação ao avalizado.

Ac. RC, de 06.01.94 *in* CJ, Ano XIX, Tomo I, p. 5

Para que o aceite vincule pessoa colectiva necessário se tornava que os seus gerentes ou representantes assinassem o título, no lugar respectivo, com indicação dessa qualidade.

Ac. RL, de 07.10.93 *in* CJ, Ano XVIII, Tomo IV, p. 144

Nos termos do artigo 260.º, n.º 4, do Código das Sociedades Comerciais, os gerentes só vinculam a sociedade, em actos escritos, como o aceite de letras, se, além de aporem a sua assinatura pessoal, mencionarem a qualidade de gerente da sociedade.

Ac. RP, de 14.06.93 *in* BMJ, 428, p. 682

I – É nula como aceite a assinatura, no lugar respectivo, de quem não é sacado se desacompanhada da palavra "aceite" ou outra equivalente.
II – Sacada uma letra sobre uma sociedade e assinada no lugar do aceite por um seu representante com a sua assinatura pessoal desacompanhada da palavra "aceite", nem a sociedade sacada fica obrigada pela letra, por não ser no aceite usada a sua firma, nem aquele representante, por falta de forma do aceite.

Ac. RL, de 03.06.93 *in* CJ, Ano XVIII, Tomo II, p. 121

Art. 22.º (Estipulações relativas ao aceite)

O sacador pode, em qualquer letra, estipular que ela será apresentada ao aceite, com ou sem fixação de prazo.

Pode proibir na própria letra a sua apresentação ao aceite, salvo se se tratar de uma letra pagável em domicílio de terceiro, ou de uma letra pagável em localidade diferente da do domicílio do sacado, ou de uma letra sacada a certo termo de vista.

O sacador pode também estipular que a apresentação ao aceite não poderá efectuar-se antes de determinada data.

Todo o endossante pode estipular que a letra deve ser apresentada ao aceite, com ou sem fixação de prazo, salvo se ela tiver sido declarada não aceitável pelo sacador.

Art. 23.º (Prazo para apresentação ao aceite)

As letras a certo termo de vista devem ser apresentadas ao aceite dentro do prazo de um ano das suas datas.

O sacador pode reduzir este prazo ou estipular um prazo maior.

Esses prazos podem ser reduzidos pelos endossantes.

Art. 24.º (Segunda apresentação da letra)

O sacado pode pedir que a letra lhe seja apresentada uma segunda vez no dia seguinte ao da primeira apresentação. Os interessados somente podem ser admitidos a pretender que não foi dada satisfação a este pedido no caso de ele figurar no protesto.

O portador não é obrigado a deixar nas mãos do aceitante a letra apresentada ao aceite.

Art. 25.º (Forma do aceite)

O aceite é escrito na própria letra. Exprime-se pela palavra «aceite» ou qualquer outra palavra equivalente; o aceite é assinado pelo sacado. Vale como aceite a simples assinatura do sacado aposta na parte anterior da letra.

Quando se trate de uma letra pagável a certo termo de vista, ou que deva ser apresentada ao aceite dentro de um prazo determinado por estipulação especial, o aceite deve ser datado do dia em que foi dado, salvo se o portador exigir que a data seja a da apresentação. À falta de data, o portador, para conservar os seus direitos de recurso contra os endossantes e contra o sacador, deve fazer constar essa omissão por um protesto, feito em tempo útil.

JURISPRUDÊNCIA:

1. A subscrição pelo autor de oito letras de favor para que a ré sociedade obtivesse descontos bancários está sujeita ao princípio da consensualidade ou liberdade de forma (art.º 219.º do Cód. Civil). Por isso, para que se verifique a existência deste pacto de favor não é exigível qualquer documento como formalidade ad substantiam (art.º 364.º do Cód. Civil).

2. Não constitui matéria de direito a alegação pelo autor de que aceitou aquelas oito letras de favor. Não obstante a letra ser um documento comercial e o aceite ser uma declaração nela aposta pelo sacado, exprimindo-se pela palavra aceite ou outra equivalente, seguida da assinatura do sacado (art.ºˢ 28.º e 25.º da L.U.L.L.) a alegação do autor situa-se no mero plano dos factos, e tem o significado de que o autor subscreveu oito letras, assinando-as. E o mesmo sucede com os descontos bancários das letras. Em ambos os casos, está-se perante conceitos e fenómenos jurídicos que, para além do seu significado jurídico rigoroso, têm um significado corrente essencialmente idêntico àquele. Neste caso, podem tais conceitos e fenómenos jurídicos serem tratados como factos, desde que a sua alegação não tenha sido impugnada e não se levante nenhuma questão que exceda os traços essenciais comummente conhecidos e não se trate da própria pretensão (thema decidendum).

3. Apesar do desconto bancário ser um contrato formal que se prova mediante documento escrito assinado pelo descontário, a alegação feita pelo autor de que aceitou oito letras de favor para que a ré sociedade obtivesse descontos bancários, consubstancia um pacto entre o autor do favor e o favorecido, com vista a assegurar a circulação das oito letras, sem que o favorecente tenha para com o favorecido qualquer obrigação extracartular e não um desconto bancário entre ambos.

4. *Se a ré sociedade não contesta, e se a contestação da ré pessoa singular que interveio nas negociações com o autor – que também com aquela ré se responsabilizou perante o autor por todas as consequências que pudessem advir para o autor dos aceites das ditas oito letras – é desentranhada por não ter pago a taxa de justiça inicial, consideram-se confessados os factos articulados pelo autor, e, nomeadamente, os que se referem à dita aceitação das oito letras para que a ré sociedade obtivesse descontos bancários, não se verificando a excepção prevista no art.º 485.º al. d) do Cód. Proc. Civil.*
5. *Mas já se verifica a excepção prevista na al. d) do art.º 485.º do Cód. Proc. Civil, a alegação pelo autor de que em virtude dos aludidos aceites e descontos bancários foi executado no 11.º Juízo Cível, 3.ª Secção de Lisboa, em determinado processo, e que aí lhe foi penhorado uma fracção da sua reforma. Neste caso, exige-se que o autor junte a respectiva certidão emitida pela Secretaria do Tribunal em questão, para prova de tais de factos (art.º 176.º e segs. dom Cód. Proc. Civil), atento o disposto nos art.ᵒˢ 161.º e segs. do Cód. Proc. Civil.*
6. *Não tendo o autor junto a certidão, supra referida em 5., não pode o Tribunal da 1.ª instância fazer desde logo prosseguir os autos com o cumprimento do disposto no art.º 484.º, n.º 2 do Cód. Proc. Civil e prolação da sentença, sem convidar o autor a juntar em certo prazo a dita certidão, ou de o próprio Tribunal a requisitar a expensas do autor.*

Ac. da RL, de 14.11.2006 *in* www.dgsi.pt (proc. n.º 1998/2006-7)

1 – *O firmante de favor pode ocupar qualquer posição cambiária, nada obstando, também, a que uma letra contenha mais do que uma assinatura de favor.*
2 – *A convenção de favor concluída entre o aceitante duma letra e um não obrigado cambiário (seu filho) é inoponível ao sacador de boa fé que descontou o título para com o produto da operação financiar o favorecido.*

Ac. do STJ, de 14.02.2006 *in* www.dgsi.pt (proc. n.º 05A4352)

I – Sabendo-se que as assinaturas dos favorecentes, se destinam, na generalidade, a facilitar a a circulação das letras, e que a subscrição de favor é uma espécie de fiança assumida pelo subscritor e nessa medida válida, vinculando este para com terceiros, adquirentes (legítimos) dos títulos e tendo as letras de favor habitualmente duas características, a falta de intenção do favorecente de desembolsar o valor das letras subscritas e a convenção de favor (relação jurídica subjacente), o favorecido não pode deixar de ter intervenção na letra de favor.

II – Os subscritores de letras de favor vinculam-se ao pagamento do valor delas, como garantes e não como principais e únicos devedores. Neste caso nem sequer há prova da existência dos favorecidos, para a hipótese de exigir destes, o pagamento da quantia exequenda paga pelos favorecentes, estes poderem exigir dos favorecidos essas quantias por eles pagas, consequentes da convenção de favor.

VI – A letra de favor é equiparada à letra regular, apenas no domínio das relações mediatas. Aparecendo, como aconte, os favorecentes como aceitantes e o terceiro como sacador, sem a intervenção dos favorecidos, o exequente não é portador legítimo das letras, uma vez que não houve qualquer transacção comercial, nem outros intervenientes nos títulos. Está-se no domínio das relações imediatas. Entende-se assim, que o carácter literal, abstracto, autónomo das letras não é de invocar nas relações imediatas e também nas relações mediatas, ou seja, quanto a terceiros, quando estes sejam portadores de boa fé. Nestes casos, às letras de favor não se pode atribuir valor jurídico, pois o contrário representaria um locupletamento do portador à custa do aceitante.

Ac. da RL, de 19.05.2005 *in* www.dgsi.pt (proc. n.º 4129/2005-6)

Aquele que assina no local de aceite de uma letra é passível de ser pessoalmente executado se, usando carimbo com a denominação e intitulando-se "Gerente", sem constatar que não existe qualquer sociedade com esse nome.

Ac. da RP, de 05.04.2005 *in* www.dgsi.pt (proc. n.º 0425995)

1.º – É invalido o aceite prestado por outrem que não o sacado.
2.º – Trata-se, pois, de um vício de forma, gerador de nulidade da obrigação cambiária.
3.º – Para que uma letra tenha sido aceite é necessário haver identidade entre o sacado indicado no saque e quem aceita a letra.

Ac. da RG, de 03.11.2004 *in* www.dgsi.pt (proc. n.º 1792/04-2)

A indicação da qualidade de gerente prescrita no n.o 4 do artigo 260.o do Código das Sociedades Comerciais pode ser deduzida, nos termos do artigo 217.o do Código Civil, de factos que, com toda a probabilidade, a revelem.

Ac. do STJ n.º 1/2002, de 06.12.2001 *in* DR, 1.º Série, de 24.01.02

A falsidade da assinatura aposta no lugar do aceitante pode ser oposta pela pessoa a quem é atribuída a qualquer possuidor do título.

Ac. RC, de 11.05.93 *in* BMJ, 427, p. 599

I – A letra de favor é um título cambiário válido, podendo o seu portador, desde que não seja o favorecido, exigir, sempre, do subscritor favorecente o pagamento.
II – Os livros da escrituração comercial só fazem prova plena a favor do seu proprietário, quando devidamente arrumados.
III – O mandatário comercial, com procuração para sacar, aceitar ou endossar letras e livranças, pode aceitar letras de favor.

Ac. da RL, de 29.09.92 *in* www.dgsi.pt (proc. n.º 0055851)

Art. 26.º (Modalidades do aceite)

O aceite é puro e simples, mas o sacado pode limitá-lo a uma parte da importância sacada.

Qualquer outra modificação introduzida pelo aceite no enunciado da letra equivale a uma recusa de aceite. O aceitante fica, todavia, obrigado nos termos do seu aceite.

Art. 27.º (Lugar de pagamento)

Quando o sacador tiver indicado na letra um lugar de pagamento diverso do domicílio do sacado, sem designar um terceiro em cujo domicílio o pagamento se deva efectuar, o sacado pode designar no acto do aceite a pessoa que deve pagar a letra. Na falta desta indicação, considera-se que o aceitante se obriga, ele próprio, a efectuar o pagamento no lugar indicado na letra.

Se a letra é pagável no domicílio do sacado, este pode, no acto do aceite, indicar, para ser efectuado o pagamento, um outro domicílio no mesmo lugar.

Art. 28.º (Obrigações do aceitante)

O sacado obriga-se pelo aceite a pagar a letra à data do vencimento.

Na falta de pagamento, o portador, mesmo no caso de ser ele o sacador, tem contra o aceitante um direito de acção resultante da letra, em relação a tudo o que pode ser exigido nos termos dos artigos 48.º e 49.º.

JURISPRUDÊNCIA:

1 – Estando a embargada na posse legítima das letras de câmbio, porque as tinha pago ao banco, pode demandar a embargante, que as aceitou, nos termos do artigo 28 da L.U.L.L.

2 – Esta não pode invocar a relação jurídica subjacente, quando se traduzir numa convenção de favor, contra a embargada sacadora, em que se encontrem na mesma posição da convenção extracartular, isto é, na posição de favorecentes.

3 – A embargante, por força do seu aceite, é responsável, cambiariamente, perante qualquer portador legítimo das letras de câmbio, enquanto garante pelo pagamento do montante incorporado nos títulos, apenas podendo eximir-se perante a prova de fraude.

Ac. da RG, de 11.07.2005 *in* www.dgsi.pt (proc. n.º 993/05-1)

Art. 29.º (Anulação de aceite)

Se o sacado, antes da restituição da letra, riscar o aceite que tiver dado, tal aceite é considerado como recusado. Salvo prova em contrário, a anulação do aceite considera-se feita antes da restituição da letra.

Se, porém, o sacado tiver informado por escrito o portador ou qualquer outro signatário da letra de que a aceita, fica obrigado para com estes, nos termos do seu aceite.

CAPÍTULO IV – Do aval

Art. 30.º (Função do aval)

O pagamento de uma letra pode ser no todo ou em parte garantido por aval.
Esta garantia é dada por um terceiro ou mesmo por um signatário da letra.

JURISPRUDÊNCIA:

> *I – O aval é nada mais do que uma forma de garantir o pagamento de um título cambiário, configurando como que uma fiança, na medida em que o avalista garante a satisfação do direito de crédito do tomador ou beneficiário do título, ficando aquele pessoalmente obrigado perante o credor, embora de forma subsidiária ou acessória, mas solidária – art.ºˢ 30.º, 32.º, I, e 78.º,I, da LULL, e 627.º, n.ºˢ 1 e 2, do C. Civ..*
>
> *II – Por outras palavras, o avalista de um título cambiário é considerado tão responsável como o subscritor desse título que é por ele afiançado, pelo que não há distinção entre aceitante e avalista para efeitos de responsabilidade pelo pagamento do título.*
>
> *III – Um título em que não foi indicada qualquer quantia para ser paga, a data desse pagamento, o local deste e nem sequer o nome da pessoa ou instituição à ordem de quem se impunha tal pagamento, está em clara violação com o disposto no art.º 75.º da LULL.*
>
> *IV – Porém, tal título produzirá os efeitos de livrança, dado o disposto nos art.ºˢ 76.º – I, 77.º – II, e 10.º, da LULL, desde que tenha sido completado em conformidade com algum acordo nesse sentido, isto quando estivermos no domínio das chamadas relação imediatas.*
>
> *V – A consideração de um aval como válido fora de tais circunstâncias seria admitir que pudesse ser garantido o pagamento de um qualquer crédito, totalmente imprevisto e sem qualquer controle por parte do avalista, em violação da doutrina do Acórdão Uniformizador de Jurisprudência n.º 4/2001 do STJ.*
>
> *VI – Logo, sendo indeterminável a responsabilidade do avalista no momento em que coloca o seu aval num título cambiário, obrigando--se, por isso, ao pagamento futuro de uma dada obrigação, tal aval será nulo se não puder por ele ser determinado através de um acordo*

seu quanto ao preenchimento desse título, por forma a contribuir para essa dita determinabilidade, nos termos do art.º 10.º da LULL.

VII – *Daqui a conclusão de que em situações de emissão de uma livrança em branco ou incompleta, contendo o título o aval de um terceiro, se impõe o acordo deste terceiro no que respeita ao seu efectivo preenchimento (contrato de preenchimento), sob pena de ser nulo esse aval (situando-nos no campo das relações imediatas).*

Ac. da RC, de 05.12.2006 *in* www.dgsi.pt (proc. n.º 189-A/1999.C1)

O aval constitui um negócio cambiário unilateral que vem reforçar a obrigação de um dado subscritor da letra, com o qual o avalista responde solidariamente.

Ac. da RL, de 16.10.2003 *in* www.dgsi.pt (proc. n.º 7190/2003-6)

I – *O facto de surgir um aval num título de crédito não obriga a que isso signifique uma obrigação cambiária, podendo provar-se que se quis prestar uma garantia pessoal ao cumprimento da obrigação.*

II – *Tendo o réu avalizado uma livrança que acompanhou com documento em que afirmava que o aval erra em caução do cumprimentos das obrigações do avalizado resultante dum contrato de abertura de crédito em conta corrente e autorizando o banco a preencher a livrança, é de interpretar o aval como caução pelo montante da livrança.*

Ac. do STJ, de 24.10.2002 *in* CJ, Ano X, Tomo III, p. 113

É avalista do sacador quem subscreve a letra na fase anterior da letra e não é o sacado nem o sacador.

Ac. do STJ, de 24.10.2002 *in* www.dgsi.pt (proc. n.º 02B2593)

I – *O vínculo estritamente cambiário que pela livrança é titulado, não pode ser estabelecido entre co-avalistas, designadamente para efeitos de direito de regresso entre eles.*

II – *Porém, uma vez que, face à actual lei processual a livrança é título executivo – art. 46.º, c), do CPC na redacção vigente – o portador podia usá-la antes do pagamento contra qualquer dos co-responsáveis, designadamente os avalistas.*

III – *Entre estes vigoram as regras de direito comum, designadamente as do regime jurídico da fiança.*

IV – Assim, havendo pagamento da livrança por um dos co-avalistas, fica este sub-rogado nos direitos do credor contra os restantes, em termos análogos aos estabelecidos para o regime da fiança.

Ac. STJ, de 07.07.99 *in* CJ, Ano VII, Tomo III, p. 14

I – O aval é um negócio cambiário unilateral concebido como promessa de pagar o título e garantindo o pagamento do devedor por quem é dado.
II – O sistema legal é no sentido de que uma pessoa que assina no rosto da livrança sem indicação da qualidade em que o faz (aval incompleto ou em branco), e se não for o sacador, é considerado avalista do subscritor. Trata-se de uma presunção legal.
III – A assinatura de uma pessoa que não vincula nem representa a sociedade sacadora, por debaixo de outras assinaturas, no rosto do título, que responsabilizam a sociedade, tem de ser havida como prestação de aval.

Ac. STJ, de 13.10.93 *in* BMJ, 430, p. 462

Art. 31.º (Forma do aval)

O aval é escrito na própria letra ou numa folha anexa.
Exprime-se pelas palavras «bom para aval» ou por qualquer fórmula equivalente; é assinado pelo dador do aval.
O aval considera-se como resultando da simples assinatura do dador aposta na face anterior da letra, salvo se se trata das assinaturas do sacado ou do sacador.
O aval deve indicar a pessoa por quem se dá. Na falta de indicação, entender-se-á ser pelo sacador.

JURISPRUDÊNCIA:

I – O aval é escrito na própria letra ou numa folha anexa, exprime-se pelas palavras "bom para aval" ou por qualquer fórmula equivalente e é assinado pelo dador, podendo considerar-se dado pela simples assinatura na face anterior da letra – art. 31.º da LULL.
II – Relevando aqui essencialmente os efeitos do princípio da literalidade, tem de concluir-se que as letras utilizadas como títulos executivos

não reflectem a dação de qualquer aval, pois que as assinaturas que agora se atribuem aos executados – feitas no dorso dos títulos e sem qualquer menção da qualidade dos sujeitos ou do seu fim – não satisfazem os requisitos formais fixados no citado art. 31.º, não podendo recorrer-se a elementos exteriores ao título, elementos que, de resto, os autos não ofereciam.

III – Não havendo aval, que seria a fonte e medida da obrigação dos executados como devedores cambiários, a declaração da sua ilegitimidade impunha-se e é de manter – arts. 820.º, n.º 1, 812.º, n.º 2, al.b), 45.º e 55.º, todos do CPC.

Ac. do STJ, de 24.10.2006 *in* www.dgsi.pt (proc. n.º 06A2023)

I – O aval simples, isto é, resultante da simples aposição da assinatura, pode ser escrito no anverso da folha anexa (alonge).

II – Não acordada data de vencimento, nem prazo para o preenchimento da livrança nessa parte, não é a simples não exigência do seu pagamento no prazo de 3 anos a contar da comunicação da rescisão do contrato subjacente à entrega da mesma e da reclamação do pagamento da quantia constante desse título de crédito que pode criar convicção fundada da prescrição do direito cambiário, a considerar nos termos e para os efeitos do art. 334.º C.Civ.

Ac. do STJ, de 29.11.2005 *in* www.dgsi.pt (proc. n.º 05B3179)

I – O aval é o acto pelo qual um terceiro ou signatário da letra garante o pagamento dela (no todo ou em parte) por parte de um dos seus subscritores-obrigado cambiário.

II – O aval pode ser completo (quando se exprime pelas palavras "bom para aval" ou por outra fórmula equivalente e se encontra assinado pelo dador do aval) ou incompleto ou em branco (quando resulta de simples assinatura do dador, aposta na face anterior da letra, desde que tal assinatura não seja do sacado nem do sacador).

III – Em relação a terceiros adquirentes de boa fé da letra (e, portanto, no domínio das relações mediatas) é compreensível que se deva aplicar a presunção, juris et de jure, de que o aval, que não indique o avalizado, foi prestado a favor do sacador, dada a necessidade de protecção desses terceiros de boa fé, pois ao adquirirem a letra em tais condições terão provavelmente confiado que o aval foi prestado em relação ao sacador – dado o disposto no art.º 31.º, §4, da LULL – e, como tal, devem ser protegidos nessa confiança .

IV – Já no domínio das relações imediatas, não havendo terceiros de boa fé a proteger, não faz sentido aplicar as regras específicas de que se revestem os títulos de crédito e que se destinam, fundamentalmente, a proteger a circulação desses títulos e a segurança dos terceiros de boa fé, deles adquirentes .

V – Desse modo, nas relações (imediatas) entre o sacador, o aceitante e o avalista é admissível a prova de que o aval foi dado a pessoa diferente do sacador, mais concretamente a favor do aceitante da mesma, e mesmo ainda nos casos em que tal vontade não encontre o mínimo de correspondência no texto da lei, mas que tenha, na realidade, correspondido ao sentir das partes nele envolvidas.

VI – Afigura-se não ser possível aplicar o art.º 781.º do C. Civ. em situações de execução com base em letras de câmbio, mesmo quando se está apenas no domínio das relações imediatas, apesar de aí, dado que as letras não entraram em circulação e não havendo necessidade de proteger a segurança dessa circulação nem a de terceiros de boa fé, já lhe não ser aplicável o regime especial de que estão revestidas, tudo se devendo passar como se a obrigação estivesse sujeita ao regime geral das obrigações.

Ac. da RC, de 25.10.2005 *in* www.dgsi.pt (proc. n.º 2270/05)

I – O § 4 do art.º 31.º da LULL não distingue entre relações mediatas e imediatas e a razão de ser da norma radica na necessidade de defender e proteger os interesses de futuros detentores do título, os quais só surgem com a transmissão da letra.

II – Revogado que foi o art.º 2.º do C. Civ. pelo art.º 4.º, n.º 3, do DL n.º 329-A/95, de 12/12, os assentos passaram a ter o valor de acórdãos de uniformização de jurisprudência proferidos nos termos dos art.[os] *732.º-A e 732.º-B do CPC, o que significa haverem perdido a primitiva força vinculativa, transformando-se em simples função orientadora e meramente indicativa .*

III – Assim, no âmbito das relações imediatas, a presunção constante do art.º 31.º, § 4, da LULL pode ser ilidida por prova em contrário, ou seja, pode provar-se que o aval foi feito a favor do aceitante.

Ac. da RC, de 12.04.2005 *in* www.dgsi.pt (proc. n.º 3301/04)

I – A simples assinatura aposta no verso da letra ou livrança, sem qualquer indicação, não tem valor como aval.

II – Tal "aval" seria nulo por vício de forma, ainda que o signatário tenha assinado o título em branco, se o portador do título, para tanto legitimado pelo pacto de preenchimento, não fez preceder ou seguir aquela assinatura das palavras "bom para aval" ou fórmula equivalente, transtornado o "aval" incompleto em aval completo que, ao contrário daquele, pode escrever-se em qualquer lugar do título.

III – A nulidade do aval em branco escrito no verso subsiste nas relações imediatas por não ter a forma cambiária.

Ac. do STJ, de 29.06.2004 *in* CJ, Ano XII, Tomo II, p. 122

I – Em princípio, o aval em branco tem de constar da face anterior da livrança e o aval completo pode ser escrito em qualquer face da livrança ou numa folha anexa.

II – A assinatura na face posterior da livrança sem qualquer outra indicação não pode ter o valor de endosso se nela não figura a assinatura do tomador (1.º endosso) que poderia desencadear a cadeia de endossos.

III – Todavia, nessas circunstâncias, estando provado que o autor da assinatura aposta na face posterior da livrança sem qualquer indicação ou menção se quis obrigar como avalista deve entender-se que ele assumiu assim a obrigação decorrente do aval.

Ac. do STJ, de 09.01.2003 *in* CJ, Ano XXVIII, Tomo I, p. 16

I – No domínio das relações imediatas, é possível investigar a favor de que foi dado um aval expresso sem indicação do avalizado.

II – O avalista não responde perante o seu avalizado.

Ac. do STJ, de 09.05.2002 *in* CJ, Ano X, Tomo II, p. 48

I – Mantém-se actualizado o entendimento emergente do Assento do STJ de 1-2-1966 de que a presunção do art. 31.º, IV, da LULL foi esta- belecida iuris et de iure, *não admitindo prova em contrário, ainda que no domínio das relações cambiárias imediatas.*

II – Donde existir uma presunção absoluta de que, não sendo feita a indicação da pessoa do avalizado, o aval se tem por prestado a favor do sacador.

III – Resultando do teor do aval a indicação "firma subscritora" não ocorre, contudo, a falta de indicação do avalizado, tão-só acontecendo que ela é imperfeita ou equívoca, já que, não estando prevista para as letras a figura do subscritor, tanto se pode considerar como subscritora a sacada como a sacadora.

IV – Perante o non liquet *existente impõe-se a aplicação do princípio contido no art. 342.º (n.º1) do CC, princípio este que não deixa de estar presente no domínio dos embargos de executado.*

Ac. do STJ, de 10.01.2002 *in* CJ, Ano X, Tomo I, p. 26

A aposição da assinatura de dois gerentes de sociedade sob um carimbo desta, sem a menção da qualidade de gerentes e após a expressão "por aval à firma subscritora", em letra de câmbio, vincula a qualquer sociedade como avalista dessa letra.

Ac. da RL, de 26.04.2001 *in* CJ, Ano XXVI, Tomo II, p. 119

No domínio das relações imediatas, é admissível a prova de que o aval foi dado ao aceitante e não ao sacador, na falta de indicação da pessoa a favor de quem o prestado.

Ac. da RL, de 20.01.2000 *in* CJ, Ano XXV, Tomo I, p. 88

I – O artigo 31.º, IV, da Lei Uniforme sobre Letras e Livranças só é aplicável quando o aval não indique a pessoa do avalizado, sendo certo que a indicação desta pessoas não tem que ser feita expressis verbis, podendo concluir-se de circunstâncias que com toda a probabilidade revelem quem é a pessoa avalizada, nos termos do artigo 217.º do Código Civil.
II – Há, assim, que interpretar as declarações dos dadores dos avales em ordem a alcançar o respectivo sentido que possa revelar juridicamente.
III – No domínio das relações jurídicas imediatas, entre sacador, sacado--aceitante e avalista, estabelecer se este quis dar o aval pelo sacador ou pelo sacado-aceitante constitui, antes de mais, matéria de facto, sem prejuízo de o resultado interpretativo que se alcance poder ser censurado pelo Supremo se esse resultado não coincidir com um sentido que um declaratário razoável e honesto, colocado na posição do real declaratário, não pudesse deduzir do comportamento do declarante.

Ac. STJ, de 18.05.99 *in* BMJ, 487, p. 334

I – Não se indicando no aval, a pessoa por quem se dá, entender-se-á ser pelo sacador, mesmo no domínio das relações imediatas.

II – Ainda que assim se não entenda, o avalista, não sendo indicado o avalizado, é parte ilegítima na execução contra si instaurada pelo sacador com base numa letra de que conste o respectivo aval.

Ac. RL, de 05.02.98 *in* BMJ, 474, p. 534

I – O assento de 1 de Fevereiro de 1966 (Diário do Governo, n.º 44, de 22 de Fevereiro de 1966) estabeleceu que, mesmo no domínio das relações imediatas, o aval que não indique o avalizado, é sempre prestado a favor do sacador.
II – Conforme preceitua o artigo 31.º, n.º 4, da Lei Uniforme, uma letra que não indique o nome do avalizado funciona como prova de que tal aval foi prestado a favor do sacador, se a assinatura do dador do aval for aposta na face anterior da letra (e não no verso).
III – Quem tiver aposto, nestes termos, a sua assinatura, é avalista do sacador qualquer que tenha sido a sua intenção, trata-se de uma presunção juris et de jure que não admite prova em contrário, face ao próprio princípio da literalidade da letra de câmbio.
IV – Mesmo que as instâncias dêem como provados factos materiais contra uma disposição expressa da lei, como a indicada na conclusão anterior, cabe nos poderes de censura do Supremo Tribunal de Justiça, perante o disposto nos artigos 722.º, n.º 2, e 729.º, n.º 2, do Código de Processo Civil, retirar conclusão diferente.
V – Dado como provado que o aval foi prestado a favor do sacador, conclui-se que este sacador (exequente) não pode demandar o executado (embargante e seu avalista), pois o avalista não responde perante o seu avalizado, ficando apenas pessoalmente obrigado perante o credor do avalizado, à semelhança com o que se passa no artigo 627.º, n.º 1, do Código Civil, relativamente ao fiador.
VI – Porém, após a revogação do artigo 2.º do Código Civil, pelo artigo 4.º, n.º 2, do Decreto-Lei n.º 329-A/95, de 12 de Dezembro, aquele «assento», mencionado na conclusão I, ao deixar de ter força obrigatória geral, deixou de vincular os tribunais.
VII – Donde, pese embora o princípio da literalidade – que não distingue entre relações mediatas e imediatas – a verdadeira finalidade e sentido da norma só pode ter em vista as relações mediatas, uma vez que, quanto às imediatas, valeria o princípio geral da oponibilidade das excepções fundadas na obrigação causal – o que, no caso do acórdão, não pode deixar de significar que a embargada podia demonstrar, como demonstrou, que o aval da embargante não foi prestado a seu favor.

VIII – *É, pois, inaceitável a doutrina do assento, no âmbito das relações imediatas, face, agora, à ausência de força vinculativa, que deixou de ter, após a revogação do citado artigo 2.º do Código Civil.*

Ac. STJ, de 14.10.97 *in* CJ, Ano V, Tomo III, p. 637

I – *A assinatura na face anterior da letra, sem qualquer outra menção, faz presumir juris et de jure que é dado aval pelo sacador, não tendo qualquer valor jurídico, salvo o de endosso, a assinatura aposta, sem menção, no verso.*

II – *Cabe ao portador da letra o ónus de prova do contrato de preenchimento.*

III – *Provando-se apenas a aposição pelos executados da sua assinatura no verso da letra, não respondem como avalistas.*

Ac. STJ, de 14.10.97 *in* CJ, Ano V, Tomo III, p. 68

No domínio das relações imediatas, é admissível a prova no sentido de apurar a favor de quem é dado o aval, sempre que o avalista não faça qualquer menção da letra ou use a expressão «à subscritora».

Ac. RP, de 20.03.97 *in* BMJ, 465, p. 646

A responsabilização como avalista, em título cartular, através de uma assinatura, pressupõe que esta é efectivada na face anterior do título, a não ser que se trate de sacado ou sacador (ou subscritor).

Ac. RL, de 20.02.97 *in* CJ, Ano XXII, Tomo I, p. 131

I – *Deve ser aceite como aval válido, o que é aposto numa letra com os seguintes dizeres: "Dou o meu aval à firma subscritora desta livrança".*

II – *No contrato de locação financeira não se pode fazer valer o direito à resolução e pedir-se, ao mesmo tempo, o pagamento de tudo o que foi contratado, ou seja, as prestações ou rendas vincendas, como se tal resolução não existisse.*

Ac. RC, de 23.11.93 *in* CJ, Ano XVIII, Tomo V, p. 38

I – *A lei não exige que, no caso de mais de um avalista, a assinatura de cada um seja precedida da expressa declaração de que pretende dar aval e por quem o presta.*

II – *Assim, ao assinar por baixo da expressão plural «damos o nosso aval à subscritora», constante da face posterior da livrança, a embargante fez seu o respectivo conteúdo e, consequentemente, obrigou-se como avalista da subscritora, sendo indiferente que entre aquela declaração e a sua assinatura figure a de outro avalista, in casu, o seu próprio cônjuge.*

III – *Ao afirmar que a embargante fez sua a referida declaração (ilação que cabe perfeitamente no seu normal sentido por corresponder à percepção de um declaratário comum, colocado na posição do real declaratário), manteve-se a Relação no âmbito da matéria de facto, como tal insindicável pelo Supremo Tribunal de Justiça, que deve acatar essa ilação, nos termos dos artigos 729.º do Código de Processo Civil e 29.º da Lei n.º 38/87, de 23 de Dezembro (Lei Orgânica dos Tribunais Judiciais).*

Ac. STJ, de 24.04.96 *in* BMJ, 456, p. 457

Art. 32.º (Direitos e obrigações do avalista)

O dador de aval é responsável da mesma maneira que a pessoa por ele afiançada.

A sua obrigação mantém-se, mesmo no caso de a obrigação que ele garantiu ser nula por qualquer razão que não seja um vício de forma.

Se o dador de aval paga a letra, fica sub-rogado nos direitos emergentes da letra contra a pessoa a favor de quem foi dado o aval e contra os obrigados para com esta em virtude da letra.

JURISPRUDÊNCIA:

Se o avalista duma livrança subscreveu também o pacto de preenchimento pode opor ao portador (no caso de este ser o beneficiário originário, ou seja, o credor da relação causal) a excepção de preenchimento abusivo, estando o título no âmbito das relações imediatas

Ac. da RL, de 19.06.2007 *in* www.dgsi.pt (proc. n.º 3840/2007-7)

I – *A alteração de uma orientação maioritária na doutrina e na jurisprudência deve fundar-se em sólida e ponderada argumentação, pois a aplicação uniforme do direito conduz à segurança jurídica e esse objectivo é apontado pelo legislador ao julgador, como decorre do disposto no artigo 8.º/3 do Código Civil.*

II – É firme e maioritário o entendimento de que o portador do título não carece de protestá-lo relativamente aos avalistas do aceitante ou do subscritor (artigos 32.º ,77.º e 78.º da Lei Uniforme sobre Letras e Livranças).

III – Importa ainda atentar que um protesto a avalistas que são os sócios-gerentes da sociedade subscritora da livrança serviria apenas para lhes anunciar aquilo que eles sempre souberam, ou seja, que a quantia cujo pagamento avalizaram quando eram sócios-gerentes da sociedade subscritora ainda se encontrava por pagar, exigência que traduziria um artificialismo jurídico que não deve ser sustentado.

Ac. da RL, de 15.05.2007 *in* www.dgsi.pt (proc. n.º 3860/2007-7)

I – O pacto de preenchimento de letra está sujeito ao princípio da liberdade da forma (artigo 219.º do Código Civil).

II – Os avalistas são responsáveis da mesma maneira que a pessoa por eles afiançada (artigo 32.º da Lei Uniforme sobre Letras e Livranças) e, assim sendo, respondem nos termos acordados no pacto de preenchimento efectuado entre o avalizado e o sacador.

III – Nada obsta a que uma letra em branco entregue para garantia de uma dívida, restituída que seja ao aceitante, seja por ele utilizada para garantia do pagamento de outra dívida, verificando-se pacto de preenchimento entre o aceitante e aquele que será, de harmonia com o pacto, o novo sacador.

Ac. da RL, de 12.04.2007 *in* www.dgsi.pt (proc. n.º 5662/2006-8)

I – A livrança em branco destina-se, normalmente, a ser preenchida pelo seu adquirente imediato ou posterior, sendo a sua entrega acompanhada de poderes para o seu preenchimento, de acordo com o denominado pacto ou acordo de preenchimento.

II – O aval é o acto pelo qual um terceiro ou um signatário da letra ou de uma livrança garante o seu pagamento por parte de um dos subscritores.

III – O dador de aval é responsável da mesma maneira que a pessoa por ele afiançada, pelo que a medida da responsabilidade do avalista se mede pela do avalizado.

IV – Sendo o aval prestado a favor do subscritor, o acordo de preenchimento concluído entre este e o portador impõe-se ao avalista.

Ac. do STJ, de 13.03.2007 in CJ, Ano XV, Tomo I, p. 116

I. Parte legítima é, não apenas e necessariamente, aquele que é titular da relação material controvertida efectiva, mas sim ou também o que se apresenta como sujeito de tal relação controvertida, tal como é configurada pelo autor – art.º 26.º n.º 3 do CPC.
II. A litispendência e o caso julgado visam evitar a repetição de causas idênticas, cumulativamente, quanto aos sujeitos, ao pedido e à causa de pedir, com o inerente perigo de contradição ou reprodução de julgados, e o consequente prejuízo para a realização da justiça relativa ou comparativa, a certeza e estabilidade das relações jurídico-sociais e o desprestígio para a imagem dos operadores judiciários.
III. Pode o juiz dar como assentes, na selecção dos factos relevantes, e para uma melhor ordenação ou facilitação lógica, certas expressões constantes em documentos, de cariz meramente objectivo e material, do tipo: « no espaço destinado à indicação do valor constam os dizeres: pagamento do cheque n.º ... do B...», pois que as mesmas são neutras, não interferindo no thema decidendum, dependendo a sorte da causa de outros factos alegados pelas partes, atinentes, v.g. a quem, quando, como e em que circunstâncias tais dizeres foram expressos.
IV. Considerando que, por força dos princípios da oralidade e da imediação, o julgador de primeira instância, se encontra muito melhor habilitado a apreciar a prova produzida – maxime a testemunhal – só em situações extremas de ilogicidade, irrazoabilidade e meridiana desconformidade, perante as regras da experiência comum, dos factos dados como provados em face dos elementos probatórios que o recorrente apresente ao tribunal ad quem, pode este alterar, censurando, a decisão sobre a matéria de facto.
V. Na falta de convenção em contrário, o mútuo presume-se oneroso, pelo que, ipso facto, acarreta o pagamento dos respectivos juros.
VI. O tribunal pode conhecer oficiosamente da nulidade de um contrato de mútuo por falta de forma, nos termos do art.º 286.º do CC, não acarretando tal conhecimento alteração da causa petendi, atento o preceituado no art.º 664.º do mesmo diploma.
VII. O avalista de uma letra responde pelo seu pagamento de uma forma solidária (ie. não apenas subsidiária, com direito à invocação do benefício da excussão, mas em igualdade de circunstâncias com o

seu subscritor) e independente ou autónoma (ou seja, sobre ele recai a obrigação de honrar o título mesmo que ao avalizado não possa ser exigida a prestação decorrente da obrigação ao mesmo subjacente, não podendo opor ao portador da livrança as excepções do avalizado, salvo no que concerne ao pagamento – art.º 17º da LULL.). O que implica que a obrigação do avalista se mantém mesmo no caso de a obrigação do subscritor se revelar nula por qualquer razão que não seja um vício de forma, o qual, porém, não tem a ver com a falta de eficácia vinculativa da própria declaração de vontade (de se obrigar) por banda do subscritor da letra, mas apenas com os requisitos externos da obrigação cambiária, perceptíveis pelo simples exame do título, i.e. com os modos/estilos de preenchimento usuais, correntes e típicos da sua natureza literal/fiduciária, ou seja, com as respectivas aparência e forma externa – art.ᵒˢ 7.º e 32.º da LULL.

VIII. *O juiz não pode condenar as partes, oficiosamente e sem que tal questão tenha sido antes suscitada por elas, como litigante de má fé, sem que as informe desta sua intenção, explicitando-lhes, sinteticamente os motivos da mesma, o que, a acontecer, acarreta a nulidade da decisão, por violação do princípio do contraditório.*

Ac. da RL, de 16.01.2007 *in* www.dgsi.pt (proc. n.º 5673/2006-1)

A assinatura no verso do título, sem menção de que é aval, mesmo no domínio das relações imediatas, retira àquela assinatura a natureza de obrigação cambiária e não responsabiliza o seu autor a título cambiário.

Ac. do STJ, de 24.10.2006 *in* CJ, Ano XIV, Tomo III, p. 96

1. *É falsa a assinatura aposta na livrança sem ser pelo punho da própria pessoa cujo nome nela foi escrito com o fim de subscrever a obrigação de avalista.*
2. *A referida falsidade não gera o vício de forma previsto na primeira parte do artigo 32.º e na última parte do artigo 77.º da Lei Uniforme Sobre Letras e Livranças, mas envolve a nulidade da obrigação da pessoa a quem respeita.*
3. *A aplicação subsidiária no processo de execução de normas relativas ao processo de declaração, a que se reporta o n.º 1 do artigo 466.º do Código de Processo Civil, pressupõe um juízo de valor acerca da compatibilidade das primeiras com a especial função e natureza do segundo.*

4. Só deve ser revista a interpretação da lei que resulta dos assentos ou dos acórdãos de fixação de jurisprudência quando para tal haja ponderosos, o que não ocorre em relação ao Assento do Supremo Tribunal de Justiça de 24 de Maio de 1960.
5. Não tendo o executado deduzido oposição à acção executiva sob o fundamento da falsidade da assinatura aposta na livrança, não obstante haver intentado, decorrido o prazo de oposição, acção declarativa com vista à declaração daquele vício, não pode implementar a sua suspensão à luz do n.º 1 do artigo 279.º do Código de Processo Civil, sob a argumentação de ocorrer causa prejudicial ou outro motivo justificado.

Ac. do STJ, de 30.09.2004 in www.dgsi.pt (proc. n.º 04B2776)

I – O dador de aval é responsável da mesma maneira que a pessoa por ele avalizada, sendo-o por isso mesmo que o aval seja nulo, desde que não seja por vício de forma.
II – A obrigação do avalizado só é nula por vício de forma quando a sua assinatura é aposta em local diferente do prescrito na lei.
III – Se o sócio gerente que assinou as livranças não tinha, só por si, poderes para obrigar a sociedade subscritora, por não ter aposto a sua qualidade e que o fazia também na qualidade de procurador da outra sócia gerente, a obrigação por esta forma assumida é nula.
IV – Embora nula a obrigação do avalizado, subsiste neste caso a obrigação do avalista, por não se tratar de vício de forma.

Ac. do STJ, de 28.09.2006 in CJ, Ano XIV, Tomo III, p. 68

I – O detentor de uma letra com endosso em branco é seu legítimo portador.
II – Todavia, encontrando-se a assinatura do endossante riscada, deve o endosso considerar-se não escrito, não podendo o portador da letra sustentar a sua legitimidade formal com base nesse "endosso".
III – É válido o aval (na letra) dado ao "subscritor" por não se verificar qualquer vício de forma, – apesar da figura do subscritor ser própria da livrança –, importando apenas determinar a favor de quem é que foi prestado, se ao aceitante se ao sacador.

Ac. da RP, de 03.04.2006 in CJ, Ano XXXI, Tomo II, p. 177

I – A independência da obrigação do avalista em relação à do avalizado não é absoluta, podendo o avalista opor ao portador a liberação da obrigação do avalizado.

II – No entanto o avalista não pode defender-se com excepções do avalizado atinentes à relação subjacente (preenchimento abusivo, nulidades, etc), salvo quanto ao pagamento.

III – Improcede, assim, a invocação pelo avalista do preenchimento abusivo da livrança, a falta de devolução de cheques emitidos para pagamento ou o benefício da excussão prévia.

Ac. da RC, de 14.02.2006 *in* CJ, Ano XXXI, Tomo I, p. 24

I – Às relações entre os co-avalistas de uma letra ou livrança são aplicáveis as normas de direito comum que regulam a fiança, em particular o art.º 650.º do C. Civil.

II – O co-avalista de uma livrança, que foi compelido a pagar o seu montante ao respectivo portador, fica sub-rogado nos direitos desse portador contra o avalizado, nos termos do art.º 32 da LULL e, até ao limite interno das respectivas responsabilidades, contra os outros avalistas podendo exigir de cada um destes o pagamento da respectiva quota-parte.

III – Essa responsabilidade do co-avalista, limitada á sua quota-parte no aval prestado, é solidária com a do avalizado.

Ac. da RL, de 18.01.2006 *in* www.dgsi.pt (proc. n.º 9867/2006-02)

I – Pelo conceito de literalidade põe-se em relevo que a existência, validade e persistência da obrigação cambiária não podem ser contestadas com o auxílio de elementos estranhos ao título e que o conteúdo, extensão e modalidades da obrigação cartular são os que a declaração objectivamente defina e revele.

II – O aval participa da literalidade.

III – Tendo no verso duma livrança sido escrito "Dou o meu aval à firma subscritora, proporcional ao valor da minha quota", esta expressão não é consentânea com o princípio da literalidade, uma vez que a medida concreta do valor avalizado apenas poderia ser encontrada com recurso a elementos exteriores ao título que permitissem concluir qual o montante a que aquela declaração se reporta, tanto mais que a subscritora deixara de ser uma sociedade por quotas, passando a ser uma sociedade anónima, deixando o avalista de deter uma quota da mesma.

Ac. da RL, de 06.10.2005 *in* CJ, Ano XXX, Tomo IV, p. 121

I – O facto da livrança estar subscrita por quem não tinha poderes para obrigar a sociedade não consubstancia um vício que respeita aos requisitos externos da obrigação cambiária da subscrição e que se torna perceptível pela simples inspecção do título, não integrando uma nulidade da subscrição por vício de forma que se repercute no aval dado à subscritora.

II – O facto de a assinatura constante do local destinado ao subscritor ter sido efectuada por quem não dispunha de poderes não constitui um vício de forma mas sim um vício de substância, um vício de fundo que tem a ver com a validade material da própria obrigação.

III – Deste modo, a obrigação do Embargante/Avalista mantém-se, atenta exactamente a sua qualidade de avalista, não obstante o vício substancial que se verifica no subscritor da livrança.

Ac. da RP, de 26.09.2005 *in* CJ, Ano XXX, Tomo IV, p. 184

I – A relação entre portador e avalista não é uma relação imediata mas sim uma relação mediata, pelo que não pode o avalista suscitar em sede de oposição à execução quaisquer excepções fundadas sobre as relações pessoais com o avalizado, a menos que o portador – o exequente -, ao adquirir a livrança tenha procedido conscientemente em detrimento do devedor.

II – A relação entre portador e avalista não é uma relação imediata (a que se estabelece por efeitos de uma convenção executiva) mas sim uma relação mediata, pelo que é defeso ao avalista suscitar a excepção do preenchimento abusivo convencionado entre o portador e o subscritor da livrança.

III – Quem assina uma livrança em branco atribui àquele a quem a entrega o direito de a preencher nos termos acordados. Quem dá o aval a uma livrança em branco fica, sem mais, vinculado ao acordo de preenchimento havido entre o portador e o subscritor.

IV – Litiga de má fé a parte que, não apenas com dolo, mas com negligência grave, deduza pretensão ou oposição manifestamente infundadas, altere, por acção ou omissão, a verdade dos factos relevantes, pratique omissão indesculpável do dever de cooperação ou faça uso reprovável dos instrumentos adjectivos.

Ac. da RL, de 30.06.2005 *in* www.dgsi.pt (proc. n.º 5654/2005-8)

O aceite da sociedade sacada subscrito por quem não tinha a qualidade de seu gerente, não padece de vício de forma, mas de vício de fundo, mantendo-se a obrigação do avalista, não obstante o vício intrínseco que afecta aquela.

Ac. da RL, de 12.04.2005 *in* CJ, Ano XXX, Tomo II, p. 88

I – No domínio das relações imediatas não havendo que proteger terceiros de boa fé, é admissível a prova de que o aval foi dado a pessoa diferente do sacador, ainda que esta vontade se não encontre expressa no texto da letra.

II – Constando, por isso, do verso da letra " por aval ao subscritor" pode recorrer-se ao pacto de preenchimento convencionado entre os intervenientes no título a fim de se determinar por quem foi dado o aval.

III – O dador do aval não se pode valer das eventuais excepções oponíveis pela pessoa por ele afiançada salvo se a obrigação por ele garantida for nula por vício de forma ou se tiver extinguido pelo pagamento (artigo 32.º da L.U.L.L.).

Ac. da RL, de 03.03.2005 *in* www.dgsi.pt (proc. n.º 8778/2004-8)

I – A obrigação do avalista é autónoma, não podendo defender-se com as excepções do avalizado , salvo no que concerne ao pagamento.

II – Os vícios de forma a que alude o segundo parágrafo do artigo 32.º da L.U.L.L., na origem da nulidade da obrigação da pessoa que o aval garante, e que excluem a responsabilidade do avalista, são apenas os que respeitam aos requisitos externos da obrigação cambiária, perceptíveis pelo simples exame do título.

Ac. do STJ, de 14.10.2004 *in* www.dgsi.pt (proc. n.º 04B2904)

1. É falsa a assinatura aposta na livrança sem ser pelo punho da própria pessoa cujo nome nela foi escrito com o fim de subscrever a obrigação de avalista.

2. A referida falsidade não gera o vício de forma previsto na primeira parte do artigo 32.º e na última parte do artigo 77.º da Lei Uniforme Sobre Letras e Livranças, mas envolve a nulidade da obrigação da pessoa a quem respeita.

3. A aplicação subsidiária no processo de execução de normas relativas ao processo de declaração, a que se reporta o n.º 1 do artigo 466.º do Código de Processo Civil, pressupõe um juízo de valor acerca da compatibilidade das primeiras com a especial função e natureza do segundo.

4. *Só deve ser revista a interpretação da lei que resulta dos assentos ou dos acórdãos de fixação de jurisprudência quando para tal haja ponderosos, o que não ocorre em relação ao Assento do Supremo Tribunal de Justiça de 24 de Maio de 1960.*
5. *Não tendo o executado deduzido oposição à acção executiva sob o fundamento da falsidade da assinatura aposta na livrança, não obstante haver intentado, decorrido o prazo de oposição, acção declarativa com vista à declaração daquele vício, não pode implementar a sua suspensão à luz do n.º 1 do artigo 279.º do Código de Processo Civil, sob a argumentação de ocorrer causa prejudicial ou outro motivo justificado.*

Ac. do STJ, de 30.09.2004 *in* www.dgsi.pt (proc. n.º 04B2776)

I – Tendo o aval a uma livrança sido dado por dois Administradores da sociedade avalista, nessa qualidade, competia a esta, na qualidade de embargante da execução da livrança, ter demonstrado no processo que tal prestação era contrária ao fim da sociedade, para se eximir ao seu pagamento.
II – O avalista também não pode invocar a falta de protesto da livrança para se eximir ao seu pagamento.

Ac. da RL, de 13.11.2003 *in* CJ, Ano XXVIII, Tomo V, p. 83

I – As assinaturas da firma, enquanto desacompanhadas das assinaturas dos gerentes e da menção dessa sua qualidade, não possuem, "de per si", qualquer virtualidade para vincular a sociedade subscritora.
II – Este desacompanhamento não constitui, no entanto, um "vício de forma", porquanto estes vícios, neste domínio, se prendem directamente como os modos/estilos de preenchimento usuais correntes e típicos da sua natureza literal/fiduciária.
III – Neste contexto, a "aventada" nulidade da "obrigação de sociedade avalizada" jamais se poderia estender ou comunicar aos avalistas.

Ac. do STJ, de 23.09.2003 *in* CJ, Ano XI, Tomo III, p. 46

I – No domínio das relações imediatas, e por interpretação da vontade das partes, vale como livrança o modelo próprio para letra onde consta que «no seu vencimento pagará(ão) V. Exa.(s) por esta única via de letra, aliás livrança, a quantia de...» assinado, sob a menção o gerente, no local destinado ao nome e morada do sacado, sem qualquer assinatura sob a menção Aceite e tendo no verso várias assinaturas sob a menção «por aval à firma subscritora».

II – A irregularidade de utilização para livrança de um impresso próprio das letras não afecta a sua validade como tal, pois com a adaptação do modelo uniforme de livranças visou-se a normalização para facilitar o tratamento informático e por exigências de carácter fiscal.

III – Se a subscritora da livrança e os seus avalistas remeteram à portadora a livrança incompleta, acompanhada de carta onde, além do mais, autorizavam a preenchê-la pelo valor que em tal ocasião estivesse em dívida, a portadora, escrevendo esse valor, não infringiu o pacto de preenchimento.

IV – Ainda que os avalistas tivessem a expectativa de que seria emitida letra em vez de livrança, ela seria irrelevante para excluir a sua responsabilidade cambiária.

Ac. do STJ, de 27.05.2003 in CJ, Ano XI, Tomo II, p. 74

I – Sendo colectivo o aval, dado por vários avalistas ao mesmo aceitante ou subscritor de livrança, nenhum direito de regresso cabe a um avalista que pagou em relação ao um seu co-avalista.

II – O avalista que paga apenas fica subrogado contra o avalizado e contra os obrigados para com este nos termos cambiários.

III – Para regular os direitos entre os co-avalistas há que recorrer ao direito comum e, neste, à fiança, onde se presume a comparticipação em partes iguais na dívida.

IV – Provando-se que o co-avalista demandado não se vinculou a pagar a dívida para com o avalista que pagou, nada lhe pode ser exigido.

Ac. do STJ, de 24.10.2002 in CJ, Ano X, Tomo III, p. 121

I – Só existe vício de forma para os efeitos do art. 32.º, alínea II, da L.U.L.L. quando a assinatura vinculativa do avalizado não é no local prescrito por lei.

II – A obrigação do avalista mantém-se no caso da obrigação do avalizado ser nula por qualquer razão que não seja um vício de forma.

Ac. do STJ, de 20.06.2002 in CJ, Ano X, Tomo II, p. 120

I – A obrigação do avalista mantém-se no caso da obrigação do avalizado ser nula por qualquer razão que não seja um vício de forma.

II – A inexistência da obrigação do avalizado não é um vício de forma para os efeitos do art. 32.º § 2.º da LULL.

III – Só existe "vício de forma" para os efeitos do mesmo artigo 32.º § 2.º quando a assinatura vinculativa do avalizado não é aposta no loca prescrito na lei.

Ac. do STJ, de 19.03.2002 *in* CJ, Ano X, Tomo I, p. 147

I – O Banco credor pode requerer a declaração de falência de avalista de livrança, que não é comerciante nem possui qualquer activo patrimonial.
II – Ao dar o aval, o avalista obriga-se a título principal, assumindo, o pagamento de dívida própria.
III – Nada obsta a que o aval seja dado em branco e, no caso, o avalista até autorizou o preenchimento da livrança, que se fez sem abuso.
IV – (...)

Ac. da RP, de 22.10.2001 *in* CJ, Ano XXVI, Tomo IV, p. 220

I – A Lei Uniforme da letra de câmbio enuncia no art. 32.º dois princípios fundamentais sobre o aval; o da sua acessoriedade com a operação avalizada e o da independência do aval face a essa operação avalizada.
II – A obrigação do avalista não se mantém quando à obrigação do avalizado for nula por uma razão que seja um vício de forma.
III – Vício de forma tem "o sentido jurídico comum". Abrange todos aqueles casos em que do próprio titulo cambiário resulte – objectiva e definitivamente – que a operação avalizada não é válida, não cria qualquer responsabilidade, e consequentemente obrigação cambiária, para o seu signatário.
IV – O efeito jurídico do vício de forma não dependerá da boa fé ou de os intervenientes estarem em relação imediata ou relação mediata.
V – A incapacidade de exercício da sociedade avalista (ou o aval sem autorização da firma) numa livrança envolve excepções que não podem ser opostas ao portador do título, por respeitarem a vícios internos da obrigação avalizada.

Ac. da RL, de 05.04.2001*in* www.dgsi.pt (proc. n.º 00108922)

I – Sendo inquestionável que o executado intervém na qualidade de representante da embargante, subscrevendo o aval em nome desta, para garantir o pagamento da dívida decorrente da subscrição da livrança, que ele assumiu em nome próprio e não se encontrando nenhum elemento que indicie que a representada consentiu na realização, pelo representante do negócio consigo mesmo e sendo evidente que ao aval subscrito em seu nome será susceptível de lhe causar prejuízo, é incontroverso que o negócio é anulável.

II – A representação sem poderes abrange tanto o caso de ao representante não terem sido atribuídos poderes para o acto que praticou (falta os poderes) como o dele ultrapassar os que lhe tinham sido fixados (excesso do representante), o que é causa de ineficácia do negócio.

III – Encontra-se no domínio das relações imediatas o tomador e o avalista da livrança que não chegou a entrar em circulação.

Ac. da RP, de 16.11.2000 *in* CJ, Ano XXV, Tomo V, p. 190

I – Mesmo nas relações imediatas a obrigação cambiária é literal e abstracta, embora a relação subjacente possa fundar excepções que funcionam como uma contra-pretensão, compensando-a ou anulando--a.

II – A determinação da medida do aval, quando parcial, tem que ser feita com o simples recurso à inspecção do título.

III – É indeterminável, e por isso nulo, o aval concedido na proporção da quota do avalista na sociedade subscritora de uma livrança.

IV – É nulo o aval que não é concedido quanto a uma quantia determinada, ou pelo menos, determinável em face do título.

V – Por isso, é nulo o aval dado à subscritora de uma livrança, por uma sua aceitante, sócia de uma sociedade, "proporcionalmente à sua quota".

Ac. do STJ, de 03.07.2000 *in* CJ, Ano VIII, Tomo II, p. 139

Existindo tão-só uma discrepância entre a designação de sociedade executada e identificada como subscritora de livrança e que a consta de um carimbo aposto no lugar destinado à assinatura da subscritora («10 do Freixieiro – Prestação de Serviços, Lda.» e «10 do Freixieiro – Empresa de Prestação de Serviços, Lda.»), mas existindo, por outro lado, uma quase total coincidência entre o núcleo caracterizador da sociedade subscritora com a identificação feita no carimbo aposto no lugar da assinatura da livrança, tudo aponta para, no caso, se estar perante uma questão formal de identificação da sociedade subscritora da livrança, que não é causa de nulidade de obrigação avalizada.

Ac. da RP, de 06.07.2000 *in* CJ, Ano XXV, Tomo IV, p. 175

I – *O avalista do aceitante não se pode eximir ao pagamento da letra com o fundamento de que é nulo por vício de forma o contrato de mútuo que esteve na base da emissão do título cambiário.*

II – *O vício de forma a que alude o art. 32.º-II da LULL há-de respeitar à própria obrigação cambiária ou, pelo menos, por meio dela tem de se evidenciar.*

III – *Nem o sacado nem o avalista podem invocar com sucesso a nulidade do mútuo não comercial para se furtarem ao pagamento da quantia que foi efectivamente entregue, e não restituída, reclamada cambiariamente.*

Ac. da RL, de 01.06.2000 *in* CJ, Ano XXV, Tomo III, p. 109

I – *Uma livrança dada à execução não tem força executiva contra a sociedade se o administrador que a subscreveu não fez menção dessa qualidade.*

II – *Dado que se trata de nulidade por vício de forma, a obrigação dos avalistas não pode subsistir.*

III – *A solução não será diferente se se entender que a obrigação da sociedade é inexistente, desde que, como é o caso, a inexistência possa ser comprovada pelo próprio título.*

Ac. da RL, de 28.03.2000 *in* CJ, Ano XXV, Tomo II, p. 116

I – *O art. 4.º da "Convenção destinada a regular certos conflitos de leis em matéria de letras e livranças", não dispõe sobre os limites de jurisdição dos diferentes Estados que a assinaram, mas sim sobre a lei aplicável aos efeitos das obrigações dos subscritores das letras e livranças plurilocalizadas.*

II – *Os tribunais portugueses são internacionalmente competentes para a execução contra o avalista, residente em Portugal, de letras emitidas, aceites e pagáveis em França.*

Ac. da RL, de 14.03.2000 *in* CJ, Ano XXV, Tomo II, p. 13

I – *Declarando o embargante, em documento que assinou, renunciar ao prazo legal de prescrição em vigor para as letras de câmbio, mantendo-se plenamente válido e eficaz o aval que nelas prestou, tal declaração implicou o reconhecimento da sua dívida cambiária, interrompendo o prazo prescricional em curso.*

II – O avalista não pode defender-se com as excepções do avalizado, salvo no que respeita à do pagamento.

Ac. STJ, de 27.04.99, *in* CJ, Ano VII, Tomo II, p. 69

I – O direito de acção do portador da letra de câmbio contra o avalista do aceitante não depende do protesto por falta de pagamento.
II – Instaurada a acção executiva cinco dias antes do termo do prazo de prescrição do direito de crédito incorporado na letra de câmbio que lhe serviu de título executivo, interrompe-se auqele prazo no fim desse quinquénio, não obstante a citação do executado ter ocorrido depois de terminado aquele prazo prescricional por razões de organização judiciária.

Ac. RL, de 25.03.99 *in* BMJ, 485, p. 479

I – As operações de banco são actos de comércio por natureza.
II – Sendo a natureza do aval determinada pela natureza da obrigação subjacente, é comercial o aval prestado em letra ou livrança destinada a garantir o reembolso de empréstimo concedido por um banco ao aceitante da letra ou subscritor da livrança.
III – A obrigação desse avalista é autónoma e não goza do benefício de excussão prévia.

Ac. RP, de 02.03.99 *in* BMJ, 485, p. 485

O avalista que tiver pago a livrança só poderá exigir o pagamento aos co-avalistas se não tiver conseguido obtê-lo por parte do avalisado.

Ac. RP, de 05.01.99 *in* BMJ, 483, p. 275

I – O avalista, não sendo sujeito da relação jurídica subjacente, mas apenas garante do pagamento do valor da letra por parte de um dos subscritores, não pode discutir, em embargo de executado, aquela relação, que, para ele, não é imediata.
II – A obrigação do avalista subsiste mesmo no caso de a obrigação subjacente ser nula, salvo se o for por vício de forma.

Ac. RP, de 31.03.98 *in* BMJ, 475, p. 769

A qualidade de garante próprio do avalista e a sua responsabilidade só se subtraem à obrigação do pagamento da livrança, na hipótese de esta não obedecer aos requisitos legais, sob o ponto de vista formal, ou quando a livrança tenha sido paga.

Ac. RC, de 03.02.98 *in* BMJ, 474, p. 557

A subscrição de livrança por sociedade por quotas mediante assinaturas dos gerentes sem indicação desta qualidade (artigo 260.º, n.º 4, do Código das Sociedades Comerciais) não constitui vício de forma para os efeitos do artigo 32.º, alínea II, da Lei Uniforme sobre Letras e Livranças; pelo que a invalidade da obrigação cambiária não prejudica a validade do aval dado à subscritora.

Ac. STJ, de 14.01.98 *in* BMJ, 473, p. 511

A assinatura aposta no canto superior esquerdo de uma livrança significa, pelo princípio da literalidade, que o respectivo assinante prestou o seu aval ao subscritor, pelo que, sendo responsável solidário com este pelo pagamento da quantia constante do título, tem legitimidade para ser demandado na acção executiva.

Ac. RP, de 17.03.97 *in* BMJ, 465, p. 647

I – *O artigo 1200.º, n.º 1, alínea b), do Código de Processo Civil, revogado pelo Decreto-Lei n.º 132/93, de 23 de Abril, durante a sua vigência nunca abrangeu os avales de dívidas.*

II – *O legítimo possuidor de letras avalizadas que descontou e não lhe foram pagas tem legitimidade para requerer a insolvência do avalista desses títulos.*

Ac. STJ, de 25.02.97 *in* BMJ, 464, p. 49

A obrigação do avalista de uma livrança em que inexiste vício de forma mantém-se, mesmo que a obrigação garantida seja nula.

Ac. RP, de 07.10.96 *in* BMJ, 460, p. 802

O portador de uma livrança não perde o direito de acção contra o avalista do subscritor daquela pelo facto de não ter no prazo legal feito o protesto por falta de pagamento.

Ac. RL, de 23.05.96 *in* BMJ, 457, p. 434

O protesto por falta de pagamento de uma letra não é necessário para accionar o avalista do aceitante.

Ac. STJ, de 14.05.96 in BMJ, 457, p. 387

Para se poder accionar o avalista do aceitante ou do subscritor da livrança não é necessário a apresentação da letra (ou da livrança) a protesto.

Ac. RE, de 09.05.96 in BMJ, 457, p. 469

I – A obrigação do avalista é materialmente autónoma.
II – A responsabilidade que o aval implica incide sempre sobre o avalista e, consequentemente, sobre o património pessoal deste.
III – É inócuo que o aval garanta a obrigação de sociedade comercial de que o avalista é sócio, já que é sempre património deste que serve de suporte à garantia concedida.
IV – Não é admissível o aval condicional.
V – Não isenta o avalista do facto de o mesmo ter cedido a sua quota na sociedade executada.
VI – O protesto não é matéria não subtraída à disponibilidade da prova, pelo que não pode ser conhecida oficiosamente.

Ac. RL, de 27.06.95 in CJ, Ano XX, Tomo I, p. 141

A inexistência da própria obrigação da sociedade avalizada não contende com obrigação autónoma dos avalistas.

Ac. RC, de 06.01.94 in BMJ, 433, p. 631

(...). II – O aval de favor reconduz-se a uma relação de garantia que está na base do artigo 32.º da Lei Uniforme sobre Letras e Livranças – «o dador de aval é responsável da mesma maneira que a pessoa por ele afiançada» –, permitindo compreender que a responsabilidade do avalista não possa exceder a do avalizado e implicando que a dívida resultante do aval deva considerar-se civil ou comercial, conforme a natureza da relação subjacente à subscrição do título pelo avalizado.
III – Prestado o aval pelo cônjuge executado ao subscritor de uma livrança tendo subjacente um empréstimo mercantil – logo, um acto de comércio de harmonia com os preceitos conjugados dos artigos 2.º e 362.º do Código Comercial –, a dívida exequenda emerge, por seu turno, de acto de comércio, pelo que, nos termos do artigo 10.º do

mesmo Código, não há lugar à moratória estabelecida no n.º 1 do artigo 1696.º do Código Civil.

Ac. STJ, de 04.11.93 *in* BMJ, 431, p. 488

CAPÍTULO V – Do vencimento

Art. 33.º (Modalidades do vencimento)

Uma letra pode ser sacada:
À vista;
A um certo termo de vista;
A um certo termo de data;
Pagável no dia fixado.
As letras, quer com vencimentos diferentes, quer com vencimentos sucessivos, são nulas.

Art. 34.º (Vencimento da letra à vista)

A letra à vista é pagável à apresentação. Deve ser apresentada a pagamento dentro do prazo de um ano, a contar da sua data. O sacador pode reduzir este prazo ou estipular um outro mais longo. Estes prazos podem ser encurtados pelos endossantes.

O sacador pode estipular que uma letra pagável à vista não deverá ser apresentada a pagamento antes de uma certa data. Nesse caso, o prazo para a apresentação conta-se dessa data.

JURISPRUDÊNCIA:

Nas relações imediatas, à falta da indicação da época de pagamento da livrança, vale a propósito o acordo extracartular firmado, não se aplicando no artigo 34.º da Lei Uniforme Relativa às Letras e Livranças relativamente ao prazo de apresentação a pagamento (ver artigo 77.º da mesma lei).

Ac. RL, de 27.06.96 *in* BMJ, 458, p. 386

I – Em princípio, as letras e as livranças à vista devem ser apresentadas a pagamento dentro de um ano a contar da sua data e vencem-se no dia dessa apresentação.

II – Porém, pode haver um prazo convencional resultante da soma de um prazo inicial de interdição (fixado pelo sacador da letra ou pelo portador inicial da livrança) com aquele prazo de um ano.

III – Aliás, o sacador da letra e o portador inicial da livrança podem abreviar ou alongar o referido prazo de um ano, mas os endossantes só o podem encurtar.

IV – Nas relações imediatas, nada impede que correspondesse ao estabelecimento de um prazo de prescrição a dependência de existência de incumprimento pelos mutuários na relação fundamental.

V – Aliás, mesmo passados os prazos normais, sempre de mantêm as responsabilidades dos aceitantes e dos subscritores das livranças, e dos respectivos avalistas, salvo prescrição.

Ac. RL, de 21.04.94 *in* CJ, Ano XIX, Tomo II, p. 126

I – Havendo vários executados, a dedução dos embargos por todos, ou por cada um deles, pode ser feita até ao termo do prazo que começou a correr em último lugar.

II – Uma livrança, apesar de estar em branco, a época de vencimento, vale como título executivo e, nas relações imediatas, pode invocar-se convenção extracartular que afaste o prazo supletivo de um ano fixado no artigo 34.º da Lei Uniforme sobre Letras, Livranças e Cheques.

III – O portador da livrança que a deu à execução, apenas pode reclamar juros desde a data do vencimento.

Ac. RL, de 03.06.93 *in* BMJ, 428, p. 668

Art. 35.º (Vencimento de letra a certo termo de vista)

O vencimento de uma letra a certo termo de vista determina-se, quer pela data do aceite, quer pela do protesto.

Na falta de protesto, o aceite não datado entende-se, no que respeita ao aceitante, como tendo sido dado no último dia do prazo para a apresentação ao aceite.

Art. 36.º (Vencimento noutros casos especiais)

O vencimento de uma letra sacada a um ou mais meses de data ou de vista será na data correspondente do mês em que o pagamento se deve efectuar. Na falta de data correspondente, o vencimento será no último dia desse mês.

Quando a letra é sacada a um ou mais meses e meio de data ou de vista, contam-se primeiro os meses inteiros.

Se o vencimento for fixado para o princípio, meado ou fim do mês, entende-se que a letra será vencível no primeiro, no dia quinze, ou no último dia desse mês.

As expressões «oito dias» ou «quinze dias» entendem-se, não como uma ou duas semanas, mas como um prazo de oito ou quinze dias efectivos.

A expressão «meio mês» indica um prazo de quinze dias.

Art. 37.º (Vencimento no caso de divergências de calendários)

Quando uma letra é pagável num dia fixo num lugar em que o calendário é diferente do do lugar de emissão, a data do vencimento é considerada como fixada segundo o calendário do lugar do pagamento.

Quando uma letra sacada entre duas praças que têm calendários diferentes é pagável a certo termo de vista, o dia da emissão é referido ao dia correspondente do calendário do lugar de pagamento, para o efeito da determinação da data do vencimento.

Os prazos de apresentação das letras são calculados segundo as regras da alínea precedente.

Estas regras não se aplicam se uma cláusula da letra, ou até o simples enunciado do título, indicar que houve intenção de adoptar regras diferentes.

CAPÍTULO VI – Do pagamento

Art. 38.º (Prazo para a apresentação a pagamento)

O portador de uma letra pagável em dia fixo ou a certo termo de data ou de vista deve apresentá-la a pagamento no dia em que ela é pagável ou num dos dois dias úteis seguintes.

A apresentação da letra a uma câmara de compensação equivale a apresentação a pagamento.

JURISPRUDÊNCIA:

> *I. As letras de câmbio assumem a natureza de títulos de crédito transmissíveis por via de endosso, incorporando uma obrigação abstracta, literal e autónoma e de livre circulabilidade (art.º 46.º da LULL).*
> *II. No domínio das relações mediatas não pode o sacado-aceitante opor ao portador as excepções baseadas nas suas relações obrigacionais-creditícias com o sacador (relação material subjacente ou relação fundamental).*
> *III. O devedor originário (o aceitante como responsável cambiário directo), só com a respectiva apresentação a pagamento (art.º 38º, n.º 1, da LULL) fica a conhecer a identidade do credor "actual", passando a a partir de então a poder exercitar o direito à restituição dos títulos conferido pelo n.º 1 do art.º 39.º do mesmo diploma.*
> *IV. Para que se extinga a obrigação cambiária o pagamento tem de ser feito ao respectivo portador.*
> *V. Em sede de oposição à execução, há que atentar nas regras de repartição do ónus da prova plasmadas no art.º 342.º do C. Civil.*
> *VI. Sendo o exequente o legítimo portador das letras dadas à execução, ao devedor/executado demandado incumbirá a prova da ocorrência dos factos impeditivos, modificativos e extintivos da pretensão da contraparte (factos constitutivos da invocada excepção).*
> *VII. Os princípios da abstracção, da literalidade e da autonomia de cada um dos títulos de crédito (letras de câmbio) exequendos são em princípio impeditivos de que entre os respectivos pedidos exista a conexão exigida no art.º 30º do CPC, sendo que a não verificação desses requisitos é, outrossim, e de per si, impeditiva da possibilidade da apensação de execuções (art. 275º, 1 "a contrario", CPC).*

Ac. do STJ, de 30.09.2004 *in* www.dgsi.pt (proc. n.º 04B2538)

Os prazos dos artigos 38.º e 44.º da Lei Uniforme são sucessivos (o prazo para o protesto só se conta a partir do termo do prazo de 3 dias em que a letra podia ser paga).

Ac. RC, de 24.05.94 in BMJ, 437, p. 597

Ao fixar um prazo para o pagamento da letra e um prazo para o protesto pelo seu não pagamento, a lei tem necessariamente de aceitar que decorra por inteiro o primeiro prazo, só depois, se tal se justificar, começando a correr prazo para o protesto.

Ac. RP, de 02.12.93 in BMJ, 432, p. 429

Art. 39.º (Direito do sacado que paga. Pagamento parcial)

O sacado que paga uma letra pode exigir que ela lhe seja entregue com a respectiva quitação.

O portador não pode recusar qualquer pagamento parcial.

No caso de pagamento parcial, o sacado pode exigir que desse pagamento se faça menção na letra e que dele lhe seja dada quitação.

JURISPRUDÊNCIA:

1. *O sacado que paga uma letra pode exigir que ela lhe seja entregue com a respectiva quitação.*
2. *A letra de reforma consiste em substituir uma letra velha por outra, tendo realmente por fim diferir o pagamento da obrigação constante da letra renovada, traduzindo-se afinal numa espécie de pagamento.*
3. *A simples reforma não implica a extinção, por novação, da primitiva obrigação cambiária, sendo indispensável para esse efeito, a alegação e prova de expressa e inequívoca manifestação de vontade no sentido de contrair uma nova obrigação cambiária em substituição da antiga.*
4. *Tendo sido julgado nulo o aceite aposto na letra de reforma, então a letra de reforma não corresponde a qualquer pagamento da letra primitiva, um vez que não reveste as características da letra de reforma que se traduz numa espécie de pagamento.*
5. *Instaurada execução com base na letra primitiva, e requerida e extinta a execução por pagamento, pressupondo a validade do aceite aposto na letra de reforma, mas que foi, posteriormente, julgado nulo por*

decisão judicial, nada obsta a que, transitada a decisão na execução baseada na letra primitiva, esta seja entregue ao exequente e seu legítimo portador.

Ac. da RC, de 28.06.2005 *in* www.dgsi.pt (proc. n.º 1865/05)

I – *Se os embargantes não demonstraram que as reformas das letras foram acompanhadas do pagamento parcial da dívida inicial (e o pagamento não se presume competindo àqueles a sua prova artigo 342 n. 2 do Código Civil), ambos os executados-embargantes (aceitante e avalista) continuam a responder, perante o exequente-embargado, pela totalidade da dívida.*

II – *A reforma, de uma letra não implica novação da obrigação inicial, a menos que haja declaração expressa de ambas as partes de que se pretende novar.*

Ac. da RP, de 26.04.2001 *in* www.dgsi.pt (proc. n.º 0130442)

(...). III – *A reforma de uma letra para deferir o seu pagamento, visa, em princípio, substituir as obrigação inicial cartular por uma nova obrigação cambiária, deixando a primeira letra desactivada, sem validade.*

IV – *No caso de reforma de uma letra em que só houve cobertura integral da letra reformada, esta não deve ser devolvida pelo portador ao devedor e serve de título executivo para recuperar o valor remanescente.*

Ac. RE, de 14.01.99 *in* CJ, Ano XXIV, Tomo I, p. 259

I – *A reforma das letras equivale ao seu pagamento, e, como tal, não pode o exequente exigir o seu pagamento.*

II – *A partir dessa mesma reforma, o exequente passou a ser apenas legítimo portador das letras da reforma.*

Ac. RE, de 21.12.96 *in* BMJ, 461, p. 546

I – *O elemento fundamental da reforma de uma letra é a sua substituição por outra, o que poderá ser motivado por diversas circunstâncias como a amortização parcial do débito, o simples diferimento da data do vencimento, a alteração do montante, a intervenção de novos subscritores ou a eliminação de algum dos anteriores.*

II – A simples reforma não implica a extinção, por novação, da primitiva obrigação cambiária, sendo indispensável, para esse efeito, a alegação e prova de expressa ou inequívoca manifestação de vontade no sentido de se contrair uma nova obrigação em substituição da antiga.

III – Tal declaração negocial não se presume, designadamente se não houve restituição do título inicial ou se este contém alguma garantia especial não incluída no novo título. Também o facto de ter havido pagamento parcial de uma letra, acompanhado ou não de reforma ou da menção nela expressa, não lhe retira a força de título executivo.

Ac. STJ, de 26.03.96 in BMJ, 455, p. 522

Art. 40.º (Pagamento antes do vencimento e no vencimento)

O portador de uma letra não pode ser obrigado a receber o pagamento dela antes do vencimento.

O sacado que paga uma letra antes do vencimento fá-lo sob sua responsabilidade.

Aquele que paga uma letra no vencimento fica validamente desobrigado, salvo se da sua parte tiver havido fraude ou falta grave. É obrigado a verificar a regularidade da sucessão dos endossos, mas não a assinatura dos endossantes.

Art. 41.º (Moeda de pagamento)

Se numa letra se estipular o pagamento em moeda que não tenha curso legal no lugar do pagamento, pode a sua importância ser paga na moeda do país, segundo o seu valor no dia do vencimento. Se o devedor está em atraso, o portador pode, à sua escolha, pedir que o pagamento da importância da letra seja feito na moeda do país ao câmbio do dia do vencimento ou ao câmbio do dia do pagamento.

A determinação do valor da moeda estrangeira será feita segundo os usos do lugar de pagamento. O sacador pode, todavia, estipular que a soma a pagar seja calculada segundo um câmbio fixado na letra.

As regras acima indicadas não se aplicam ao caso em que o sacador tenha estipulado que o pagamento deverá ser efectuado numa certa moeda especificada (cláusula de pagamento efectivo numa moeda estrangeira).

Se a importância da letra for indicada numa moeda que tenha a mesma denominação mas valor diferente no país de emissão e no de pagamento, presume-se que se fez referência à moeda do lugar de pagamento.

Art. 42.º (Consignação em depósito)

Se a letra não for apresentada a pagamento dentro do prazo fixado no artigo 38.º, qualquer devedor tem a faculdade de depositar a sua importância junto da autoridade competente, à custa do portador e sob a responsabilidade deste.

CAPÍTULO VII – **Da acção por falta de aceite e falta de pagamento**

Art. 43.º (Direitos de acção do portador)

O portador de uma letra pode exercer os seus direitos de acção contra os endossantes, sacador e outros co-obrigados:
No vencimento:
Se o pagamento não foi efectuado.
Mesmo antes do vencimento:

1.º Se houver recusa total ou parcial de aceite;
2.º Nos casos de falência do sacado, quer ele tenha aceite, quer não, de suspensão de pagamentos do mesmo, ainda que não constatada por sentença, ou de ter sido promovida, sem resultado, execução dos seus bens;
3.º Nos casos de falência do sacador de uma letra não aceitável.

JURISPRUDÊNCIA:

I – Para que a emissão de letras de câmbio pelo devedor extinga a relação subjacente ou fundamental, substituindo-a pela obrigação cambiária, é necessário o consentimento do credor;
II – A emissão de letras de câmbio, em circunstâncias que revelam ter sido intenção das partes apenas facilitar ao credor a realização do seu crédito, constitui datio pro solvendo;

III – Numa tal situação, o credor, com vista à satisfação do seu crédito, pode optar pala acção cambiária ou pelo recurso à acção declarativa.

Ac. da RL, de 15.03.2007*in* www.dgsi.pt (proc. n.º 9848/06-6)

I – A posse da letra de câmbio é condição indispensável ao exercício do direito nela mencionado.
II – A fotocópia de uma letra, ainda que autenticada, não tem incorporada, como a própria letra, a obrigação cambiária.
III – O facto de alguém ser portador legítimo de uma letra deve traduzir--se pelo uso da própria letra, apresentando-a à execução.
IV – Não pode servir de fundamento à execução a fotocópia autenticada de uma letra, salvo ocorrência de caso de força maior, que torne impossível ao exequente o uso do original da letra.

Ac. RP, de 15.06.98 *in* CJ, Ano XXIII, Tomo III, p. 194

O portador de uma letra não pode instaurar execução mediante a junção de uma simples certidão daquele título.

Ac. RP, de 04.12.95 *in* BMJ, 452, p. 489

O portador de uma livrança não pode exercer os seus direitos de acção com a simples certidão ou fotocópia certificada da livrança.

Ac. RP, de 12.10.95 *in* BMJ, 450, p. 561

Só o original da letra pode ser accionado ou executado, e não uma sua cópia, autenticada ou não.

Ac. RL, de 10.11.94 *in* BMJ, 441, p. 388

A perda do direito de acção por falta de protesto, integra excepção peremptória de que o Tribunal não pode conhecer oficiosamente.

Ac. RE, de 09.12.93 *in* BMJ, 432, p. 451

I – As cópias de letra de câmbio, mesmo autenticadas, não podem, legalmente, servir de fundamento à execução.
II – No caso de existência de cópias a que se referem os artigos 67.º e 68.º da Lei Uniforme, só o portador do original, e não também o portador da cópia, pode reclamar o pagamento.
III – A posse da letra é condição indispensável ao exercício do direito nela mencionado e, por isso, os exequentes para efectivarem o seu

direito cambiário carecem de estar na posse da respectiva letra, não bastando a sua fotocópia, ainda que certificada pelo notário, pois que a fotocópia não tem incorporada, como a letra, a obrigação cambiária.

IV – Os exequentes asseguram a legitimidade das partes na acção, desde que eles próprios se identifiquem como titulares do direito subjectivo ao pagamento da quantia exequenda.

Ac. STJ, de 10.11.93 *in* BMJ, 431, p. 495

I – É princípio geral de direito cambiário o de que a posse da letra é condição indispensável ao exercício do direito nela mencionado e, por isso, o exequente para efectivar o direito cambiário deve estar de posse da letra, não bastando a sua fotocópia, ainda que certificada por notário.

II – Os exequentes, marido e mulher, asseguram a legitimidade das partes na acção executiva desde que se identifiquem como titulares do direito subjectivo ao pagamento da quantia pedida.

Ac. STJ, de 10.11.93 *in* CJ, Ano I, Tomo III, p. 127

Art. 44.º (Protesto por falta de aceite ou de pagamento)

A recusa de aceite ou de pagamento deve ser comprovada por um acto formal (protesto por falta de aceite ou falta de pagamento).

O protesto por falta de aceite deve ser feito nos prazos fixados para a apresentação ao aceite. Se, no caso previsto na alínea 1.ª do artigo 24.º, a primeira apresentação da letra tiver sido feita no último dia do prazo, pode fazer-se ainda o protesto no dia seguinte.

O protesto por falta de pagamento de uma letra pagável em dia fixo ou a certo termo de data ou de vista deve ser feito num dos dois dias úteis seguintes àquele em que a letra é pagável. Se se trata de uma letra pagável à vista, o protesto deve ser feito nas condições indicadas na alínea precedente para o protesto por falta de aceite.

O protesto por falta de aceite dispensa a apresentação a pagamento e o protesto por falta de pagamento.

No caso de suspensão de pagamentos do sacado, quer seja aceitante, quer não, ou no caso de lhe ter sido promovida, sem resultado, execução dos bens, o portador da letra só pode exercer o seu direito de acção após a apresentação da mesma ao sacado para pagamento e depois de feito o protesto.

No caso de falência declarada do sacado, quer seja aceitante, quer não, bem como no caso de falência declarada do sacador de uma letra não aceitável, a apresentação da sentença de declaração de falência é suficiente para que o portador da letra possa exercer o seu direito de acção.

JURISPRUDÊNCIA:

I – A recusa de pagamento das letras deve ser acompanhada por um acto formal – o protesto por falta de pagamento – o qual constitui um meio de prova de apresentação tempestiva a pagamento e um acto conservatório que, sendo a letra pagável em dia fixo, deve ocorrer num dos dois dias úteis seguintes aquele dia fixo (art. 44.º LULL).
Isto sob pena de o portador perder os direitos de acção contra os chamados "obrigados de regresso" – endossantes, sacador e outros obrigados (art. 53.º daquela Lei), de resto solidários com o aceitante (art. 47.º LULL).
Poderá, porém, o portador estar dispensado voluntariamente de operar o protesto quando no titulo é aposta a cláusula "sem defesas", "sem protesto" ou outra equivalente, e para além dos casos legais de dispensa (art. 43.º, 44.º e 54.º da LULL).
Todavia, relativamente ao aceitante, inexiste de todo a exigência daquele acto formal uma vez que, como obrigado principal, tal aceitante responde sempre pelo pagamento.
II – Sendo o regime jurídico das letras e livranças apenas alterável, em principio, mediante denúncia dos estados contratantes (art. 8.º da Convenção de Genebra de 07/06/30), tendo contudo vindo a entender-se que a alteração fundamental das circunstancias em que uma convenção internacional tenha sido concluída pode ser motivo da sua modificação unilateral por simples vontade dos estados contratantes manifestada em diploma interno, visto que a cláusula "rebus sic stantibus" tem natureza de norma costumeira do direito internacional – cfr. art. 44.º da Convenção de Viena de 23/05/69.
Foi o que ocorreu com o preceito da LULL relativo a juros – art.48.º, n.º 2 – por intermédio do DL. 262/83, de 16/06, onde se consagrou a regra de que a taxa de juros aplicável à LULL seria a taxa legal.
É que, sendo a inflação praticamente inexistente à data da convenção

que aprovou o regime, a taxa então fixada de 6% visava apenas o ressarcimento da perda de rendimento do capital por parte do credor. Assim, sendo notória a alteração de circunstâncias neste plano, essa alteração constitui motivo bastante para que qualquer estado signatário possa efectuar, por simples manifestação de vontade traduzida em diploma interno, as modificações que se impuserem. Daí a não violação de qualquer preceito constitucional, designadamente o relativo ao principio da receptação automática dos tratados e convenções internacionais (hoje no art. 8.º da CRP).

Ac. da RL, de 20.10.2000*in* www.dgsi.pt (proc. n.º 0072496)

I – *A recusa do pagamento de letra deve ser acompanhada por um acto formal e autêntico – protesto por falta de pagamento – que é não só um meio de prova, mas também um acto conservatório indispensável.*

II – *A falta de protesto atempado conduz à perda ou extinção da acção de regresso do portador, a menos que este esteja dispensado de o fazer, seja por motivo voluntário, seja por razão legal.*

III – *A falta de protesto, quando exigível, integra uma excepção peremptória, que, por se referir a direitos disponíveis, só pode operar desde que expressamente invocada pelo devedor cambiário.*

IV – *Na medida em que essa excepção não pode ser conhecida oficiosamente pelo tribunal, a petição executiva nunca pode ser liminarmente indeferida com fundamento na falta de protesto da letra.*

Ac. STJ, de 04.12.96 *in* CJ, Ano IV, Tomo III, p. 124

O portador de livrança não carece de a submeter a protesto por falta de pagamento para exercer os seus direitos de acção relativamente ao avalista do subscritor.

Ac. RL, de 09.11.95 *in* BMJ, 451, p. 494

I – *O prazo de dois dias para protesto por falta de pagamento das letras pagáveis em dia fixo só se inicia depois de decorridos os três dias em que estes títulos são pagáveis.*

II – *É constitucional o diferimento do termo do prazo de protesto consignado no art. 133.º n.º 3 do Cód. do Notariado (onde se prolonga por mais um dia o prazo fixado no art. 44.º da L.U.L.L.).*

Ac. RL, de 06.10.94 *in* CJ, Ano XIX, Tomo V, p. 100

Não é necessário o protesto da livrança por falta de pagamento para accionar o avalista do subscritor.

Ac. RP, de 19.05.94 *in* BMJ, 437, p. 586

I – Para o exercício da acção cambiária contra o obrigado principal – o aceitante – é desnecessário o protesto, bastando a apresentação do título a pagamento, na data do vencimento.
II – A expressão «outras despesas», constante do artigo 48.º, n.º 3, da Lei Uniforme sobre Letras e Livranças, não compreende o pagamento de honorários do mandatário.

Ac. RP, de 09.05.94 *in* BMJ, 437, p. 574

É desnecessário, relativamente ao avalista subscritor da livrança, o protesto por falta de pagamento.

Ac. RC, de 14.12.93 *in* BMJ, 432, p. 440

O protesto por falta de pagamento de uma livrança não é necessário para accionar o avalista do aceitante.

Ac. STJ, de 07.01.93 *in* BMJ, 423, p. 554

Art. 45.º (Aviso da falta de aceite ou de pagamento)

O portador deve avisar da falta de aceite ou de pagamento o seu endossante e o sacador dentro dos quatro dias úteis que se seguirem ao dia do protesto ou da apresentação, no caso de a letra conter a cláusula «sem despesas». Cada um dos endossantes deve, por sua vez, dentro dos dois dias úteis que se seguirem ao da recepção do aviso, informar o seu endossante do aviso que recebeu, indicando os nomes e endereços dos que enviaram os avisos precedentes, e assim sucessivamente até se chegar ao sacador. Os prazos acima indicados contam-se a partir da recepção do aviso precedente.

Quando, em conformidade com o disposto na alínea anterior, se avisou um signatário da letra, deve avisar-se também o seu avalista dentro do mesmo prazo de tempo.

No caso de um endossante não ter indicado o seu endereço, ou de o ter feito de maneira ilegível, basta que o aviso seja enviado ao endossante que o precede.

A pessoa que tenha de enviar um aviso pode fazê-lo por qualquer forma, mesmo pela simples devolução da letra.

Essa pessoa deverá provar que o aviso foi enviado dentro do prazo prescrito. O prazo considerar-se-á como tendo sido observado desde que a carta contendo o aviso tenha sido posta no correio dentro dele.

A pessoa que não der o aviso dentro do prazo acima indicado não perde os seus direitos; será responsável pelo prejuízo, se o houver, motivado pela sua negligência, sem que a responsabilidade possa exceder a importância da letra.

JURISPRUDÊNCIA:

I – A especificidade do regime decorrente da LULL, ou seja, a especificidade do direito cartular, enquanto "lei de circulação" própria do título, afasta os regimes gerais atinentes à eficácia da declaração negocial e da fixação do momento da constituição em mora. Vale aqui o regime próprio da Lei Uniforme.

II – A omissão do aviso por falta de aceite ou de pagamento – art.º 45.º LULL – não afecta o exercício do direito cartular por parte do portador legítimo.

II – O favorecedor numa letra ou livrança não pode opor ao portador que não foi parte na convenção de favor (que não foi o favorecido) a excepção de favor, enquanto ausência de intenção de saldar a obrigação cambiária.

Ac. da RC, de 17.04.2007 in www.dgsi.pt (proc. n.º 2086//07.7TBALM-A.C1)

Art. 46.º (Cláusula que dispensa o protesto)

O sacador, um endossante ou um avalista pode, pela cláusula «sem despesas», «sem protesto», ou outra cláusula equivalente, dispensar o portador de fazer um protesto por falta de aceite ou falta de pagamento, para poder exercer os seus direitos de acção.

Essa cláusula não dispensa o portador da apresentação da letra dentro do prazo prescrito nem tão-pouco dos avisos a dar. A prova da inobservância do prazo incumbe àquele que dela se prevaleça contra o portador.

Se a cláusula foi escrita pelo sacador, produz os seus efeitos em relação a todos os signatários da letra; se for inserida por um endossante ou por um avalista, só produz efeito em relação a esse endossante ou avalista. Se, apesar da cláusula escrita pelo sacador, o portador faz o protesto, as respectivas despesas serão de conta dele. Quando a cláusula emanar de um endossante ou de um avalista, as despesas do protesto, se for feito, podem ser cobradas de todos os signatários da letra.

Art. 47.º (Responsabilidade solidária dos signatários)

Os sacadores, aceitantes, endossantes ou avalistas de uma letra são todos solidariamente responsáveis para com o portador.
O portador tem o direito de accionar todas estas pessoas, individualmente ou colectivamente, sem estar adstrito a observar a ordem por que elas se obrigaram.
O mesmo direito possui qualquer dos signatários de uma letra quando a tenha pago.
A acção intentada contra um dos co-obrigados não impede de accionar os outros, mesmo os posteriores àquele que foi accionado em primeiro lugar.

JURISPRUDÊNCIA:

I – A responsabilidade do avalista não é subsidiária da do avalizado, é antes uma responsabilidade solidária, nos termos do artigo 47.º da Lei Uniforme sobre Letras e Livranças.
II – O dador do aval não pode valer-se perante o portador da livrança da defesa que compete ao avalizado e, portanto, não pode opor àquele a relação subjacente existente entre o mutuante, portador da livrança, e o mutuário, que a subscreveu.

Ac. RL, de 06.04.95 *in* BMJ, 446, p. 342

Art. 48.º (Direitos do portador contra o demandado)

O portador pode reclamar daquele contra quem exerce o seu direito de acção:
   1.º O pagamento da letra não aceite ou não paga, com juros se assim foi estipulado;

2.º Os juros à taxa de 6 por cento desde a data do vencimento.
3.º As despesas do protesto, as dos avisos dados e as outras despesas.

Se a acção for interposta antes do vencimento da letra, a sua importância será reduzida de um desconto. Esse desconto será calculado de acordo com a taxa oficial de desconto (taxa do Banco) em vigor no lugar do domicílio do portador à data da acção.

JURISPRUDÊNCIA:

I, II – (...)
III – As despesas com o desconto ou reforma de letras não devem ser consideradas como estritamente necessárias para o portador da letra fazer valer o seu direito e portanto não se devem considerar abrangidos pelo disposto no art. 48.º-3 da LULL.

Ac. da RL, de 18.01.2007 *in* CJ, Ano XXXII, Tomo I, p. 85

1.º – Sendo o título executivo uma livrança não pode o exequente pedir o pagamento dos juros acordados na relação subjacente à emissão dessa livrança.
2.º – Nas letras e livranças, emitidas e pagáveis em Portugal, é aplicável, aos juros moratórios, a taxa legal fixada para os juros civis e não a taxa fixada para os juros de mora respeitantes aos créditos de que sejam titulares empresas comerciais nem a taxa de 6% referida nos n.ºˢ 2 dos artigos 48º e 49.º da LULL.
3.º – Tendo o Tribunal recorrido decidido aplicar esta taxa de 6%, fica o Tribunal da Relação impedido de reduzir tal taxa para a de 4% (fixada para os juros civis), pois que o n.º4 do art. 684.º do C. P. Civil não permite que a posição do recorrente seja agravada por virtude do recurso por ele interposto.

Ac. da RG, de 26.04.2006 *in* www.dgsi.pt (proc. n.º 645/06-1)

I – Os artigos 48.º e 49.º da LULL não se aplicam às letras e livranças emitidas e pagas em Portugal, nos termos do artigo 4.º do Decreto-Lei n.º 262/83, de 16 de Junho, conjugado com a doutrina do Assento 4/92, de 17 de Fevereiro, publicado no DR I-A série, n.º 290 e BMJ 419, páginas 75 a 80.

II – Por força daquele normativo, confirmado pelo Assento, aplica-se aos juros moratórios das letras e livranças emitidas e pagas em Portugal o regime dos juros legais, previsto no artigo 559.º do código Civil, que neste momento, por força da Portaria n.º 263/99, de 12 de abril, são de 7%.

Ac. da RG, de 04.12.2002 *in* www.dgsi.pt (proc. n.º 984/02-2)

I – É de considerar como integrado no título executivo livrança o imposto de selo a incidir sobre os juros.
II – Por conseguinte, numa execução, tendo por base uma livrança, pode ser pedido o montante do imposto de selo sobre os juros vencidos e vincendos que integrem o respectivo crédito.

Ac. da RC, de 26.02.2002 *in* CJ, Ano XXVII, Tomo I, p. 39

I – Apresentada uma livrança à execução não pode ser pedido o pagamento dos juros acordados na relação subjacente à emissão dessa livrança, mas apenas os juros cambiários.
II – Não é possível cumular execuções contra vários executados se não existir uma relação de litisconsórcio, o que pressupõe uma unidade da relação material.

Ac. da RE, de 11.04.2000 *in* CJ, Ano XXV, Tomo II, p. 277

I – Sendo a causa de pedir uma relação cambiária, independentemente da relação subjacente ser comercial, os juros de mora legais são aqueles a que se refere a portaria resultante da aplicação do artigo 559 n.º 1 do CCIV.
II – No Decreto Lei 262/83 de 16/06 faz-se a distinção entre os juros legais que o portador das letras, livranças e cheques pode exigir (art. 4.º) e os que resultam da aplicação do artigo 2.º desse Decreto Lei e § 3.º do artigo 102 do Código Comercial, que são os juros de mora comerciais supletivos.

Ac. da RL, de 20.11.97 *in* www.dgsi.pt (proc. n.º 0046042)

I – São da responsabilidade do autor as despesas ocasionadas com a emissão das letras que substituíram os cheques iniciais, não se tendo provado que essa substituição foi proposta pelo réu.

Ac. da RP, de 06.10.97 *in* www.dgsi.pt (proc. n.º 9750735)

O assento n.º 4/92 não se aplica às letras de câmbio emitidas em França para serem pagas em Portugal, relativamente às quais vigorar, nos termos do artigo 48.º, n.º 2, da Lei Uniforme sobre Letras e Livranças, a taxa de juro de 6% ao ano.

Ac. RP, de 07.10.96 in BMJ, 460, p. 808

A taxa de 6% a que aludia o n.º 2 do artigo 48.º da Lei Uniforme sobre Letras e Livranças foi substituída, nos termos consagrados no assento n.º 4/92, pela taxa de juros legais emergente do artigo 559.º do Código Civil, e não pelos juros moratórios especiais a que se refere o § 3.º do artigo 102.º do Código Comercial.

Ac. RL, de 22.06.95 in BMJ, 448, p. 423

O imposto de selo que incide sobre os juros de mora do capital das letras e livranças está abrangido nas «outras despesas» indicadas no n.º 3 do art. 48.º da Lei Uniforme.

Ac. RC, de 29.11.94 in CJ, Ano XIX, Tomo V, p. 55

I – Numa execução, tendo por base uma livrança, não podem ser pedidos os juros remuneratórios do contrato de financiamento, que justificou a emissão da livrança.
II – Mas já pode ser pedido o montante do imposto de selo que incide sobre os juros dessa livrança.

Ac. RL, de 17.03.94, in CJ, Ano XIX, Tomo II, p. 89

I – As "outras despesas" aludidas no artigo 48 da Lei Uniforme relativa ás Letras e Livranças são as estritamente necessárias á efectivação do direito do portador das letras, as que estão relacionadas com o exigir-se o pagamento da letra o que não sucede com as despesas de reforma das letras.
II – Por "horas cessantes" entendem-se os benefícios que o lesado deixa de obter em consequência da lesão, isto é, correspondem aos prejuízos que lhe advieram por não ver aumentado, em consequência da lesão, o seu património.

Ac. da RL, de 21.01.93 in www.dgsi.pt (proc. n.º 0043576)

Nas letras e livranças emitidas e pagáveis em Portugal é aplicável, em cada momento, aos juros moratórios a taxa que decorre do disposto no artigo 4.º do Decreto-Lei n.º 262/83, de 16 de Junho, e não a prevista nos n.os 2 dos artigos 48.º e 49.º da Lei Uniforme sobre Letras e Livranças.

Assento STJ, n.º 4/92, de 17.12 in DR n.º 290, I-A, p. 5819 (13.07.92) e BMJ, 419, p. 75

Art. 49.º (Direitos de quem pagou)

A pessoa que pagou uma letra pode reclamar dos seus garantes:

1.º A soma integral que pagou;
2.º Os juros da dita soma, calculados à taxa de 6 por cento, desde a data em que a pagou;
3.º As despesas que tiver feito.

JURISPRUDÊNCIA:

I – Em princípio, os juros de mora das obrigações cambiárias são os juros legais previstos no artigo 559.º do Código Civil e portaria para que remete, por força do artigo 4.º do Decreto-Lei n.º 262/83.

II – Todavia, e se do próprio título – letra – constar que ela provém de uma relação mercantil – fornecimento de mercadorias da sacadora ao aceitante, com menção das respectivas facturas – nada obsta a que na respectiva execução e sendo a sacadora uma empresa comercial, peça ela os juros de mora supletivos a que alude o artigo 102.º, § 3.º, do Código Comercial, atinentes à obrigação subjacente.

Ac. RC, de 07.07.98 in BMJ, 479, p. 725

I – A taxa de juros moratórios aplicável numa letra emitida num país e pagável noutro, ambos signatários da Convenção de Genebra de 7 de Junho de 1930, que aprovou a Lei Uniforme sobre Letras e Livranças, é a de 6% prevista no artigo 49.º, n.º 2, da Lei Uniforme.

II – Tendo sido pedidos na acção executiva juros moratórios de acordo com o artigo 4.º do Decreto-Lei n.º 262/83, de 16 de Junho, verifica-se ineptidão do requerimento inicial a qual, todavia, apenas tem como consequência a rejeição do pedido de juros, na parte excedente à taxa a que a letra de câmbio exequenda dá legalmente direito.

Ac. RP, de 04.07.95 in BMJ, 449, p. 441

Art. 50.º (Direito à entrega da letra. Eliminação de endossos)

Qualquer dos co-obrigados, contra o qual se intentou ou pode ser intentada uma acção, pode exigir, desde que pague a letra, que ela lhe seja entregue com o protesto e um recibo.

Qualquer dos endossantes que tenha pago uma letra pode riscar o seu endosso e os dos endossantes subsequentes.

JURISPRUDÊNCIA:

> *O extravio culposo de uma letra pela instituição bancária a quem a mesma havia sido endossada para desconto, não confere, automaticamente, ao endossante, o direito de ser indemnizado pelo valor nela titulado, salvo se daí resultar impossibilidade de obter o seu pagamento da própria aceitante.*
>
> Ac. do STJ, de 06.12.2001 *in* CJ, Ano IX, Tomo III, p. 137

> *I – Se o Banco onde uma letra foi objecto de desconto não restituir a letra ao sacador que a veio a pagar, por incumprimento do aceitante, e, por lapso, a envia antes a este último, deve indemnizar o primeiro pelo prejuízo causado.*
>
> *II – O prejuízo a ressarcir equivale ao montante titulado pela letra, independentemente daquele sacador poder demonstrar, ou não, que em consequência da perda da letra ficou irremediavelmente impedido de obter o pagamento a que tinha direito por força da relação subjacente.*
>
> Ac. RC, de 02.11.99 *in* CJ, Ano XXIV, Tomo IV, p. 55

> *I – A restituição do título cambiário e a sua posse pelo devedor faz presumir o cumprimento, pelo que cabe à parte contrária provar o não pagamento.*
>
> *II – O recibo ou quitação não representa a única forma legal de prova de pagamento de letra.*
>
> Ac. RP, de 09.05.96 *in* CJ, Ano XXI, Tomo III, p. 195

Art. 51.º (Pagamento total no caso de aceite parcial)

No caso de acção intentada depois de um aceite parcial, a pessoa que pagar a importância pela qual a letra não foi aceite pode exigir que esse pagamento seja mencionado na letra e que dele lhe seja dada quitação. O portador deve, além disso, entregar a essa pessoa uma cópia autêntica da letra e o protesto, de maneira a permitir o exercício de ulteriores direitos de acção.

Art. 52.º (Direito de ressaque)

Qualquer pessoa que goze do direito de acção pode, salvo estipulação em contrário, embolsar-se por meio de uma nova letra (ressaque) à vista, sacada sobre um dos co-obrigados e pagável no domicílio deste.

O ressaque inclui, além das importâncias indicadas nos artigos 48.º e 49.º, um direito de corretagem e a importância do selo do ressaque.

Se o ressaque é sacado pelo portador, a sua importância é fixada segundo a taxa para uma letra à vista, sacada do lugar onde a primitiva letra era pagável sobre o lugar do domicílio do co-obrigado. Se o ressaque é sacado por um endossante, a sua importância é fixada segundo a taxa para uma letra à vista, sacada do lugar onde o sacador do ressaque tem o seu domicílio sobre o lugar do domicílio do co--obrigado.

Art. 53.º (Extinção do direito de acção)

Depois de expirados os prazos fixados:

para a apresentação de uma letra à vista ou a certo termo de vista;
para se fazer o protesto por falta de aceite ou por falta de pagamento;
para a apresentação a pagamento no caso da cláusula «sem despesas»;
o portador perdeu os seus direitos de acção contra os endossantes, contra o sacador e contra os outros co-obrigados, à excepção do aceitante.

Na falta de apresentação ao aceite no prazo estipulado pelo sacador, o portador perdeu os seus direitos de acção, tanto por falta de pagamento como por falta de aceite, a não ser que dos termos da estipulação se conclua que o sacador apenas teve em vista exonerar-se da garantia do aceite.

Se a estipulação de um prazo para a apresentação constar de um endosso, somente aproveita ao respectivo endossante.

JURISPRUDÊNCIA:

Na excepção prevista no artigo 53 da LULL não estão compreendidos os avalistas do aceitante das letras ou dos subscritores das livranças e isto porque todos são responsáveis da mesma maneira (artigo 32 da LULL).

Ac. da RL, de 23.05.96 *in* www.dgsi.pt (proc. n.º 0016156)

Art. 54.º (Prorrogação dos prazos por motivo de força maior)

Quando a apresentação da letra ou o seu protesto não puder fazer-se dentro dos prazos indicados por motivo insuperável (prescrição legal declarada por um Estado qualquer ou outro caso de força maior), esses prazos serão prorrogados.

O portador deverá avisar imediatamente o seu endossante do caso de força maior e fazer menção desse aviso, datada e assinada, na letra ou numa folha anexa; para o demais são aplicáveis as disposições do artigo 45.º.

Desde que tenha cessado o caso de força maior, o portador deve apresentar sem demora a letra ao aceite ou a pagamento, e, caso haja motivo para tal, fazer o protesto.

Se o caso de força maior se prolongar além de trinta dias a contar da data do vencimento, podem promover-se acções sem que haja necessidade de apresentação ou protesto.

Para as letras à vista ou a certo termo de vista, o prazo de trinta dias conta-se da data em que o portador, mesmo antes de expirado o prazo para a apresentação, deu o aviso do caso de força maior ao seu endossante; para as letras a certo termo de vista, o prazo de trinta dias fica acrescido do prazo de vista indicado na letra.

Não são considerados casos de força maior os factos que sejam de interesse puramente pessoal do portador ou da pessoa por ele encarregada da apresentação da letra ou de fazer o protesto.

CAPÍTULO VIII – Da intervenção

1. – Disposições gerais

Art. 55.º (Modalidades da intervenção)

O sacador, um endossante ou um avalista podem indicar uma pessoa para em caso de necessidade aceitar ou pagar.

A letra pode, nas condições a seguir indicadas, ser aceita ou paga por uma pessoa intervindo por um devedor qualquer contra quem existe direito de acção.

O interveniente pode ser um terceiro, ou mesmo o sacado, ou uma pessoa já obrigada em virtude da letra, excepto o aceitante.

O interveniente é obrigado a participar, no prazo de dois dias úteis, a sua intervenção à pessoa por quem interveio. Em caso de inobservância deste prazo, o interveniente é responsável pelo prejuízo, se o houver, resultante da sua negligência, sem que as perdas e danos possam exceder a importância da letra.

2. – Aceite por intervenção

Art. 56.º (Admissibilidade e efeitos do aceite por intervenção)

O aceite por intervenção pode realizar-se em todos os casos em que o portador de uma letra aceitável tem direito de acção antes do vencimento.

Quando na letra se indica uma pessoa para em caso de necessidade a aceitar ou a pagar no lugar do pagamento, o portador não pode exercer o seu direito de acção antes do vencimento contra aquele que indicou essa pessoa e contra os signatários subsequentes, a não ser que tenha apresentado a letra à pessoa designada e que, tendo esta recusado o aceite, se tenha feito o protesto.

Nos outros casos de intervenção, o portador pode recusar o aceite por intervenção. Se, porém, o admitir, perde o direito de acção antes do vencimento contra aquele por quem a aceitação foi dada e contra os signatários subsequentes.

Art. 57.º (Forma do aceite por intervenção)

O aceite por intervenção será mencionado na letra e assinado pelo interveniente. Deverá indicar por honra de quem se fez a intervenção; na falta desta indicação, presume-se que interveio pelo sacador.

Art. 58.º (Responsabilidade do aceitante por intervenção)

O aceitante por intervenção fica obrigado para com o portador e para com os endossantes posteriores àquele por honra de quem interveio da mesma forma que este.

Não obstante o aceite por intervenção, aquele por honra de quem ele foi feito e os seus garantes podem exigir do portador, contra o pagamento da importância indicada no artigo 48.º, a entrega da letra, do instrumento do protesto e, havendo lugar, de uma conta com a respectiva quitação.

3. – *Pagamento por intervenção*

Art. 59.º (Admissibilidade do pagamento por intervenção)

O pagamento por intervenção pode realizar-se em todos os casos em que o portador de uma letra tem direito de acção à data do vencimento ou antes dessa data.

O pagamento deve abranger a totalidade da importância que teria a pagar aquele por honra de quem a intervenção se realizou.

O pagamento deve ser feito o mais tardar no dia seguinte ao último em que é permitido fazer o protesto por falta de pagamento.

Art. 60.º (Apresentação aos intervenientes e protesto)

Se a letra foi aceita por intervenientes tendo o seu domicílio no lugar do pagamento, ou se foram indicadas pessoas tendo o seu domicílio no mesmo lugar para, em caso de necessidade, pagarem a letra, o portador deve apresentá-la a todas essas pessoas e, se houver lugar, fazer o protesto por falta de pagamento o mais tardar no dia seguinte ao último em que era permitido fazer o protesto.

Na falta de protesto dentro deste prazo, aquele que tiver indicado pessoas para pagarem em caso de necessidade, ou por conta de quem a letra tiver sido aceita, bem como os endossantes posteriores, ficam desonerados.

Art. 61.º (Efeito da recusa do pagamento por intervenção)

O portador que recusar o pagamento por intervenção perde o seu direito de acção contra aqueles que teriam ficado desonerados.

Art. 62.º (Prova do pagamento por intervenção)

O pagamento por intervenção deve ficar constatado por um recibo passado na letra, contendo a indicação da pessoa por honra de quem foi feito. Na falta desta indicação presume-se que o pagamento foi feito por honra do sacador.

A letra e o instrumento do protesto, se o houve, devem ser entregues à pessoa que pagou por intervenção.

Art. 63.º (Direito do interveniente que paga. Preferência entre os intervenientes)

O que paga por intervenção fica sub-rogado nos direitos emergentes da letra contra aquele por honra de quem pagou e contra os que são obrigados para com este em virtude da letra. Não pode, todavia, endossar de novo a letra.

Os endossantes posteriores ao signatário por honra de quem foi feito o pagamento ficam desonerados.

Quando se apresentarem várias pessoas para pagar uma letra por intervenção, será preferida aquela que desonerar maior número de obrigados. Aquele que, com conhecimento de causa, intervier contrariamente a esta regra, perde os seus direitos de acção contra os que teriam sido desonerados.

CAPÍTULO IX – Da pluralidade de exemplares e das cópias

1. – Pluralidade de exemplares

Art. 64.º (Saque por várias vias)

A letra pode ser sacada por várias vias.
Essas vias devem ser numeradas no próprio texto, na falta do que, cada via será considerada como uma letra distinta.
O portador de uma letra que não contenha a indicação de ter sido sacada numa única via pode exigir à sua custa a entrega de várias vias. Para este efeito o portador deve dirigir-se ao seu endossante imediato, para que este o auxilie a proceder contra o seu próprio endossante e assim sucessivamente até se chegar ao sacador. Os endossantes são obrigados a reproduzir os endossos nas novas vias.

Art. 65.º (Efeito do pagamento de uma das vias)

O pagamento de uma das vias é liberatório, mesmo que não esteja estipulado que esse pagamento anula o efeito das outras. O sacado fica, porém, responsável por cada uma das vias que tenham o seu aceite e lhe não hajam sido restituídas.
O endossante que transferiu vias da mesma letra a várias pessoas e os endossantes subsequentes são responsáveis por todas as vias que contenham as suas assinaturas e que não hajam sido restituídas.

Art. 66.º (Consequências do envio ao aceite de uma das vias)

Aquele que enviar ao aceite uma das vias da letra deve indicar nas outras o nome da pessoa em cujas mãos aquela se encontra. Essa pessoa é obrigada a entregar essa via ao portador legítimo doutro exemplar.

Se se recusar a fazê-lo, o portador só pode exercer o seu direito de acção depois de ter feito constatar por um protesto:

1. Que a via enviada ao aceite lhe não foi restituída a seu pedido;
2. Que não foi possível conseguir o aceite ou o pagamento de uma outra via.

2. – Cópias

Art. 67.º (Direito de obtenção de cópias)

O portador de uma letra tem o direito de tirar cópias dela.

A cópia deve reproduzir exactamente o original, com os endossos e todas as outras menções que nela figurem. Deve mencionar onde acaba a cópia.

A cópia pode ser endossada e avalizada da mesma maneira e produzindo os mesmos efeitos que o original.

JURISPRUDÊNCIA:

> *No caso de desaparecer o original da livrança apresentada como título executivo, não pode essa falta ser suprida pela junção aos autos da respectiva fotocópia, sendo necessário o recurso ao processo de reforma de títulos, previsto nos art. 1069.º e seg., do C.P.C..*
>
> Ac. da RL, de 29.10.2002 *in* CJ, Ano XXVII, Tomo IV, p. 104

> *I – A mera fotocópia de livrança, em regra, não vale como título executivo.*
> *II – Mas, se o portador da livrança estiver impossibilitado, sem culpa sua, de efectivar o seu direito, por não ter à sua mercê o respectivo original, uma vez que o mesmo se encontra junto ao outro processo, pode apresentar à execução uma pública-forma da livrança.*
> *III – Não ocorre esta situação excepcional se o original se perdeu após a sua apresentação em tribunal com o requerimento executivo.*
> *IV – Neste caso estamos perante uma falta de título, devendo o exequente accionar o processo especial de reforma de títulos.*
>
> Ac. da RL, de 11.12.2001 *in* CJ, Ano XXVI, Tomo V, p. 111

I – A posse da letra de câmbio envolve condição necessária para o exercício do direito nela integrada, em conexão com o princípio da incorporação, característico do regime cambiário.
II – Contudo, excepcionalmente, é justificado o uso de cópia autenticada da letra como título executivo, mesmo que a cópia não indique a pessoa em cuja posse se encontre o original, e desde que não haja quebra do princípio da boa-fé e da segurança devida ao devedor, quando se verifique a impossibilidade do exequente dispor do original por razões que lhe não sejam imputáveis.

Ac. do STJ, de 08.02.2001 *in* CJ, Ano IX, Tomo I, p. 100

I – Excepcionalmente, pode ser apresentada como título executivo fotocópia autenticada de letra de câmbio, desde que exista uma situação de força maior que impeça o seu portador de apresentar o original.
II – Uma dessas situações excepcionais é o original ter sido apresentado noutro processo, onde se encontra.

Ac. da RL, de 27.06.2000 *in* CJ, Ano XXV, Tomo III, p. 130

I – As cópias das letras exequendas, mesmo autenticadas, não podem legalmente servir de fundamento à execução embargada.
II – Segundo jurisprudência do Supremo Tribunal de Justiça, o portador de uma letra não pode exercer os seus direitos de acção, exibindo uma simples cópia do título.

Ac. do STJ, de 23.03.93 *in* www.dgsi.pt (proc. n.º 082936)

Art. 68.º (Requisitos das cópias)

A cópia deve indicar a pessoa em cuja posse se encontra o título original. Esta é obrigada a remeter o dito título ao portador legítimo da cópia.

Se se recusar a fazê-lo, o portador só pode exercer o seu direito de acção contra as pessoas que tenham endossado ou avalizado a cópia, depois de ter feito constar por um protesto que o original lhe não foi entregue a seu pedido.

Se o título original, em seguida ao último endosso feito antes de tirada a cópia, contiver a cláusula: «daqui em diante só é válido o

endosso na cópia» ou qualquer outra fórmula equivalente, é nulo qualquer endosso assinado ulteriormente no original.

CAPÍTULO X – Das alterações

Art. 69.º (Efeitos da alteração do texto da letra)

No caso de alteração do texto de uma letra, os signatários posteriores a essa alteração ficam obrigados nos termos do texto alterado; os signatários anteriores são obrigados nos termos do texto original.

CAPÍTULO XI – Da prescrição

Art. 70.º (Prazos de prescrição)

Todas as acções contra o aceitante relativas a letras prescrevem em três anos a contar do seu vencimento.

As acções do portador contra os endossantes e contra o sacador prescrevem num ano, a contar da data do protesto feito em tempo útil, ou da data do vencimento, se se trata de letra contendo a cláusula «sem despesas».

As acções dos endossantes uns contra os outros e contra o sacador prescrevem em seis meses a contar do dia em que o endossante pagou a letra ou em que ele próprio foi accionado.

JURISPRUDÊNCIA:

   I – *O título executivo, exprime uma prova de primeira aparência, o que, contudo, não significa que o direito aparentemente nele incorporado exista.*
   II – *O título executivo é condição indispensável para o exercício da acção executiva, mas a causa de pedir na acção, não é o próprio documento, mas a relação substantiva que está na base da sua emissão, ou seja, o direito plasmado no título, pressupondo a execução o incumprimento de uma obrigação de índole patrimonial, seja ela pecuniária ou não.*

III) – *Sendo o a letra de câmbio tal, como o cheque e a livrança, um título abstracto, não constando dele, por isso, a causa da obrigação que esteve na base da sua emissão, apenas pode servir de título executivo, como documento particular assinado pelo devedor, se o exequente, no requerimento executivo, invocar, expressamente, a relação subjacente que esteve na base da respectiva emissão e alegar qual a relação jurídico-negocial que esteve na base da emissão do título (relação fundamental).*

IV) – *A mera alusão apenas no documento junto com o requerimento executivo – uma letra de câmbio – a "transacção comercial" – é insuficiente para se considerar que o exequente alegou na petição executiva o negócio extracartular, por tal menção não consentir conclusão sobre se a transacção comercial constituía ou não negócio jurídico formal.*

Ac. do STJ, de 05.07.2007 *in* www.dgsi.pt (proc. n.º 07A1999)

I. Prevalecendo-se o exequente da obrigação cambiária, declarada prescrita, e verificada a omissão da relação subjacente, não podem as letras, como meros quirógrafos, constituir títulos executivos, nos termos da al. c) do 46.º do CPC.

II. O endosso das letras deixa de relevar quando estas perdem as características de títulos de crédito.

III. O reconhecimento unilateral da dívida opera apenas no âmbito das relações imediatas.

Ac. da RL, de 19.10.2006 *in* www.dgsi.pt (proc. n.º 7465/2006-6)

1. No domínio das relações imediatas, a letra prescrita é válida como título executivo contra o aceitante, porque relativamente a este contém a promessa duma prestação ou o reconhecimento duma dívida perante o credor (artigo 458.º, n.º 1 do Código Civil).

2. Vale como causa de pedir na acção executiva, cujo título é uma letra prescrita, a menção nela de que o valor se refere a transacção comercial.

Ac. da RC, de 27.06.2006 *in* www.dgsi.pt (proc. n.º 755/06)

I – *Nos termos do § 1.º do art.º 70.º da LULL, todas as acções contra o aceitante relativas a letras e livranças prescrevem em três anos a contar do seu vencimento.*

II – É jurisprudência uniforme que a citação efectuada para além do 5.º dia após aquele em que for requerida não é imputável ao respectivo requerente quando a demora é devida a motivos de índole processual, de organização judiciária, negligência do tribunal ou dos seus funcionários, dolo do devedor, acumulação de serviço ou outras circunstâncias anómalas.

III – Quando a demora na citação resulte da não conjugação dos preceitos da lei de custas, de processo e de organização judiciária com as normas substantivas, o conflito deve solucionar-se no sentido da prevalência destas, sem que tal não conjugação possa imputar-se aos que requerem a citação.

IV – Verificando-se que a citação do executado ocorreu mais de um ano depois da instauração da execução, por razões de natureza processual relacionadas com o novo regime da acção executiva (já que nesta a citação do executado só acontece depois de realizada a penhora, cuja efectivação pode ser demorada), a causa da não citação dentro dos cinco dias subsequentes não é imputável ao exequente, devendo considerar-se interrompida a prescrição nos termos do art.º 323.º, n.º 2, do C. Civ.

Ac. da RC, de 13.06.2006 *in* www.dgsi.pt (proc. n.º 1471/06)

A livrança prescrita apenas pode valer como título executivo enquanto documento particular consubstanciando a obrigação subjacente desde que não seja emergente de negócio formal e a sua causa seja invocada no requerimento de execução, de modo a poder ser impugnada pelo executado.

Ac. da RL, de 21.04.2005 *in* www.dgsi.pt (proc. n.º 9012/2004-8)

A letra de câmbio prescrita não constitui título executivo como documento particular contra os avalistas da mesma.

Ac. da RP, de 01.03.2005 *in* www.dgsi.pt (proc. n.º 0520778)

I – Em face da nova redacção dada à citada alínea c), do n.1, do artigo 46, é admissível que a letra – bem como os cheques e livranças – mesmo não constituindo título cambiário, possa servir de título executivo, enquanto mero documento particular, desde que obedeça aos requisitos mencionados na citada alínea.

II – E esses requisitos passam pela verificação nesse tipo de documentos da assinatura do devedor, pela constituição ou reconhecimento de obrigações e que estas se reportem ao pagamento de quantia certa ou determinável por simples cálculo aritmético, à entrega de coisas móveis ou à prestação de facto.

Ac. da RP, de 01.07.2004 *in* www.dgsi.pt (proc. n.º 0433048)

É de considerar feita a prova de exequibilidade dos documentos a que se reporta o artigo 50.º, CPC, quando o exequente exige letras e livranças subscritas em rigorosa conformidade com as cláusulas da escritura e que titulem o financiamento bancário de que o devedor haja efectivamente beneficiado, mesmo que as livranças ou letras já não sejam títulos executivos por haverem prescrito.

Ac. do STJ, de 25.11.2002 *in* www.dgsi.pt (proc. n.º 02B4357)

I – *Prescrita a obrigação cambiária, os documentos particulares só valem como títulos executivos se, além de constar uma ordem de pagamento de uma quantia determinada ou determinável, deles constar também a razão de ordem de pagamento, qualquer referência identificadora da origem da mesma, porque só assim se pode demonstrar que se constituiu ou reconheceu uma obrigação pecuniária.*

II – *O título executivo tem de constituir ou certificar a existência da obrigação pecuniária, demonstrando, por si só, que se constituiu ou reconheceu tal obrigação.*

III – *O título executivo, pela sua qualidade de pressuposto específico da acção executiva, representa o meio indispensável que o credor terá de utilizar para assegurar o tribunal da existência do seu direito de crédito, pelo que é o título executivo que autoriza a execução, na medida em que atesta ou certifica a existência do direito do exequente.*

VI – *Não contendo as letras dadas à execução a razão de ordem de pagamento, fica-se sem saber qual a origem das mesmas, pelo que falta um requisito indispensável para que possam valer como títulos executivos.*

V – *Os títulos cambiários – in casu, as letras – como quirógrafos e só por si, sem indicação da razão da ordem de pagamento, não comprovam a obrigação subjacente.*

Ac. da RC, de 30.10.2002 *in* www.dgsi.pt (proc. n.º 1537/2002)

I – *Na actual versão do CPC (95/96) prescrita a obrigação cartular constante de uma letra dada à execução, poderá, ainda assim esta última valer como título executivo, enquanto documento particular consubstanciando a obrigação subjacente.*

II – Todavia, para que tal aconteça, necessário se torna que, no requerimento inicial da execução, o exequente invoque logo a respectiva causa da obrigação.

III – Se não fizer a aludida invocação, naquela altura, vedado está ao exequente vir fazê-lo, mais tarde, na pendência do processo, por tal implicar uma alteração da causa de pedir.

Ac. do STJ, de 30.01.2001 *in* CJ, Ano IX, Tomo I, p. 85

I – A prescrição é um instituto de ordem pública por via do qual o decurso de um prazo fixado na lei opera a modificação da obrigação civil em obrigação natural.

II – Não há nela, ao contrário do que se passa na caducidade, um prazo peremptório para o exercício do direito.

III – Declarada a nulidade de compensação de créditos subsistem as obrigações respectivas nos termos do art. 856.º do CC.

IV – Antes dessa declaração de nulidade, e visto antes se ter operado a compensação, que projecta a extinção das duas obrigações, ocorre um caso, não de suspensão, mas de impossibilidade de prescrição.

V – A suspensão da prescrição funda-se em que, nos casos como tal previstos, as pessoas ficam ou devem ficar impossibilitadas de agir.

VI – Se a soma de tempo entre o vencimento de uma obrigação cambiária de avalistas e a declaração de compensação, por um lado, e a data da declaração da nulidade da compensação e a data da propositura da acção cambiária, por outro, não atingir os três anos, não opera a prescrição da obrigação cambiária.

Ac. do STJ, de 06.07.2000 *in* CJ, Ano VIII, Tomo II, p. 155

I – Prescrita a obrigação cambiária ou a acção de letra, livrança ou cheque, sempre esses títulos são providos de eficácia executiva relativamente à obrigação causal como qualquer outro documento particular, assinado pelo devedor, que importe a constituição ou reconhecimento de obrigações pecuniárias, cujo montante seja determinado ou determinável nos termos do art.º 805.º, desde que invocada a causa debendi pelo exequente.

II – Cabendo às partes alegar os factos que integram a causa de pedir e aqueles em que se baseiam as excepções, não cabe ao juiz substituir--se à parte na causa de pedir, mas apenas convidar a parte a suprir as insuficiências ou imprecisões na exposição ou concretização da matéria de facto alegada e pertinente à causa de pedir eleita pela parte.

IV – Assim, tendo a exequente recorrido à execução cambiária fundada em letras, baseada na obrigação abstracta, literal e autónoma incorporada nesses títulos e não tendo alegado o facto constitutivo da obrigação causal, não podem aquelas revestir eficácia executiva relativamente à obrigação fundamental, devendo proceder a excepção que invoque a prescrição da obrigação cambiária.

Ac. da RC, de 23.05.2000 in www.dgsi.pt (proc. n.º 680/2000)

Tendo a execução por base não a livrança mas sim a escritura da constituição de hipoteca, sendo esta, por conseguinte, o título executivo, não é invocável a prescrição para o direito de acção com base em livrança vencida e não paga.

Ac. STJ, de 04.05.99 in BMJ, 487, p. 237

No caso de as letras, invocadas como título executivo, estipularem o pagamento em dólares americanos, e não tiver sido afastada expressamente a possibilidade de o devedor pagar em moeda nacional, a forma de processo executivo própria é a execução para pagamento de quantia certa.

Ac. RP, de 22.02.99 in BMJ, 484, p. 440

É admissível a instauração de execução para pagamento de quantia certa, com base em fotocópia autenticada de letra de câmbio, extraída de execução pendente contra outro devedor, conforme aos artigos 387.º, n.º 1, do Código Civil e 67.º a Lei Uniforme sobre Letras, Livranças e Cheques.

Ac. STJ, de 15.12.98 in BMJ, 482, p. 181

Os modelos normalizados de livranças criados pelas portarias emanadas em execução do artigo 118.º do Regulamento do Imposto do Selo – na redacção do artigo 1.º do Decreto-Lei n.º 387-G/87, de 30 de Dezembro – não revestem a natureza de requisito essencial nos termos e para os efeitos dos artigos 75.º e 76.º da Lei Uniforme sobre Letras e Livranças.

Não deixa, pois, de valer como livrança e de constituir o título executivo tipificado no artigo 46.º, alínea c), do Código de Processo

Civil, pelo facto de haver sido exarado em impresso de letras, um escrito provido de todos os requisitos enunciados no citado artigo 75.º.

Ac. STJ, de 03.12.98 *in* BMJ, 482, p. 250

I – Embora a fotocópia autenticada de uma letra de câmbio tenha a força probatória do original, tal cópia não pode, em princípio, servir de título executivo, por a posse da letra ser condição indispensável do exercício do direito nela mencionado.

II – Todavia, nos casos excepcionais em que se prove ser impossível a utilização do original, deve considerar-se a existência de caso de força maior justificativo do uso da fotocópia autenticada.

Ac. RP, de 15.06.98 *in* BMJ, 478, p. 453

I – Dada à execução uma letra e alegada pelo executado e verificada a sua prescrição, não mais pode ter força executiva como «letra».

II – Pode, porém, servir ainda de título executivo como documento particular assinado pelo devedor se do título constar a causa da relação jurídica subjacente.

Ac. RP, de 02.06.98 *in* BMJ, 478, p. 459

A acção do avalista contra o avalizado (subscritor da livrança) prescreve no prazo de 3 anos.

Ac. RC, de 21.02.95 *in* BMJ, 444, p. 719

I – A letra não vale como título executivo relativamente à pessoa cujo nome nela não figura nem nela teve qualquer intervenção.

II – Instaurada execução contra o avalista e o cônjuge não subscritor do título, procedem os embargos de executado deduzidos por este último, ainda que o regime de bens seja o da comunhão geral.

Ac. RP, de 18.12.95 *in* BMJ, 452, p. 490

I – A prescrição das acções cambiárias do portador contra o sacador é interrompida pelo reconhecimento do direito, efectuado perante o respectivo titular por parte daquele contra quem o direito pode ser exercido.

II – Se o executado, após as datas do vencimento das letras, sempre se mostrou disponível junto do detentor das mesmas, para proceder ao pagamento delas, fazendo pedidos de prazo para a sua liquidação, ou alegando impossibilidade momentânea para o fazer, reconheceu inequivocamente o direito do credor.

Ac. do STJ, de 28.04.94 *in* www.dgsi.pt (proc. n.º 084833)

I – *Para que as letras de câmbio revistam força de título executivo, exige-se que retenham as condições mínimas estabelecidas na alínea c) última parte do artigo 46.º do Código de Processo Civil para a exequibilidade dos escritos particulares inominados, ou seja, que demonstrem uma obrigação de pagamento e estejam assinados pelo devedor.*
II – *A falta de algum deste requisitos, mormente a falta de assinatura do pretenso devedor, inutiliza fatalmente a letra como título executivo, tornando-a inexequível, que conduz ao indeferimento in limine do respectivo requerimento inicial. E que constitui também fundamento legal de embargos nos termos dos artigos 813.º, alínea a), e 815.º, n.º 1, do código citado.*

Ac. RE, de 01.04.93 *in* BMJ, 426, p. 550

As cópias ou fotocópias autenticadas das letras não podem servir de fundamento à execução.

Ac. STJ, de 23.03.93 *in* CJ, Ano I, Tomo II, p. 27

I – *O disposto no art. 311.º, n.º 1 do Cód. Civil, pelo qual o direito reconhecido por sentença passada em julgado fica sujeito ao prazo ordinário de prescrição, é aplicável às obrigações cambiárias.*
II – *Esse prazo é invocável não só pelo portador da letra, autor da acção de condenação, como por um dos condenados naquela sentença, na acção de regresso exercida contra outro.*

Ac. STJ, de 02.02.93 *in* CJ, Ano I, Tomo I, p. 112

Sendo uma livrança omissa quanto à data do seu vencimento considera-se como livrança à vista, pagável à sua apresentação só se contando a partir desta o prazo de prescrição de três anos aludido no artigo 70 da Lei Uniforme relativa às Letras e Livranças.

Ac. da RL, de 17.12.92 *in* www.dgsi.pt (proc. n.º 0050976)

Tendo o portador de letras de câmbio proposto acção declarativa contra o respectivo aceitante, para obter a sua condenação a pagar--lhe o capital e os juros delas, com o trânsito em julgado da sentença, que condenou tal aceitante no pedido, inicia-se novo prazo prescricional, agora o ordinário, de vinte anos.

Ac. da RL, de 15.12.92 *in* www.dgsi.pt (proc. n.º 0061501)

Art. 71.º (Beneficiários da interrupção da prescrição)

A interrupção da prescrição só produz efeito em relação à pessoa para quem a interrupção foi feita.

JURISPRUDÊNCIA:

I – O processo de reforma de títulos tem como objectivo apenas a reconstituição dos mesmos.
II – Em tal processo não há que discutir a validade e eficácia do título.
III – Em processo de embargos de executado pode discutir-se a prescrição dos títulos reformados.
IV – Prescritos os títulos antes de instaurada a acção de reforma dos mesmos não há lugar a suspensão ou interrupção do prazo prescricional, já que tal prazo se havia esgotado.

Ac. RL, de 07.12.95 *in* CJ, Ano XX, Tomo V, p. 138

Por força do disposto no artigo 71.º da Lei Uniforme sobre Letras e Livranças, aplicável por via do seu artigo 78.º, a interrupção da prescrição da obrigação cambiária contra o subscritor de uma livrança não produz efeito em relação ao respectivo avalista.

Assento STJ n.º 5/95, de 28.03.95 *in* DR n.º 117/95, I-B, p. 3125, de 20.05.95 e BMJ, 445, p. 52

É aplicável ao avalista o disposto no artigo 71.º da Lei Uniforme (e, por isso, a interrupção de prescrição quanto ao subscritor da livrança não vale contra o respectivo avalista).

Ac. RC, de 28.09.93 *in* BMJ, 429, p. 897

I – O prazo de prescrição das acções do portador da letra contra o sacador está sujeito ao instituto da interrupção, nos termos dos arts. 323.º e sgts. do C. Civil.

II – A interrupção só pode dar-se por facto que actue sobre o prazo em curso enquanto a renúncia só é admitida depois de haver decorrido o prazo prescricional.

III – Por isso, uma declaração não datada não tem eficácia interruptiva da prescrição já que, de outra forma, nunca seria possível afirmar que aquele prazo foi interrompido por aquele acto.

Ac. RC, de 12.01.93 *in* CJ, Ano XVIII, Tomo I, p. 21

CAPÍTULO XII – Disposições gerais

Art. 72.º (Prorrogação de prazos que findam em dia feriado)

O pagamento de uma letra cujo vencimento recai em dia feriado legal só pode ser exigido no seguinte primeiro dia útil. Da mesma maneira, todos os actos respeitantes a letras, especialmente a apresentação ao aceite e o protesto, somente podem ser feitos em dia útil.

Quando um desses actos tem de ser realizado num determinado prazo, e o último dia desse prazo é feriado legal, fica o dito prazo prorrogado até ao primeiro dia útil que se seguir ao seu termo.

Art. 73.º (Contagem do prazo)

Os prazos legais ou convencionais não compreendem o dia que marca o seu início.

Art. 74.º (Inadmissibilidade de dias de perdão)

Não são admitidos dias de perdão, quer legal, quer judicial.

TÍTULO II – DA LIVRANÇA

Art. 75.º (Requisitos da livrança)

A livrança contém:

1. A palavra «livrança» inserta no próprio texto do título e expressa na língua empregada para a redacção desse título;
2. A promessa pura e simples de pagar uma quantia determinada;
3. A época do pagamento;
4. A indicação do lugar em que se deve efectuar o pagamento;
5. O nome da pessoa a quem ou à ordem de quem deve ser paga;
6. A indicação da data em que e do lugar onde a livrança é passada;
7. A assinatura de quem passa a livrança (subscritor).

JURISPRUDÊNCIA:

I – Se, numa acção de execução cujo título executivo é uma livrança, o executado deduzir embargos pedindo que seja declarada extinta a obrigação cartular invocada na execução, por a mesma ter sido substituída pela obrigação de pagamento do saldo devedor de uma conta de depósito à ordem, é nula, por condenar em objecto diverso do peticionado, a sentença que, julgando os embargos procedentes, declarou extinta a obrigação cartular representada pela livrança e acrescentou que a obrigação de pagamento do saldo devedor da conta de depósito titulada pelo embargante foi estornada desvinculando o embargante.

II – O aumento do saldo devedor de conta bancária à ordem por força da inscrição na conta de obrigação cambiária (livrança) da qual o banco é o credor, em princípio só acarreta a extinção da obrigação cambiária se o saldo vier a ser coberto por créditos que aí forem inscritos.

III – Não tendo o titular da conta diligenciado pelo depósito de valores que permitissem extinguir a dívida cambiária, podia o banco, credor da obrigação cambiária, anular, por estorno, o movimento contabilístico traduzido na inscrição da obrigação cambiária na conta e posteriormente reclamar o pagamento da obrigação cambiária por meio de execução.

Ac. da RL, de 15.03.2007 *in* www.dgsi.pt (proc. n.º 10579/06-2)

I – *Faltando à livrança algum dos requisitos referidos no artigo 75.º da Lei Uniforme sobre Letras e Livranças, mas incorporando, pelo menos, uma assinatura que tenha sido feita com a intenção de contrair uma obrigação cambiária – livrança em branco –, é imprescindível o seu preenchimento para que possam ocorrer os seus efeitos típicos.*

II – *O preenchimento deverá fazer-se de harmonia com o contrato de preenchimento – que pode ser expresso ou estar implícito no negócio subjacente à emissão do título, contemporâneo ou posterior à aquisição do título –, coincidente com o acto pelo qual as partes ajustam os termos em que deverá definir-se a obrigação cambiária, designadamente, a fixação do seu montante, as condições relativas ao seu conteúdo, o tempo do vencimento, a sede de pagamento, a estipulação do juros.*

III – *Para salvaguardar o objectivo de segurança na circulação do título cambiário, importa que o conteúdo, a extensão e a modalidade da obrigação assumida sejam os objectivados na declaração cambiária – quod non est in cambio non est in mundo. Porém, não entrando, o título em circulação e sendo os sujeitos cambiários concomitantemente os da relação fundamental (relações imediatas) são oponíveis, nas relações entre o subscritor da promessa de pagamento e o beneficiário ou entre este e os avalistas, que também subscreveram o pacto de preenchimento, as excepções fundadas na obrigação causal ou fundamental.*

Ac. da RE, de 01.03.2007 *in* www.dgsi.pt (proc. n.º 268/06-3)

1) A obrigação cambiária constitui-se mesmo antes do preenchimento total da livrança, bastando a assinatura de pelo menos um obrigado cambiário, sendo, contudo, fundamento da lide executiva o titulo preenchido, com os elementos do artigo 75 da Lei Uniforme LL.

2) No domínio das relações imediatas – isto é, enquanto a livrança não é detida por alguém estranho às relações extra-cartulares – o executado pode opôr ao exequente a excepção de incumprimento do pacto de preenchimento, geradora de preenchimento abusivo.

3) Como excepção de direito material, o preenchimento abusivo deve ser alegado e provado pelo embargante em processo de embargos de

executado, cumprindo ao embargante demonstrar que a aposição de data e montante foram feitas de forma arbitrária e ao arrepio do acordado.
4) O contrato de preenchimento pode ser expresso ou estar implícito no negócio subjacente à emissão do título, podendo ser contemporâneo ou posterior à aquisição pelo exequente.
5) Se o avalista subscreveu o acordo de preenchimento, pode apor ao portador a excepção de preenchimento abusivo, estando o título no âmbito das relações imediatas.

Ac. do STJ, de 14.12.2006 *in* www.dgsi.pt (proc. n.º 06A2589)

I. Livrança em branco é aquela a que falta algum ou alguns dos requisitos essenciais mencionados no art.º 75º da LULL, destinando--se, normalmente, a ser preenchida pelo seu adquirente imediato ou posterior sendo a sua aquisição/entrega acompanhada de atribuição de poderes para o seu preenchimento, o denominado «acordo ou pacto de preenchimento».
II. Esse acordo pode ser expresso – quando as partes estipularam certos termos em concreto – ou tácito – por se encontrar implícito nas cláusulas do negócio subjacente à emissão do título.
III. O título deverá ser preenchido de harmonia com tais estipulações ou cláusulas negociais, sob pena de vir a ser considerado tal preenchimento como «abusivo».
IV. O ónus da prova desse preenchimento abusivo impende, nos termos do artigo 342º n.º 2 do C.Civil, sobre o obrigado cambiário, por se tratar de facto impeditivo, modificativo ou extintivo do direito emergente do titulo de crédito.
V. Os meros avalistas, porque não sujeitos materiais da relação contratual (relação subjacente), não podem opor ao portador da livrança a excepção do preenchimento abusivo do título (conf. art.º 17º da LULL).
VI. O aval representa um acto cambiário que desencadeia uma obrigação independente e autónoma de honrar o título, ainda que só caucione outro co-subscritor do mesmo – princípio da independência do aval (art.º 32.º, aplicável "ex-vi" do art.º 77.º ambos da LULL).
VII. Para accionar o avalista do aceitante (ou, no caso da livrança, o avalista do subscritor) não é necessário proceder ao protesto, uma vez que o avalista, embora subsidiariamente, se vincula da mesma forma que o aceitante.

Ac. do STJ, de 11.11.2004 *in* www.dgsi.pt (proc. n.º 04B3453)

I – *A livrança em branco pode definir-se como sendo aquela a que falta algum dos requisitos indicados no art. 75 da Lei Uniforme sobre Letras e Livranças, mas que incorpora, pelo menos, uma assinatura que tenha sido feita com intenção de contrair uma obrigação cambiária.*

Ac. do STJ, de 09.11.2004 *in* www.dgsi.pt (proc. n.º 05A1086)

I – *A utilização de modelo que não corresponde ao modelo normalizado das livranças não reveste a natureza de requisito essencial (artigos 75.º e 76.º da Lei Uniforme sobre Letras e Livranças).*
II – *No caso de ser apresentado como título executivo livrança, com indicação em escudos, porque emitida quando era essa a moeda com curso legal, o princípio comunitário da continuidade dos contratos e instrumentos jurídicos constante do artigo 3.º do Regulamento (CE) n.º 1103/97, do Conselho, de 17 de Junho de 1997, impõe que o título seja validamente reconhecido, operando-se a sua conversão em euros de harmonia com a taxa de conversão fixada conforme artigo 14. do Regulamento (CE) n.º 974/98 do Conselho de 3 de Maio de 1998.*
III – *O dador do aval é responsável da mesma maneira que a pessoa por ele afiançada, o que significa que a medida da responsabilidade do avalista é a do avalizado, impondo-se ao avalista o acordo de preenchimento do título concluído entre subscritor e portador; ou seja, o avalista, enquanto tal, não é sujeito da relação jurídica existente entre o portador e o subscritor da livrança, é sujeito, isso sim, da relação subjacente ao acto cambiário do aval.*
IV – *Os embargantes, na sua qualidade de meros avalistas, não podem opor à entidade bancária, portadora do título, a excepção de preenchimento abusivo do título.*

Ac. da RL, de 21.09.2006 *in* www.dgsi.pt (proc. n.º 5455/2006-8)

1. O facto de a livrança não estar assinada pelo gerente da executada, atendendo a que quem a subscreveu foram os sócios representativos da totalidade do capital social da mesma, impede que a sociedade possa opor à invalidade da livrança, não só porque não provou que o conhecimento da forma de obrigar por parte da embargada, mas sobretudo, porque, ao subscrever a livrança a sociedade (através dos seus sócios representativos da totalidade do capital), assumiu a obrigação.

2. *O direito de invocar a invalidade formal da livrança por parte de quem a ajudou a gerar, é violador do princípio da boa fé e configura uma situação de abuso de direito.*

Ac. da RL, de 12.05.2005 *in* www.dgsi.pt (proc. n.º 1626/2005-6)

I – A reforma de uma livrança envolve a substituição de uma livrança vencida e não paga por outra de igual valor ou inferior, para novo prazo de vencimento, não determinando, como regra, a novação da obrigação incorporada, mas simples "datio pro solvendo", sem qualquer modificação da relação causal.
II, III – (...)

Ac. da RP, de 02.06.2005 *in* CJ, Ano XXX, Tomo III, p. 178

1 – Sendo a livrança um título formal, cuja validade obedece a determinados requisitos definidos pela própria lei, distinguem-se entre requisitos ou menções essenciais, condição de existência ou de eficácia e não essenciais. Só a falta de um ou mais dos requisitos essenciais do título, tem como consequência a sua nulidade, não produzindo efeito como letra ou livrança.
2 – Quando a modificação constante do título contende com as razões determinantes da sua forma e com as suas características, de segurança e de uniformidade, é de concluir que não pode ser considerado título cambiário. Doutra forma estar-se-ia a violar o princípio da literalidade dos títulos cambiários, que significa essencialmente que o conteúdo global da obrigação cambiária é o que a declaração respectiva revela; estar-se-ia a quebrar a imperatividade das normas jurídicas e pôr em causa a segurança do comércio jurídico.
3 – Só podem servir de base à execução os documentos particulares, assinados pelo devedor, que importem constituição ou reconhecimento de obrigações pecuniárias, cujo montante seja determinado ou determinável nos termos do artigo 805.º do CPC. Não indicando a Apelante a origem da dívida, verifica-se que a "livrança" foi ajuizada apenas em função da sua mera abstracção, pelo que não podemos atribuir às assinaturas apostas no lugar do aceite o sentido de reconhecerem a obrigação de pagamento de quantia determinada, ou seja, a assinatura dos "aceitantes" não pode valer como reconhecimento de dívida, para efeitos do disposto no art. 458.º do CC.

Ac. da RL, de 17.02.2005 *in* www.dgsi.pt (proc. n.º 9795/2004-6)

I – Se os gerentes de uma sociedade comercial reconhecem como suas as assinaturas apostas numa livrança, bem como a assinatura, nessa qualidade, para obrigarem a sociedade, como subscritora, não invalida o título o facto de sobre as assinaturas ter sido aposto um carimbo em que a denominação social é ligeiramente diferente da que efectivamente lhe cabe.

II – Em tal caso o que há é erro de denominação social, que não justifica a anulação do negócio, mas tão só a rectificação do erro.

Ac. da RP, de 28.03.2001 *in* CJ, Ano XXVI, Tomo II, p. 194

I – A livrança não perde o seu valor quando, composta por escrito de duas folhas, a assinatura do subscritor consta apenas na segunda (artigo 75.º da Lei Uniforme sobre Letras e Livranças).

II – Tal título, ainda que não respeite o modelo e o formato do impresso imposto nos termos do IRS e fixado pelas Portarias n.º 142/88, de 4 de Março, n.º 545/88, de 12 de Agosto, e n.º 233/89, de 27 de Março, não deixa de ser uma livrança, uma vez que reúne os requisitos essenciais previstos no artigo 75.º da Lei Uniforme sobre Letras e Livranças, não havendo qualquer razão para lhe recusar a qualidade de título executivo da dívida que nela está incorporada. Sucede isto porque aquele modelo e formato são meras formalidades de carácter fiscal inseridas no regime do imposto do selo.

Ac. RL, de 27.01.98 *in* BMJ, 473, p. 552

I – Vale como livrança o título em que se diz: "Aos 30 dias de Junho de 1989 pagará V. Ex.ª por esta via de letra a nós ou à nossa ordem a quantia, aliás livrança, ao Banco P. Atlântico, ou à sua ordem a quantia de onze milhões de escudos".

II – A livrança é uma garantia autónoma, não podendo o avalista invocar em sua defesa os meios pessoais do avalizado, a não ser os que redundam em falta de causa do próprio título (v.g. o pagamento).

III – A falta de apresentação da livrança a pagamento não prejudica a acção contra o subscritor e avalista. Resulta apenas a exigibilidade de juros.

IV – Celebrado entre uma firma e o banco um contrato de abertura de crédito e caucionado o pagamento do montante a utilizar por uma livrança subscrita pela firma avalizada pelos sócios, com data de *emissão a preencher pelo banco, a responsabilidade da avalista persiste não obstante deixarem de ser sócios.*

Sentença do Juiz do Tribunal de Círculo de Tomar, de 12.05.97 *in* CJ, Ano XXII, Tomo III, p. 299

I – O impresso de letra, onde seguidamente à palavra "letra" foi aposta a expressão "aliás livrança", vale juridicamente como livrança, contendo, embora de modo formalmente incorrecto requisito essencial – art. 75 e 76 da LULL – de promessa de pagar.
II – É assim irrelevante que naquele impresso não se tenha substituído a expressão de "pagará V. Exma." por "pagarei a V. Exma.".

Ac. da RL, de 09.01.97 *in* www.dgsi.pt (proc. n.º 0007422)

I – A forma das obrigações contraídas em matéria de letras e livranças é regulada pela lei do país em cujo território essas obrigações tenham sido assumidas;
II – A LULL não contém qualquer preceito que regule a forma, modelo, impressão e cores que há-de revestir o documento comprovativo da livrança;
III – O modelo uniforme de livrança passou a ser de utilização obrigatória em Portugal e vem referido na Portaria n. 545/88, de 12 de Agosto.

Ac. da RL, de 23.04.96 *in* www.dgsi.pt (proc. n.º 0093661)

I – O modelo uniforme da livrança é de utilização obrigatória em Portugal.
II – Não contendo a L.U.L.L. qualquer preceito que regule a forma, modelo, impressão e cores que hão-de revestir o documento comprovativo da livrança isso só pode significar que não entendeu dever considerar tal questão como essencial; daí cada Estado contratante poderá determinar essas questões na sua legislação nacional.
III – Pelo que o Estado Português ao proceder a tal regulamentação não alterou as disposições da L.U.L.L., nem agiu de modo inconstitucional.

Ac. RL, de 23.04.96 *in* CJ, Ano XXI, Tomo II, p. 113

I – A livrança é um título de crédito que incorpora uma promessa pura e simples de pagar uma quantia determinada, enquanto que a letra constitui um mandato puro e simples de pagar uma quantia determinada.

II – A livrança, enquanto negócio jurídico formal, deve ser interpretada nos termos dos artigos 236.º e 238.º do Código Civil, podendo nomeadamente, por força do n.º 2 deste último preceito, valer com um sentido que não tenha um mínimo de correspondência no respectivo texto, se ele corresponder à vontade real das partes e as razões determinantes da forma se não opuserem a tal validade.

III – É de considerar como livrança, nessa medida relevando como título executivo, o título, emitido no contexto dum contrato de empréstimo sob a forma de abertura de crédito em conta corrente, e constituído por um impresso privado para letra de câmbio, no qual as partes inseriram a expressão «aliás livrança», sem todavia, terem substituído a fórmula «pagará V. Ex.ª» por «pagarei a V. Ex.ª».

IV – O abuso de direito traduz-se numa situação em que o direito se exerce em termos claramente ofensivos da justiça ou quando, com esse exercício, se ofende claramente o sentimento jurídico dominante.

V – Não pode constituir abuso de direito a opção por uma das soluções possíveis duma questão controvertida.

Ac. STJ, de 30.01.96 *in* BMJ, 453, p. 509

I – A alteração da data de emissão de livrança, por declaração assinada pelo subscritor no verso do título, não afecta a validade deste e tem como única consequência a de os signatários anteriores à alteração serem obrigados nos termos do texto original.

II – Não é necessário protesto para o portador de livrança accionar o avalista do subscritor de uma livrança ou do aceitante de uma letra.

III – Tomar conhecimento de uma conduta (saber se ela ocorreu) ou consentir nela (dar-lhe anuência ou acordo) são puros actos de percepção e de declaração da vontade, que se integram na área da matéria de facto.

IV – A existência de prestação do consentimento ao cônjuge para assinar uma livrança é pura matéria de facto.

V – O disposto no artigo 1691.º, n.º 1, alínea a) do Código Civil aplica-se a dívidas de qualquer natureza, sendo irrelevantes as circunstâncias de a dívida ser ou não comercial ou de dela resultar ou não proveito para o casal, pelo que também a dívida de favor, designadamente a derivada de aval, está abrangida por essa disposição.

Ac. STJ, de 23.03.93 *in* BMJ, 425, p. 573

Art. 76.º (Consequência da falta de requisitos)

O escrito em que faltar algum dos requisitos indicados no artigo anterior não produzirá efeito como livrança, salvo nos casos determinados nas alíneas seguintes.

A livrança em que se não indique a época do pagamento será considerada pagável à vista.

Na falta de indicação especial, o lugar onde o escrito foi passado considera-se como sendo o lugar do pagamento e, ao mesmo tempo, o lugar do domicílio do subscritor da livrança.

A livrança que não contenha indicação do lugar onde foi passada considera-se como tendo-o sido no lugar designado ao lado do nome do subscritor.

JURISPRUDÊNCIA:

> 1. *A livrança que incorpora, pelo menos, uma assinatura com intenção de contrair uma obrigação cambiária, que é entregue ao credor, constitui uma livrança incompleta, por apenas conter os requisitos mínimos formais exigidos. Transforma-se numa livrança em branco quando lhe são acrescentados os requisitos materiais, ou seja, quando o subscritor dá ao credor autorização para o seu preenchimento e a entrega ao tomador.*
> 2. *Quando a livrança é emitida em branco a obrigação cambiária por ela titulada considera-se constituída desde o momento da sua assinatura e entrega. Porém, a sua eficácia fica dependente do seu preenchimento, no momento do vencimento.*
> 3. *Pese embora a livrança em branco não pressupor, necessariamente, um prévio contrato de preenchimento, já quando este existe o preenchimento da livrança em branco tem de realizar-se dentro dos limites e termos ajustados.*
> 4. *Face ao princípio de direito que a estabilidade dos contratos e de outros instrumentos jurídicos não é prejudicada pelo aparecimento de uma moeda nova, a introdução do euro não teve por efeito alterar qualquer termo previsto num instrumento jurídico, em que a livrança se traduz, não sendo necessário redenominar os instrumentos jurídicos que ainda contenham referências às antigas unidades monetárias nacionais, para assegurar a respectiva validade.*
>
> Ac. da RC, de 11.07.2006 *in* www.dgsi.pt (proc. n.º 1998/06)

I – A discriminação dos factos provados não pode ser feita por remissão para certo documento junto aos autos. Há que especificar e individualizar os factos, através da interpretação e fixação do sentido do conteúdo dos documentos. A apontada deficiência deve ser suprida pelo tribunal ad quem, nos termos do art. 713.º n.º 2 do C.P.C..
II – Relativamente a idêntica acção anterior, não se verifica na nova acção a excepção do caso julgado, se a primeira terminou por decisão de absolvição da instância e por isso não houve apreciação do mérito do pedido.
III – Ao intentar-se acção executiva com fundamento em livrança, onde não havia qualquer data de vencimento, aquela passou a ser verdadeira livrança paga à vista, nos termos do art. 76.º da Lei Uniforme.
IV – Devendo considerar-se como vencida a livrança executada em 26 de Junho de 1980 – (como resulta da primeira execução terminada por absolvição da instância) – é abusiva a aposição na mesma livrança da data de 28 de Janeiro de 1995.
V – Consequentemente e atento o prazo de um ano, findo o prazo da interdição – (art. 34.º ex vi do art. 77.º da Lei Uniforme) –, previsto na lei para accionar a livrança em causa, há muito se verificara a prescrição daquele prazo, pelo que, procedendo os embargos se verifica a extinção da execução.

Ac. RL, de 26.03.98 *in* CJ, Ano XXIII, T. II, p. 114

Celebrado e reduzido a escrito um contrato de empréstimo entre o Estado Português e um particular, no âmbito do programa «Cifre», e subscrita pelo devedor uma livrança de montante igual à quantia mutuada, com a data de vencimento em branco – tratou-se de uma «dação pro solvendo» -, vence-se a mesma, nas relações imediatas, na data que o credor fixar ao abrigo do estipulado naquele contrato.

Ac. RL, de 07.07.93 *in* BMJ, 429, p. 864

I – Celebrado um contrato de empréstimo, sob a forma de abertura de crédito, e subscrita em cumprimento do mesmo uma livrança de montante igual ao da quantia mutuada, com a data de vencimento em branco, não se deve concluir desde logo que esta é pagável à vista.
II – Ao invés:
  – Porque se pretendeu garantir, por via executiva, como resulta do contrato, o que se mostrasse em dívida, espraiando-se a obrigação, vencível em prestações, por vários anos;

Porque no domínio das relações imediatas deixam de funcionar, nas obrigações cartulares, os princípios da literalidade, abstracção e autonomia; e

– *Porque a livrança em que falta a indicação da época de pagamento só é pagável à vista se no contrato de preenchimento assim ficar convencionado (o que no caso não acontece), há-de entender-se que a mesma não tem aqui que ser apresentada a pagamento no prazo de uma ano, bem podendo tal acontecer depois quando o mutuante, por incumprimento das obrigações por parte do mutuário (obrigação fundamental), rescindir o contrato e fixar nessa altura a data do vencimento da livrança, o que foi comunicado por carta.*

Ac. RL, de 24.06.93 *in* BMJ, 428, p. 662

I – *Uma coisa é a relação subjacente ou causal e outra a obrigação cambiária a que deu origem.*
II – *Atenta tal independência, o vencimento de uma livrança há-de determinar-se segundo os preceitos da respectiva Lei Uniforme.*
III – *Sendo o título omisso quanto à data de vencimento, há-de considerar-se livrança à vista, pagável à sua apresentação, momento a partir do qual começa a correr o prazo de prescrição de 3 anos relativamente ao seu subscritor.*

Ac. RL, de 17.12.92 *in* BMJ, 422, p. 418

A livrança em que não se indica a época de pagamento será considerada pagável à vista, vencendo-se no próprio dia da apresentação a pagamento, segundo a vontade do portador.

Ac. RL, de 03.12.92 *in* BMJ, 422, p. 418

Nas relações imediatas as partes podem invocar acordo extra-cartular por onde se prove que foi fixado, embora não tenha chegado a ser referido no título, vencimento diferente do resultante da norma supletiva do artigo 76 da Lei Uniforme relativa às letras e livranças, cuja presunção só é absoluta no domínio das relações mediatas.

Ac. da RL, de 19.12.91 *in* www.dgsi.pt (proc. n.º 0037896)

Art. 77.º (Disposições aplicáveis)

São aplicáveis às livranças, na parte em que não sejam contrárias à natureza deste escrito, as disposições relativas às letras e respeitantes a:

Endosso (arts. 11.º a 20.º);
Vencimento (arts. 33.º a 37.º);
Pagamento (arts. 38.º a 42.º);
Direito de acção por falta de pagamento (arts. 43.º a 50.º e 52.º a 54.º);
Pagamento por intervenção (arts. 55.º e 59.º a 63.º);
Cópias (arts. 67.º e 68.º);
Alterações (art. 69.º);
Prescrição (arts. 70.º e 71.º);
Dias feriados, contagem de prazos e interdição de dias de perdão (arts. 72.º a 74.º)

São igualmente aplicáveis às livranças as disposições relativas às letras pagáveis no domicílio de terceiro ou numa localidade diversa da do domicílio do sacado (arts. 4.º e 27.º), a estipulação de juros (art. 5.º), as divergências nas indicações da quantia a pagar (art. 6.º), as consequências da oposição de uma assinatura nas condições indicadas no artigo 7.º, as da assinatura de uma pessoa que age sem poderes ou excedendo os seus poderes (art. 8.º) e a letra em branco (art. 10.º).

São também aplicáveis às livranças as disposições relativas ao aval (arts. 30.º a 32.º); no caso previsto na última alínea do artigo 31.º, se o aval não indicar a pessoa por quem é dado, entender-se-á ser pelo subscritor da livrança.

Art. 78.º (Responsabilidade do subscritor. Livranças a termo de vista)

O subscritor de uma livrança é responsável da mesma forma que o aceitante de uma letra.

As livranças pagáveis a certo termo de vista devem ser presentes ao visto dos subscritores nos prazos fixados no artigo 23.º. O termo de vista conta-se da data do visto dado pelo subscritor. A recusa do subscritor a dar o seu visto é comprovada por um protesto (art. 25.º), cuja data serve de início ao termo de vista.

JURISPRUDÊNCIA:

I – Emitida em Portugal uma livrança em que o subscritor designa como aplicável a lei alemã, não funciona o reenvio que esta determina para a lei portuguesa.
II – Intentada a execução em Portugal, é pela lei portuguesa que se afere a exequibilidade do título.
III – Constando o título de duas folhas, a assinatura do subscritor não tem que constar também da primeira.
IV – É de conhecimento oficioso a questão da verificação dos requisitos formais do título.
V – As exigências de forma constantes da regulamentação do imposto de selo são simples formalidades de carácter fiscal que não podem afectar a validade e a eficácia da livrança.

Ac. RL, de 27.01.98 *in* CJ, Ano XXIII, Tomo I, p. 95

A nulidade da subscrição de uma livrança, em virtude de se ter omitido no título que o signatário age como gerente da sociedade subscritora, repercute-se no aval dado à sociedade subscritora, que não subsiste.

Ac. RP, de 27.10.97 *in* BMJ, 470, p. 678

I – Se uma livrança se funda em relação extra-cartular fundamentada em despedimento de operário, despedimento em litígio em Tribunal e com decisão ainda não transitada, tal livrança é judicialmente inexigível.
II – Porém, se o fundamento da execução é o facto de as livranças se encontrarem vencidas e não pagas, a embargante não afastou este facto e nem sequer o alegou nos embargos, as mesmas são exigíveis o que conduz à improcedência dos embargos.

Ac. RL, de 22.04.97 *in* CJ, Ano XXII, Tomo II, p. 113

NORMAS RELATIVAS AO MODELO E CARACTERÍSTICAS DA EMISSÃO DE LETRAS E LIVRANÇAS
(Portaria 28/2000, de 27.01)

Aprova os novos modelos de letras e livranças e o modelo de requisição, de emissão particular, previsto no n.º 7 do artigo 30.º do Código de Imposto do Selo.

Portaria n.º 28/2000, de 27 de Janeiro[1]

Em consequência da entrada em vigor do Código do Imposto do Selo, aprovado pela Lei n.º 150/99, de 11 de Setembro, e respectiva Tabela Geral, resulta a abolição definitiva da forma de arrecadação do imposto do selo por meio de papel selado, ainda subsistente na espécie de papel para letras, e a sua substituição por meio de guia.

Torna-se, pois, necessário adequar a esta realidade os modelos das letras e livranças.

Assim:

Manda o Governo, pelo Ministro das Finanças, em conformidade com o disposto no n.º 2 do artigo 30.º do Código do Imposto do Selo, aprovado pela Lei n.º 150/99, de 11 de Setembro, o seguinte:

1.º (Modelos das letras)

–As letras serão dos modelos anexos a esta portaria, com as seguintes características técnicas:

1.1. Formato – os modelos de letras têm o formato normalizado de 211 mm x 102 mm.

---

[1] As epígrafes não constam do texto oficial.

1.2 – Texto:

1.2.1 – Os modelos de letras têm um texto geral, disposto da forma indicada nos anexos I a IV, nos termos seguintes:

   a) Num sector superior, com a área de 211 mm x 86 mm, as seguintes indicações:
Local e data de emissão (ano, mês, dia); importância, em escudos ou em euros, consoante o caso; saque n.º ...; outras referências; vencimento (ano, mês, dia); valor; «No seu vencimento, pagará(ão) V. Ex.ª(s) por esta única via de letra a ...»; local de pagamento/domiciliação, NIB (número de identificação bancária); assinatura do sacador; número de contribuinte do sacado; aceite n.º ...; nome e morada do sacado; numeração sequencial, referida nos n.ᵒˢ 6 e 8 do artigo 30.º do Código do Imposto do Selo, descrita na alínea d), e, junto à margem esquerda, centrada e em posição vertical, a indicação «Aceite»;

   b) No canto inferior direito, limitado entre o espaço reservado ao nome e morada do sacado e a margem direita:
A designação, em letra reduzida, sem o respectivo logótipo, da entidade fabricante dos impressos;

   c) Num sector inferior, com a área de 211 mm x 16 mm, a indicação seguinte:
«Imposto do selo pago por meio de guia»; valor do imposto do selo correspondente ao valor da letra, da moeda em que este se encontra expresso, e da data em que o imposto é liquidado;

   d) O número sequencial referido na alínea a) corresponde ao número com que a letra ficará registada na escrita da enti-dade liquidadora do imposto do selo, devendo obedecer à seguinte estrutura: 9 dígitos correspondentes ao número de identificação fiscal da tipografia produtora do impresso, 2 dígitos correspondentes aos 2 últimos dígitos do ano de produção do impresso, 6 dígitos correspondentes ao número sequencial no ano indicado nos 2 dígitos anteriores, 1 dígito de controlo (módulo 11) dos 8 dígitos imediatamente anteriores, num total de 18 dígitos numéricos.

1.2.2 – Nas letras oficialmente editadas, avulsas, os modelos têm, como adicional ao descrito no n.º 1.2.1 e disposto da forma indicada nos anexos I e III, o seguinte texto:

Nome e morada do sacador e respectivo número de contribuinte, cuja inserção poderá ser feita por qualquer tipo de impressão ou através de carimbo.

1.2.3 – Nas letras de emissão particular, privativa dos sacadores, para preenchimento, quer manual, quer por computador, os modelos têm, como adicional ao descrito no n.º 1.2.1 e disposto da forma indicada nos anexos II e IV, o seguinte texto:

Na área definida para o efeito, apresentada nos anexos II e IV, designada «Zona reservada ao emissor/sacador», em caracteres bem salientes: O nome, designação social, iniciais e ou logótipo das pessoas, sociedades e ou entidades emissoras/sacadoras, a sua residência ou sede e o seu número de contribuinte.

1.3 – Impressão:

1.3.1 – Os modelos de letras, conforme os n.os 1.2.1, 1.2.2 e 1.2.3, têm o fundo geral de segurança, cobrindo o sector superior, com as dimensões de 211 mm x 86 mm, o texto geral, conforme o n.º 1.2.1, e o texto adicional, conforme os n.os 1.2.2 e 1.2.3, impressos em offset.

1.3.2 – Nos modelos de letras em euros, o símbolo desta moeda será impresso com as dimensões e localização apresentadas nos anexos III e IV.

1.4 – Cores:

1.4.1 – Os modelos de letras em escudos (anexos I e II) têm as seguintes cores:

a) Fundo geral de segurança, em azul,
b) Texto geral, segundo o n.º 1.2.1, e texto adicional, segundo o n.º 1.2.2, em preto;
c) Texto adicional, segundo o n.º 1.2.3, em cor de acordo com escolha da entidade emissora/sacadora.

1.4.2 – Os modelos de letras em euros (anexos III e IV) têm as seguintes cores:

a) Fundo geral de segurança, em azul;
b) Texto geral, segundo o n.º 1.2.1, e texto adicional, segundo o n.º 1.2.2, em preto;
c) Texto adicional, segundo o n.º 1.2.3, em cor de acordo com escolha da entidade emissora/sacadora;
d) Símbolo do euro, conforme o n.º 1.3.2, em cor azul-escura ou preta, contrastante com o fundo.

1.5 – Tintas – os modelos de letras, quer oficialmente editadas, conforme os n.os 1.2.1 e 1.2.2, quer de emissão particular, conforme os n.os 1.2.1 e 1.2.3, têm o fundo geral impresso em tinta litográfica de segurança anti-rasura, devendo a mesma ser compatível com a utilização de tecnologias de tratamento de imagem, nomeadamente o reconhecimento inteligente de caracteres.

1.6 – Papel – os modelos de letras, conforme o n.º 1.2, devem ser impressos em papel branco, liso, com gramagem contida entre 85 g/m2 e 95 g/m2.

2.º (Modelos das livranças)

–As livranças para preenchimento, quer manual, quer por computador, serão dos modelos anexos a esta portaria, com as seguintes características técnicas:

2.1 – Formato – os modelos de livrança têm o formato normalizado de 211 mm x 102 mm.

2.2 – Texto – os modelos de livrança têm um texto geral e um texto adicional, dispostos da forma indicada nos anexos V e VI, contendo:

2.2.1 – Texto geral:

a) Num sector superior, com a área de 211 mm x 86 mm, as seguintes indicações:
Local e data de emissão (ano, mês, dia); importância, em escudos ou em euros, consoante o caso; valor; vencimento (ano, mês, dia); «No seu vencimento, pagarei(emos), por esta única via de livrança a ... ou à sua ordem, a quantia de ...»; livrança n.º ...; assinatura(s) do(s) subscritor(es); local de pagamento /domiciliação (banco/ localidade), NIB (número de identificação bancária); nome e morada do(s) subscritor(es) e numeração sequencial, descrita na alínea c);

b) Num sector inferior, com a área de 211 mm x 16 mm, a indicação seguinte:
«Imposto do selo pago por meio de guia»; valor do imposto do selo correspondente ao valor da livrança, da moeda em que este se encontra expresso, e da data em que o imposto é liquidado;

c) O número sequencial referido na alínea a) corresponde ao número com que a livrança ficará registada na escrita da instituição de crédito ou sociedade financeira liquidadora do imposto do selo, devendo obedecer à seguinte estrutura: 9 dígitos correspondentes ao número de identificação fiscal da tipografia produtora do impresso, 2 dígitos correspondentes aos 2 últimos dígitos do ano de produção do impresso, 6 dígitos correspondentes ao número sequencial no ano indicado nos 2 dígitos anteriores, 1 dígito de controlo (módulo 11) dos 8 dígitos imediatamente anteriores, num total de 18 dígitos numéricos.

2.2.2 – Texto adicional:

a) Num sector superior esquerdo:
A designação, iniciais e ou logótipo da entidade emissora/tomadora, cuja inserção poderá ser feita por qualquer tipo de impressão ou através de carimbo;

b) No canto inferior direito, limitado entre o espaço reservado ao nome e morada do subscritor e a margem direita: A designação, em letra reduzida, sem o respectivo logótipo, da entidade fabricante dos impressos.

2.3 – Impressão:
2.3.1 – Os modelos de livranças têm o fundo geral de segurança, cobrindo o sector superior, com as dimensões de 211 mm x 86 mm, e o texto geral, conforme referido no n.º 2.2.1, ambos impressos em offset.
2.3.2 – No modelo de livrança em euros, o símbolo desta moeda será impresso com as dimensões e localização apresentadas no anexo VI.
2.4 – Cores:
2.4.1 – Os modelos de livranças (anexos V e VI) têm o fundo geral de segurança e texto, conforme o n.º 2.2, em cores diferentes entre livranças em euros e em escudos, de acordo com a escolha da entidade emissora ou tomadora.
2.4.2 – Símbolo do euro, conforme o n.º 2.3.2, em cor azul-escura ou preta, contrastante com o fundo.
2.5 – Tintas – os modelos de livranças têm o fundo geral impresso em tinta litográfica de segurança anti-rasura, devendo a mesma ser compatível com a utilização de tecnologias de tratamento de imagem, nomeadamente o reconhecimento inteligente de caracteres.
2.6 – Papel – os modelos de livranças devem ser impressos em papel branco, liso, com gramagem contida entre 85 g/m2 e 95 g/m2.

3.º (Impressão das letras de emissão particular)

– A impressão de letras de emissão particular só poderá ser efectuada nas tipografias que forem autorizadas a imprimir documentos de transporte, nos termos do Decreto-Lei n.º 45/89, de 11 de Fevereiro, sendo-lhes consequentemente aplicáveis, com as necessárias adaptações, as normas e os procedimentos previstos no citado diploma.

4.º (Autorização de impressão)

– Salvo manifestação de vontade em contrário, ficam autorizadas a imprimir letras de emissão particular todas as tipografias que, até à data da publicação da presente portaria, já se encontravam autorizadas a imprimir documentos de transporte e ainda aquelas cuja autorização derivou de pedido formulado até à mesma data.

5.º (Modelo de requisição)

– É aprovado o modelo de requisição, de emissão particular, previsto no n.º 7 do artigo 30.º do Código do Imposto do Selo, que faz parte integrante da presente portaria, constituindo o anexo VII.

6.º (Entrada em vigor)

– A adopção dos novos modelos de letras e livranças ocorrerá na data da entrada em vigor do Código do Imposto do Selo. Os impressos de letras e livranças ainda existentes e que não obedeçam aos requisitos definidos na presente portaria, incluindo os modelos anteriores aos aprovados pela Portaria n.º 1042/98, de 19 de Dezembro, poderão ser utilizados até 30 de Junho de 2000 ou, neste último caso e relativamente às letras seladas, até à data da entrada em vigor do citado Código.

7.º (Devolução de letras seladas pelas entidades autorizadas a revender valores selados)

– Deverá a Direcção-Geral dos Impostos tomar todas as medidas de forma que as entidades autorizadas a revender valores selados possam, durante o mês seguinte à data da entrada em vigor do Código do Imposto do Selo, devolver as letras seladas não vendidas à tesouraria da Fazenda Pública onde as adquiriram, para serem pagas a dinheiro, desde que se encontrem em bom estado de conservação e não mostrem quaisquer sinais ou indícios susceptíveis de fundamentarem a presunção de terem sido falsificadas.

8.º (Devolução de letras seladas pelas restantes entidades)

– Nos mesmos prazos e termos a definir conforme o disposto no número anterior e desde que as letras seladas se encontrem em bom estado de conservação e não mostrem quaisquer sinais ou indícios susceptíveis de fundamentarem a presunção de terem sido falsificadas, as restantes entidades que as possuam em seu poder poderão devolvê-las à tesouraria da Fazenda Pública onde foram adquiridas, para serem pagas a dinheiro, sendo prova suficiente da sua autenticidade a apresentação do recibo de aquisição.

9.º (Devolução à Imprensa Nacional – Casa da Moeda)

– As letras seladas existentes à data da entrada em vigor do Código do Imposto do Selo, incluindo as referidas nos n.os 7 e 8, deverão ser devolvidas pelos tesoureiros da Fazenda Pública à Imprensa Nacional--Casa da Moeda, durante o 2.º mês seguinte àquela data.

10.º (Legislação revogada)

– São revogadas, a partir da data da entrada em vigor do Código do Imposto do Selo, as Portarias n.os 709/81, de 20 de Agosto, e 1042/98, de 19 de Dezembro.

O Secretário de Estado dos Assuntos Fiscais, *Manuel Pedro da Cruz Baganha*, em 30 de Dezembro de 1999.

ANEXO I

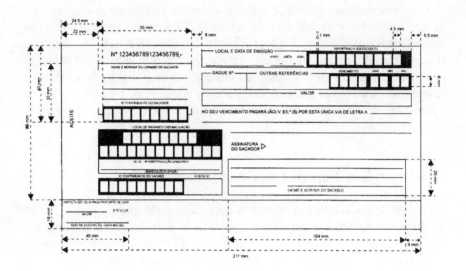

ANEXO II

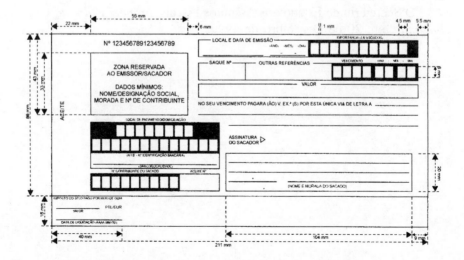

ANEXO III

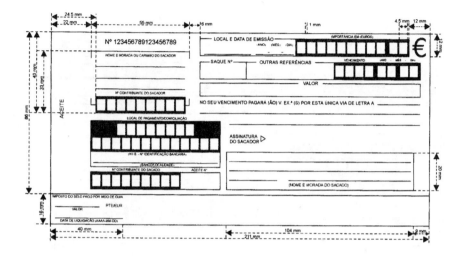

ANEXO IV

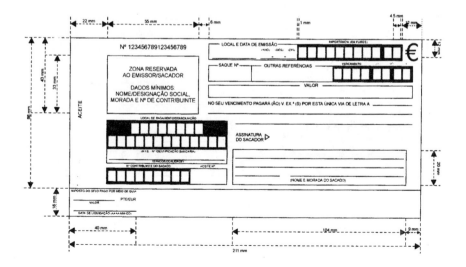

ANEXO V

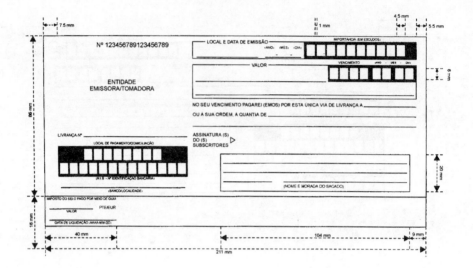

ANEXO VI

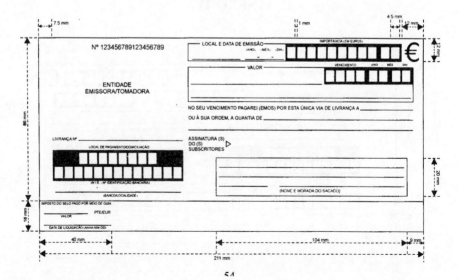

ANEXO VII

MINISTÉRIO DAS FINANÇAS
DIRECÇÃO-GERAL DOS IMPOSTOS
IS IMPOSTO DO SELO

MODELO **3**

REQUISIÇÃO Nº _____ / _____

REQUISIÇÃO PARA AQUISIÇÃO DE LETRAS DE EMISSÃO PARTICULAR
(n.º 7 do art.º 30.º do Código do Imposto do Selo)

1. IDENTIFICAÇÃO DO REQUISITANTE

1.1 NOME DA EMPRESA _____

1.2 Nº DE IDENTIFICAÇÃO FISCAL ☐☐☐ ☐☐☐ ☐☐☐

1.3 SEDE / CÓDIGO POSTAL _____ ☐☐☐☐-☐☐☐ _____

1.4 OUTROS DADOS NECESSÁRIOS PARA A IMPRESSÃO _____

2. OBJECTO DA REQUISIÇÃO

	QUANTIDADE DE LETRAS	SÉRIE		QUANTIDADE DE LETRAS	SÉRIE
2.1	☐☐ ☐☐☐	☐☐	2.4	☐☐ ☐☐☐	☐☐
2.2	☐☐ ☐☐☐	☐☐	2.5	☐☐ ☐☐☐	☐☐
2.3	☐☐ ☐☐☐	☐☐	2.6	☐☐ ☐☐☐	☐☐

3. IDENTIFICAÇÃO DA TIPOGRAFIA REQUISITADA

3.1 NOME DA EMPRESA _____

3.2 Nº DE IDENTIFICAÇÃO FISCAL ☐☐☐ ☐☐☐ ☐☐☐

3.3 SEDE / CÓDIGO POSTAL _____ ☐☐☐☐-☐☐☐

3.4 DESPACHO QUE AUTORIZOU A TIPOGRAFIA: Publicado no Diário da República II.ª Série Nº _____ de _____ / ___ / ___

4. DATA E ASSINATURA _____ / ___ / ___

O REPRESENTANTE DO REQUISITANTE _____

5. A presente requisição, que ficou registada com o número supra, foi satisfeita em ___ / ___ / ___, pela seguinte forma:

5.1 QUANTIDADE DE LETRAS FORNECIDAS ☐☐ ☐☐☐ SÉRIE ☐☐ NUMERADAS DE: ☐☐☐☐☐☐☐☐☐☐☐☐☐☐☐☐☐☐
A: ☐☐☐☐☐☐☐☐☐☐☐☐☐☐☐☐☐☐

5.2 QUANTIDADE DE LETRAS FORNECIDAS ☐☐ ☐☐☐ SÉRIE ☐☐ NUMERADAS DE: ☐☐☐☐☐☐☐☐☐☐☐☐☐☐☐☐☐☐
A: ☐☐☐☐☐☐☐☐☐☐☐☐☐☐☐☐☐☐

5.3 QUANTIDADE DE LETRAS FORNECIDAS ☐☐ ☐☐☐ SÉRIE ☐☐ NUMERADAS DE: ☐☐☐☐☐☐☐☐☐☐☐☐☐☐☐☐☐☐
A: ☐☐☐☐☐☐☐☐☐☐☐☐☐☐☐☐☐☐

O REPRESENTANTE DA TIPOGRAFIA _____

NOTA: A presente requisição é elaborada em triplicado, tendo os exemplares, depois de preenchidos, o seguinte destino: original, para o requisitante; duplicado, para a tipografia; triplicado, para substituir, facultativamente, a comunicação a que se referem os n.ºˢ 5 e 6 do art.º 10.º do Decreto-Lei n.º 45/89, de 11 de Fevereiro

ÍNDICE ANALÍTICO

A

Acção
— por falta de aceite, 294
— por falta de pagamento, 294 (letras), 198 (cheques)

Aceite
— anulação de, 261
— apresentação ao, 256
— aviso da falta de, 299
— estipulações relativas ao, 256
— forma, 256
— modalidades, 260
— parcial, 307
— por intervenção
  — admissibilidade, 309
  — efeitos, 309
  — forma, 310
— prazos, 256
— proibição de, 167

Aceitante
— obrigações do, 261
— por intervenção (responsabilidade), 310

Acordo de preenchimento, 223 (letras), 169 (cheques)

Alteração do texto, 315 (letras), 205 (cheques)

Apresentação
— à Câmara de Compensação, 190
— aos intervenientes, 63
— a pagamento, 290 (letras), 181 (cheques)
— segunda, 256

Assinaturas (independência das), 122 (letras), 168 (cheque)

Aval
— função, 262 (letras), (cheques)
— forma, 264 (letras), 180 (cheques)

Avalista, 271 (letras), 181 (cheques)

C

Cheque(s)
— a levar em conta, 198
— avulsos, 140
— cruzado, 194
— em branco, 169
— requisitos, 143

Comunicações (pelas instituições bancárias), 25

Consignação em depósito, 294

Contra-ordenações, 139

Convenção de cheque, 13

Cópias 313 (letras)

Crime de emissão de cheque sem provisão (cecsp), 45

D

Data de emissão (divergência de calendários), 190

Detentor, 250 (letras), 177 (cheques)

Dever de colaboração na investigação, 133

Dias de perdão (inadmissibilidade), 324 (letras) e 216 (cheques)

Direito(s)
— à entrega, 306 (letras) e 193 (cheques)
— de acção, 307 (letras)
— de quem pagou, 305 (letras) e (cheques)
— de ressaque, 307
— do interveniente que paga, 311
— do portador contra o demandado, 203

Domicílio de terceiro, 222 (letras) e 168 (cheques)

E

Elementos do tipo do cecsp, 48

Endossante
— direito a riscar o seu endosso, 306
— responsabilidade, 237 (letras) e 176 (cheques)

Endosso
— ao portador, 176
— após protesto, 180
— efeitos, 236 (letras) e 176 (cheques)
— eliminação de, 306
— em branco, 236 (letras), 176 (cheques)
— em garantia, 249
— forma, 236 (letras), e 175 (cheques)
— modalidades, 235 (letras) e 175 (cheques)
— por mandato, 178
— por procuração, 248
— posterior ao vencimento, 250

Excepções inoponíveis ao portador, 238 (letras) e 177 (cheques)

Exemplares, 312 (letras), 204 (dos cheques)

F

Falta de aceite, 296

Força maior, 308 (letras) e 203 (cheques)

I

— das letras, 222 e 302

Independência das assinaturas, 222 (letras) e 168 (cheques)

Intervenção
— aceite por, 309
— modalidades, 309

Interveniente(s), 309

J

Juros
— das letras, 222 e 302
— dos cheques, 168 e 202

L

Legitimidade do portador, 237 *(letra) e 176 (cheque)*

Letras
— a certo termo de data, 287
— a certo termo de vista, 287
— em branco, 223

Livrança
— disposições aplicáveis, 336
— requisitos, 325
— termo de vista(a), 336

M

Mandato, 109 e 178

Moeda de pagamento, 293 (letras), 194 (cheques)

N

Notificações, 34

P

Pagamento
— à vista, 181
— antes do vencimento, 293
— aviso da falta de, 299 (letras) e 201 (cheques)
— de cheque cruzado, 195
— falta de, 293 e 20
— lugar de, 260 (letras)
— no vencimento, 293
— obrigatoriedade de, 40 (pelo sacado e noutros casos)
— parcial, 291 (letras), 193 (cheques)

Prazo(s)
— contagem do, 324 (letras) e 216 (cheques)
— para apresentação a aceite, 256
— para apresentação a pagamento, 290 (letras) e 181 (cheques)
— para protesto, 45 e 54 (letras) e 125 (cheques)
— prorrogação do, 60 e 70 (letras) e 133 (cheques)

Preferência (entre intervenientes), 63

Prescrição
— das acções, 315 (letras), e 205 (cheques)
— efeitos, 215
— interrupção da, 323

Proibição do aceite de cheques, 311

Protesto(s)
— cláusula que o dispensa, 300 (letras) e 201 (cheques)
— endosso após, 115
— por falta de aceite, 296
— por falta de pagamento, 296
— prazos, 290 (letras) e 201 (cheques)

Prova do pagamento por intervenção, 311

Prorrogação dos prazos, 308 (letras) e 203 (cheques)

Q

Queixa, 116

R

Recusa do pagamento por intervenção, 311

Reforma
— de letras, 291
— de cheques, 193

Representação, 223 (letras), 168 (cheques)

Requisitos
— da legitimidade do portador, 237 (letras), e 176 (cheques)
— das letras, 217
— dos cheques, 143

Rescisão da convenção de cheque, 13

Responsabilidade
— do aceitante por intervenção, 310
— do endossante, 237 (letras) e 176 (cheques)
— do sacador, 223 (letras) e 169 (cheques)
— solidária dos signatários, 301 (letras) e 202 (cheques)

Ressaque, 307

Revogação do cheque, 190

S

Sacado
— direito à entrega do cheque, 193
— pagamento pelo, 40
— que paga, 291

Sacador
— responsabilidade do, 169
— morte ou incapacidade do, 193

Saque
— modalidades, 212 (letras) e 167 (cheques)
— por várias vias, 312

Sub-rogação, 44

T

Termo de vista
— 287 (letras)

Transmissibilidade
— das letras, 234
— dos cheques, 173

Tribunal competente, 128

V

Vencimento
— de letra a certo termo de vista, 288
— de letra à vista, 287
— em caso de divergência de calendários, 289
— em dia feriado, 324
— modalidades do, 287
— noutros casos, 289

ÍNDICE GERAL

Prefácios	5
Abreviaturas	9
Regime Jurídico-Penal do Cheque (Decreto-Lei n.º 454/91 de 19.11)	11
Lei Uniforme sobre Cheque	143
Lei Uniforme sobre Letras e Livranças	217
Normas relativas ao modelo e características da emissão de Letras e Livranças (Portaria n.º 1042/98, de 19.12)	339
Índice Analítico	351
Índice Geral	357